令和版

佐々木喜善年譜

はじめに

佐々木喜善と柳田国男は、どのようにして出会ったのか？

この素朴な初発の疑問が、全ての始まりでした。喜善と柳田、二人の出会いがあってこそ『遠野物語』は存在します。岩手の喜善と東京の柳田との化学反応の起点に惹かれたのです。それを知るためには年譜を見ればよいと、様々な資料を探しました。そして、広く活用されている二つの年譜に行きつきました。

a『佐々木喜善 全集（Ⅳ）』「年譜」――――〈縦書き7頁分〉平成15年

b『日本のグリム―佐々木喜善』「略年譜」―〈横書き8頁分〉平成16年

「a・b」は、「年譜」と「略年譜」。〃略〃一字違いの名称です。実際に内容を見較べると、ほぼ「全項同一文」です。どちらの年譜も数多の人々の検証を経てきた、信頼度の高い年譜と言えるでしょう。でも、そこに初発の疑問の答えはありませんでした。

喜善ほどの人物なら、もっと詳しい年譜が当然あると考えていました。見当たらない現況に違和を覚えながら、他の参考書籍に収載されている年譜へと対象を広げました。いくら渉猟しても冒頭の疑問に対応する年譜には出会えませんでした。幾冊か柳田と喜善との出会いの記述を見つけたあたりで、暫時、情報過多でら立往生していました。

転機は、高名な研究者からの御教示でした。如何せん所望するような詳しい年譜は見たことがない旨のお話でした。それを〃詳しい年譜〃の空白状態と受け取りました。知るにつれ、従来の年譜よりより詳しい「詳細年譜」、即ち「令和版 佐々木喜善年譜」の必要性を実感しました。未見というなら〃自力で作って見る〃価値があると、畏れつつ新規の年譜作成を決意しました。本当の困難さを弁えずに、「ない」より「ある」方向へと手探りを始めました。そんな折、布石となるような幸運がありました。

偶さか、令和元年に、「より詳しい年譜作成（第一次稿）」なる主題で「佐々木喜善賞」を頂きました。その際、三浦祐之先生から、「ぜひ近い将来、完成稿を仕上げるよう」にと、励ましのお言葉は戴きました。今日まで挑み続けるための気持を鼓舞して下さり、喜善の「詳細年譜」作りも6年目に入ります。

今回の詳細年譜作りは個人作業の所産です。衣類ならば〃M〃サイズのイメージの「年譜」です。因みに、〃L〃なら、『新校本宮澤賢治全集第16巻（下補遺・資料年譜篇）』（「年譜篇」約500頁、筑摩書房、平成13年）が好例です。尤も、年譜のサイズに基準はない様子です。使途を考えれば、各種の「年譜」が揃っているのが理想的です。

当然のごとく、「詳細年譜」の先行事例はありません。とはいえ、作成は0《ゼロ》からの出発ではありません。諸先達の年譜に導いて頂きました。元来なら、年譜作成の正道（現地調査による第一次情報の渉猟、直接的証言の収集等）を歩むべきでしょう。しかし、本格的な作成には適期が過ぎていることは自明です。だからといって、「詳細年譜」が無くてもやむを得ないと帰結するのでは、郷土の先人に申し訳なく思います。幸い、それらを補完する喜善や柳田及び遠野物語の関連資料は潤沢です。具体的には「凡例」に示す、所与の条件下で年譜を構成してみました。正統な作成手法でないことは自覚の上です。その意味からも〃新規の年譜〃ということで、書題には「令和版」と冠しています。

本年譜で特筆すべきは、「喜善日記」（『佐々木喜善 全集Ⅳ』所収）の多用です。資料の客観性は重要な要件です。とかく主観的と見られる「日記」です。だが、正しく喜善本人の記した直接情報であり、その価値は高いと見ました。直接的資料及び証言の乏しい今、主観に流されないよう配慮しつつ、「日記」を生かす方途を模索しました。「日記」の援用で、情報の少ない時期を補完できるように思えます。特に、仙台移住後等、資料の手薄な箇所に、具体的情報をもたらしてくれています。

勿論ここに至っても、本年譜は次善の策とか弥縫策との指摘はあるでしょう。その類の声は甘受します。なぜなら、「令和版 佐々木喜善年譜」の存在が、「ない」現況から抜けだし、喜善をより詳しく知るための有効な役割を担う可能性を持つと思うからです。何より、佐々木喜善ほどの人物に「詳細年譜」は必須です。時間の壁は情報を劣化させていきます。故に、遅きに失した感は否めませんが、せめて今の内に、佐々木喜善の「年譜」として、一冊の〃本〃にまとめておく必要があると決断した由縁です。

皆様から頂いた御支援御協力への感謝は、本書をまとめ上げることでしょう。いまだ、本物の〃完成稿〃は雲上にあるようです。せめて愚直に歩み、望ましい姿の「詳細年譜」に可能な限り近づけるよう、杣道を進んでみたいと考えています。

令和4年10月13日

鈴木　修

―目 次―

▽はじめに……3

▽目 次……4

▽凡 例……5（……特記）

▽参考書籍・諸資料について……6〜7（……主な人物の呼称 7）

▽令和版 佐々木喜善年譜……9

※網かけ＝項のない年　満年齢（数え年）　頁（P）

明治19（1886）年　満0歳（1）……9P

明治20（1887）年　満1歳（2）

明治21（1888）年　満2歳（3）

明治22（1889）年　満3歳（4）……9P

明治23（1890）年　満4歳（5）

明治24（1891）年　満5歳（6）

明治20年代《幼少期》……9P

明治25（1892）年　満6歳（7）……9P

明治26（1893）年　満7歳（8）

明治27（1894）年　満8歳（9）

明治28（1895）年　満9歳（10）

明治29（1896）年　満10歳（11）

明治30（1897）年　満11歳（12）

明治31（1898）年　満12歳（13）……9P

明治32（1899）年　満13歳（14）

明治33（1900）年　満14歳（15）……9P

明治34（1901）年　満15歳（16）

明治35（1902）年　満16歳（17）……9P

明治36（1903）年　満17歳（18）

明治37（1904）年　満18歳（19）……9P

明治38（1905）年　満19歳（20）……10P

明治39（1906）年　満20歳（21）……10P

明治40（1907）年　満21歳（22）……11P

明治41（1908）年　満22歳（23）……12P

明治42（1909）年　満23歳（24）……14P

明治43（1910）年　満24歳（25）……15P

明治44（1911）年　満25歳（26）……17P

明治45・大正元（1912）年　満26歳（27）……18P

大正2（1913）年　満27歳（28）……19P

大正3（1914）年　満28歳（29）……21P

大正4（1915）年　満29歳（30）……22P

大正5（1916）年　満30歳（31）……23P

大正6（1917）年　満31歳（32）……24P

大正7（1918）年　満32歳（33）……25P

大正8（1919）年　満33歳（34）……26P

大正9（1920）年　満34歳（35）……30P

大正10（1921）年　満35歳（36）……34P

大正11（1922）年　満36歳（37）……38P

大正12（1923）年　満37歳（38）……42P

大正13（1924）年　満38歳（39）……44P

大正14（1925）年　満39歳（40）……48P

大正15・昭和元（1926）年　満40歳（41）……51P

昭和2（1927）年　満41歳（42）……56P

昭和3（1928）年　満42歳（43）……59P

昭和4（1929）年　満43歳（44）……63P

昭和5（1930）年　満44歳（45）……70P

昭和6（1931）年　満45歳（46）……76P

昭和7（1932）年　満46歳（47）……85P

昭和8（1933）年　〔47歳〕（48）……92P

▽あとがき……97P

▽ 凡例

1 本書「令和版 佐々木喜善年譜」は、従前の年譜より〝詳しい年譜〟の作成を期す。

(1) 佐々木喜善の生没年から推しても、元来の年譜作成の方法は採れない。

(2) 本書では、豊富な「参考書籍・諸資料等」（参照：6・7頁）から、喜善に関連する情報を収集・摘記する。その際に留意したのは、「時日・事柄」を必ず明示している場合のみ対象とした。それら抄出・摘記した情報を集積しつつ整理し集約していく。その上で、年譜の「項」として相応しい事項のみを時系列で整序する。それらを逐条的に項としての適否・表現を精査しながら、年譜としてまとめていく。

2 本年譜における表示

(1) 年月日表示は、年号で示し（）内に西暦を示す。数字は算用数字を基本とする。ただし、必要に応じ漢数字も併用する。

(2) 「参考書籍・諸資料等」を、次の「略記号」で示す。

㊎ [グ P数] ⇩ [上段 資料名]『日本のグリム―佐々木喜善』―[下段] ページ数

「引用」箇所には、「 」を付し、[例 P数] と、文末に添える。なお、紙幅の関係上、「直接引用」以外は、参考資料の位置づけで、逐一の具体表記は略させてもらう。

(3) 人名の敬称を略す。ただ、柳田国男の敬称は、意図して残した。柳田の敬称は変化しており、時々の資料のまま掲出した。なぜなら、喜善と柳田の関係性を窺える手掛かりになり、二人の関係性が垣間見えるからである。ある時期から、喜善が「先生」と呼ぶのは「柳田国男」その人を指すようになる。

3 本文の表記に関して

(1) 書名及び雑誌新聞類には、『 』を用いた。原資料のまま付けない場合も多い。

(2) 作品名・論文、資料や日記の地の文に合わせ「 」のない表記のままとした。

(3) 各種書簡番号は、参考書籍の引用部分の番号に一致する。

a. [柳田発]―『佐々木喜善全集（Ⅳ）』「柳田発信・喜善宛」番号

b. [喜善発]―『定本 柳田国男集 別巻第四』「喜善発信・柳田宛」番号

c. [石神〜]―「石神問答」所収書簡（『定本 柳田国男集 第十二巻』）番号

(4) 書簡類を、整理の便宜上二分した。

「㊤」――「出信」

「㊍」――「来信」

> ※ 書簡類は、(4)、(5) 以外にも庬大にある。
> 適宜必要に応じて示した。

(5) 新聞・雑誌類等の略記。

『毎日』←『岩手毎日新聞』

『日報』←『岩手日報』

『勧業月報』←『日本勧業銀行月報』

4 年譜における特別な記号等

(1) 「◆」――「同月」を意味する。

(2) 「※」――当該項目の注記・補足等。簡略形の「（※……。）」も併用。

(3) 「傍点」――とくに断りなければ、筆者による。

(4) **「太字」**――強調部分および留意点等

(5) **【ゴシック体】**――主に喜善との関連項目、広義の関連も含む。

(6) 〔 〕――関連事項や特記を記す。（特例―喜善の〔夢〕「……」）

(7) 「[宣]」――大本教の「宣伝使」

(8) 「[会]」――「民間伝承」会員申込み、会費納入等。

(9) その他の記号等

ア 「□」――欠字（けつじ――元資料が欠けている箇所。）

イ 「cf.」――比較・参照

ウ 「／」――斜線は改行、段落、または区切り。

エ 「……」――省略箇所。（筆者―省略）

5 人名等 ―→ 別項に示す。〈参照：本書7頁〉

❖ **特記** ❖　「「喜善日記」について

明治37年から昭和8年まで（大正12年欠）、38年間分が残る。これは、喜善本人の長期間の文字情報（直接情報）とも言える。日記文ながら、一貫して敬称付きで記述している喜善の姿勢に目が行く。なお、本文は、ローマ字表記、カタカナ交じり表記が見られるが、ここではひらがな交じりの表記を主とする。

本書は、「喜善日記」の価値を伝えたいとの願意がある。そのため、本年譜に、適宜同日記から引用することで、幾許かでもその価値が伝わるよう試みたい。

▽ 参考書籍・諸資料について

略記号	〈編著者〉〈参考書籍・資料〉 〈出版〉 〈出版年〉〈付記・注記〉
Ⅰ P数	佐々木喜善『佐々木喜善 全集（Ⅰ）』遠野市立博物館、昭和61年
Ⅱ P数	佐々木喜善『佐々木喜善 全集（Ⅱ）』遠野市立博物館、昭和62年
Ⅲ P数	佐々木喜善『佐々木喜善 全集（Ⅲ）』遠野市立博物館、平成4年
Ⅳ P数	佐々木喜善『佐々木喜善 全集（Ⅳ）』遠野市立博物館、平成15年（「年譜」）
日 P数	「佐々木喜善日記」（『同 全集（Ⅳ）』の「日記」部分の抄出摘記）
グ P数	石井正己ら『日本のグリム―佐々木喜善』遠野市立博物館、平成16年（「略年譜」）
荒 P数	赤坂憲雄編『遠野学ｖｏｌ・1』遠野文化研究センター、荒蝦夷、平成24年
蝦 P数	赤坂憲雄編『遠野学ｖｏｌ・2』遠野文化研究センター、荒蝦夷、平成25年
夷 P数	赤坂憲雄編『遠野学ｖｏｌ・3』遠野文化研究センター、荒蝦夷、平成26年
作 P数	石井徹編『近代文学作品論叢書7柳田国男『遠野物語』作品論集成1』大空社、平成8年
品 P数	石井徹編『近代文学作品論叢書7柳田国男『遠野物語』作品論集成2』大空社、平成8年
論 P数	石井徹編『近代文学作品論叢書7柳田国男『遠野物語』作品論集成3』大空社、平成8年
集 P数	石井徹編『近代文学作品論叢書7柳田国男『遠野物語』作品論集成4』大空社、平成8年
成 P数	石井徹編『近代文学作品論叢書7柳田国男『遠野物語』作品論集成16』大空社、平成8年
石 P数	石井正己『遠野物語の誕生』若草書房、平成12年
正 P数	石井正己『柳田国男と遠野物語』三弥井書店、平成15年
河 P数	石井正己『図説 遠野物語の世界』河出書房新社、平成12年
招 P数	石井正己『『遠野物語』へのご招待』三弥井書店、平成22年
総 P数	石井正己『佐々木喜善資料の調査と公開に関する総合的研究』東京学芸大学、平成21年
追 P数	石井正己編『佐々木喜善追悼資料集成』（遠野叢書2）東京学芸大学、平成21年
国 P数	石井正己編『国際化時代と『遠野物語』』三弥井書店、平成26年
敏 P数	岩崎敏夫『柳田国男と遠野物語』遠野市立博物館、昭和60年
由 P数	岩本由輝『もう一つの遠野物語』刀水書房、昭和58年
鎌 記事	鎌田久子「『遠野物語』下染め」『岩手日報』、昭和50年2月24日付記事
菊 P数	菊池照雄『佐々木喜善―遠野伝承の人―』遠野市立図書館、昭和44年
照 P数	菊池照雄『遠野物語をゆく』梟社、平成3年
里 P数	菊池照雄『山深き遠野の里の物語せよ』梟社、昭和64年
後 P数	後藤総一郎監修・柳田国男研究会編『柳田国男伝』三一書房、昭和63年
盛 原稿	佐々木喜善「石川啄木の記憶《ママ》」盛岡てがみ館所蔵（未発表原稿）
昔 P数	佐々木喜善『佐々木喜善の昔話』宝文館出版、昭和49年
宝 P数	佐々木喜善『遠野のザシキワラシとオシラサマ』宝文館出版、昭和52年
誠 P数	佐藤誠輔『遠野先人物語 佐々木喜善小伝 日本のグリム』遠野市教育文化振興財団、平成16年
輔 P数	佐藤誠輔『佐々木喜善の集めた東北物語 新訳 東奥異聞』平成27年（「略年譜」）
仙 P数	仙台文学館編『『遠野物語』100年の記憶―佐々木喜善と仙台―』平成21年
俊 P数	高柳俊郎『柳田国男の遠野紀行』三弥井書店、平成15年
東 P数	東北芸術工科大学・東北文化研究センター『季刊東北学』第23号2010年春 特集 遠野物語百年
鈴 P数	鈴木岩弓・小林隆編『柳田国男と東北大学』東北大学出版会、平成23年
佐 P数	遠野市立博物館『佐々木喜善と宮沢賢治』平成25年
神 P数	遠野市立博物館『遠野物語と神々』令和元年
A P数	遠野物語研究所『遠野物語研究 創刊号』平成8年
B P数	遠野物語研究所『遠野物語研究 第2号』平成9年
C P数	遠野物語研究所『遠野物語研究 第3号』平成10年
D P数	遠野物語研究所『遠野物語研究 第4号』平成11年
E P数	遠野物語研究所『遠野物語研究 第5号』平成12年
F P数	遠野物語研究所『遠野物語研究 第6号』平成14年（特集「佐々木喜善の世界」）

G P数　遠野物語研究所『遠野物語研究　第7号』平成16年
H P数　遠野物語研究所『遠野物語研究　第8号』平成17年
J P数　遠野物語研究所『遠野物語研究　第9号』平成18年
K P数　遠野物語研究所『遠野物語研究　第10号』平成19年
L P数　遠野物語研究所『遠野物語研究　第11号』平成20年
内 P数　内藤正敏『遠野物語の原風景』荒蝦夷、平成22年
支 P数　日本放送協会東北支部編『ＪＯＨＫ講演集』金港堂、昭和4年
土 P数　日本放送協会東北支部編『東北の土俗』三元社、昭和5年
辞 P数　野村純　他『遠野物語小辞典』ぎょうせい、平成4年
周 P数　水野葉舟著・横山茂雄編『遠野物語の周辺』図書刊行会、平成13年
プ P数　三浦佑之・赤坂憲雄『遠野物語へようこそ』ちくまプリマー新書、平成22年
賢 P数　宮沢清六他『新校本宮澤賢治全集 第16巻（下補遺・資料年譜篇）』筑摩書房、平成13年
久 P数　山下久男『佐々木喜善先生とその業績』遠野市教育委員会、昭和57年
雪 P数　山下久男著・石井正己編『雪高き閉伊の遠野の物語せよ』遠野市立博物館、平成12年
山 P数　山田野理夫『遠野物語の人　わが佐々木喜善伝』椿書院、昭和49年（「年譜」）
光 P数　山田野理夫『柳田国男の光と影―佐々木喜善物語』農山漁村文化協会、昭和52年（「年譜」）
柳 P数　柳田国男『遠野物語』角川書店、昭和57年改24版（昭和30年初版）
改 P数　柳田国男『遠野物語新版遠野物語　付・遠野物語拾遺』角川文庫、昭和30年
拾 P数　柳田国男『新版遠野物語付・遠野拾遺物語』角川ソヒイア文庫 平成16年新版初版
写 P数　浦田穂一・高橋富雄・木暮正夫『写真譜・民話のさと遠野』桜楓社、昭和60年
や P数　柳田国男『定本　柳田国男集　第3巻』昭和38年（「瑞西日記」）
な P数　柳田国男『定本　柳田国男集　第12巻』昭和38年（「石神問答」）
ぎ P数　柳田国男『定本　柳田国男集　第23巻』昭和38年
た P数　柳田国男『定本　柳田国男集　別巻第4』昭和39年
く P数　柳田国男『定本　柳田国男集　別巻第5』昭和46年（柳田年譜）
イ P数　国際啄木学会『石川啄木事典』おうふう、平成13年
シ P数　国際啄木学会『論集　石川啄木 Ⅱ巻』おうふう、平成16年
カ P数　石川啄木『石川啄木全集　八巻』筑摩書房、昭和54年（啄木年譜）
◇東北帝国大学法文学部内奥羽資料調査部編『東北文化研究』史誌出版社〈「喜善論稿」〉
同　第1巻第1号、昭和3年9月「オシラ神に就ての小報告」
同　第1巻第3号、昭和3年11月「オシラ神の家に憑きし由来と共の動機」
同　第1巻第5号、昭和4年1月「ザシキワラシの話」
同　第2巻第3号、昭和4年9月「農業手伝神（オシラ神に関する小報告）」

◎　主な人物の呼称（通称・略称含め）↓原則「当用漢字」とする。

○佐々木喜善↓「繁」「鏡石」など多様な筆名がある。
○柳田國男　↓「柳田国男」
○澤柳博士　↓「沢柳博士」
○新渡戸稲造↓「新渡戸仙岳（先生）」
○佐々木萬蔵↓「佐々木万蔵」、「万蔵」（養祖父）
○水野葉舟　↓「水野」、「水野盈太郎《みつたろう》」（本名）
○蘆谷蘆村　↓「蘆谷蘆村」、「蘆谷重常」（本名）
○野尻抱影　↓「野尻抱影」「野尻正英」（本名）
○北川真澄　↓「北川」、「北川伯父」（伯父と呼ぶが、実際は実父の従兄）
○松田亀太郎↓「松田」、「松亀」「松田亀」（喜善の義弟）
○長畑　清　↓「長畑」
○山崎万之助↓「山万」
○安部亨太郎↓「京太郎」（『土淵村村史』）「阿部亨太郎」とも）
○菊池輝吉　↓「菊輝」
○藤原相之助↓「藤原非想庵」
○佐々木源藏↓「佐々木源蔵」
○白秋　　　↓「北原白秋」
○小笠原謙吉↓「小笠原迷宮」　等々

▽令和版 佐々木喜善 年譜

明治１９（１８８６）年　満０歳（誕生）

2月12日　亡父厚楽茂太郎（前年12月急逝）・母タケの長男として、喜善が「出生」と推定 菊6。同日、喜善の実母タケは、厚楽家から除籍となる。生まれた子は、厚楽家とすれば長男の子でありやがて家督となる身である。佐々木家の方では、タケの姉と養嗣子夫婦に子がおらず、喜善を後継ぎにと切望した。

10月5日　西南閉伊郡栃内村49番地厚楽家の父長助、母チエの3男として、喜善の「出生届」を出す。菊5 当然、喜善の実父母は、厚楽茂太郎・タケである。茂太郎は厚楽長助とチエの子であり、タケは佐々木万蔵の娘である。

両家は時間をかけ、込み入った話し合いの末、まず、タケを先年妻を亡くした長助の弟・厚楽要之助の後添いとする。同時に、喜善を継子が無かった佐々木家の養子にすることで合意した。その上で、喜善を一たん厚楽家の籍に入れ、15日後に佐々木家の養子に出すことで同意した。

※　喜善自身は、誕生日を「4月16日」（大正2年「喜善日記」）等と記す。役場に「10月5日出生と届け出」佐64 とあり、その見方をとる。

10月10日　戸籍抄本（明治35年10月25日付）には、「明治拾九年拾月拾日当村栃内平民厚楽長助参男入籍ス」「養嗣子久米蔵養子」グ19 とある。

10月20日　山口村3地割22番地の母方の外祖父万蔵は、佐々木家の「養子」として喜善を迎えた。喜善は母方の祖父万蔵に引き取られて佐々木家を継ぐことになる。同日、喜善の実母タケは長助の弟と再婚したと見る。グ19

明治２２（１８８９）年　満３歳

4月1日　町村制施行。村長を置く。山口から村会議員として万蔵が推された。

明治２０年代《幼少期》

▽　佐々木家の屋号は善右衛門殿（ゼンニモンドン）という。万蔵の父の代は貧農で、大工を兼ねた。その長男が喜善の祖父となる万蔵である。

▽　万蔵は若い頃から駄賃付けに励んだ。町場から離れた山口集落は、駄賃付けに却って都合がよかった。万蔵の働きで、佐々木家は貧農から脱却し、田2町歩、畑3町歩、山林他、奉公人2人、馬2頭を有する小地主となる。

明治２５（１８９２）年　満６歳

4月　土淵小学校に入学。

明治３１（１８９８）年　満12歳

3月　土淵小学校（補習科2年を含む）卒業。

4月　遠野尋常高等小学校高等科に入学。

明治３３（１９００）年　満14歳

3月　遠野尋常高等小学校高等科卒業。目立つ生徒ではなかったという。グ85

9月　盛岡の江南義塾に入塾。※ 初めて土淵村を離れた。グ21（※異説あり）

この頃　「泉鏡花の「照葉狂言」を読み文学を志す。」グ85

明治３５（１９０２）年　満16歳

【2月16日　水野葉舟が牛込清風亭での文学会で柳田国男に出会う。国105】

明治３６（１９０３）年　満17歳

4月　**私立岩手医学校**入学。※ 盛岡紺屋町木村方に下宿。菊16（※異説あり）

この年《上京》　私立岩手医学校を中退し※上京する。※ グ85（※異説あり）

3月8日　上京後、駒込教会でキリスト教の洗礼を受ける。グ21

5月　国語伝習所高等科に通う。グ21

9月　哲学館大学教育部第2科聴講生となる。山60

明治３７（１９０４）年　満18歳

3月25日　国より為替来る。返信出す。（※東京にいる。）

4月　「**東京小石川区私立哲学館大学教育学部**に入学。※」久11（※異説あり）

◆6日　学校へ願書提出。日35　◆12日　学業始まる。

5月14日　「泉鏡花の黒百合を読み甚だ感じたり。身大切なれば学校は休む。」日37

6月3日　「井上博士の課外「将来日本人の目的」を聴き、実に嫌悪の感」日38 をもつ。

6月25日〜30日《帰郷》　仙台から花巻、そのまま盛岡着。

7月1日　朝6時頃、帰宅。終日寝る。祖父母の元気な顔に安堵する。

7月19日　終日談話して憂鬱を散じたり。「変わつた動機によりて此の世は嫌になりき。死を決せんに噫死あるのみ。吾は死なんとする也。」日41

8月3～7日　神経衰弱の保養先として大槌に滞在する。
8月15日　(来)：大杉栄より封書（愛知県）くる。(出)：大杉へ葉書を出す。
9月15日《上京》午前2時頃家発。一関泊。◆16日 午後6時上野着。
9月18日「**早稲田大学**に行き規則書を貰ってくる。」日43
9月30日「**早稲田に願書**を出しに行った。」日43
10月8日「**早稲田に入った**※。祖父より来信。」日44　（※「早稲田大転学」時期に、異説あり）
10月9日「祖父の御病気如何なるや」日44　泉鏡花師のため祈請し手紙を出す。
10月31日　伊藤方から斉田方に下宿を変える。
12月16日《帰郷》学校で割引券を貰う。◆17日 花巻着土沢泊。◆18日 遠野着。

明治38（1905）年　満19歳

1月7日《上京》朝5時発、花巻泊。◆8日 福島泊。◆9日 午後5時上野着。
4月1日　前田夕暮を訪ねる。
5月30日　本郷弓町「佐々木繁宛」に、**泉鏡花**から葉書が届き感激に震えた。
6月6～11・13～15日　小説「盆灯籠」（1～9）（筆名・魔美子）が『日報』に連載。
6月27日《帰郷》午後2時上野発。◆28日 午前花巻着、人力車で家着12時頃。
7月14日　詩・短歌「天南星《だいばつ》（夏草）」（筆名・魔美）が『日報』に掲載
7月21～22日「怨春賦」（上）（中）（魔美子）が『日報』に掲載
8月3・6・11・12日　小説「雷雨の夜」（1～6）（魔美狂生）が『日報』に掲載。
8月12日「我は**鏡石**と言わんとす。」日56（※筆名「鏡石」を使い始める。）
8月24・27日　小説「姉上」（3～11）（佐々木鏡石）が『日報』に掲載。
9月16日　小石川同心町より白山御殿町吉田方に転宿する。
9月23日「今夜石橋湛山君と相談して茶話会をやる。」日56
11月2日《帰郷》朝6時上野発、仙台泊。◆4日宮守泊。◆5日 家着3時
12月16日《帰郷》午後7時発。◆17日10時花巻着。一泊。◆18日遠野着。

明治39（1906）年　満20歳

明治39（1906）年1月　19歳

1月18日　泉鏡花より手紙来る。「早く上京致せとの事なり」日59
その後《上京》泉鏡花を、静養中の逗子まで見舞いに行く。

明治39（1906）年3月　19歳

3月23日《上京》宮守から人力車。花巻泊。◆24日 午後列車にて上野着。
3月26日　小石川同心町1津崎方に転宿する。グ85

明治39（1906）年5月　19歳

5月29日「遠野新聞」来る。同紙に祝辞と新体詩を送る。」輔152

明治39（1906）年6月　19歳

6月20日　詩「遠野少女に」（佐々木鏡石）が『遠野新聞』に掲載。
6月25日《帰郷》上野発。◆26日 花巻着、人力車で家着10時頃。
※　体の弱い喜善は、折々東京から帰っている。今回は6月下旬～9月半ばまで土淵在宅。その間、郷里での生活の様子を『日報』等に発表している。

明治39（1906）年7月　19歳

7月2日《帰郷》◆3日 郡役所で徴兵検査を受ける。丙種。「嬉しい。」
7月5日　詩「遠野少女に」（同題）（鏡石）が『遠野新聞』に掲載。

明治39（1906）年8月　19歳

8月19～23日　花巻の大沢温泉に逗留する。
8月20日　詩「花桔梗」（鏡石）が『遠野新聞』に掲載。
8月23・24・28日「豊沢川の一涼（2～4）」（凌宵花）が『日報』に掲載。
8月30・31日　散文「水音日記（1）」（鏡石）が『日報』に掲載。

明治39（1906）年9月　19歳

9月4・6～8・11・14～16・18・20日　散文「水音日記（2～11）」（鏡石）が『日報』に連載。

9月11日《上京》母に送られて遠野発。夕方花巻発。◆12日 午前9時上野着。

9月18日　牛込区通寺町《とおりてらまち》11　赤城館に転宿する。日71

明治39（1906）年10月　20歳

10月17日　夜、新進気鋭の作家**水野葉舟**（小石川関口台町）を訪ねる。11時半まで話をする。「初対面なれど互に心打ち解けて話し、怪談初まる。」日72　話題は怪談、怪奇譚の類である。金10　以降、二人は極めて篤い交流が続く。
10月19・24～27・30・31日　詩「通寺町低吟（1～6）」（鏡石）が『日報』に掲載。

明治39（1906）年11月　20歳

11月1日　「朝、麹町の**前田夕暮**を訪う。」日73　「以後深い交際続く。」誠141

11月11日　詩「木犀（少女の歌へる）」（佐々木鏡石）が『日報』に掲載。

11月11・15・20日　「醜男の悲哀（1～3）」（鏡石）が『日報』に掲載。

11月30日　「水野葉舟来る。今日赤坂下町白光館に引越して来た。」日75

明治39（1906）年12月　20歳

12月　「跋」が、『紫泉遺稿』に掲載。Ⅱ261

12月　小説「葡萄」を投稿し『岩手新聞』に掲載。

明治40（1907）年　満21歳

明治40（1907）年1月　20歳

この年　幻覚症状に襲われ、一人寝を怖がり、友人宅を訪ね泊まり歩いた。

正月早々　水野葉舟は、大久保町西大久保の一軒家を借りて引っ越す。喜善は、この新居に遠慮なく上がり込む。

1月1日　「春恋し」「日照り雨」（鏡石）が『遠野新聞』に掲載。

1月11日　上田敏から「靴工商」を芸苑第2号に掲載し、題は「長靴」と改めたと葉書が来る。「生一個の考にては頗る面白き短篇と存候。」日78

1月12日　夜芸苑の講演会に行き、上田敏を見る。「見識と実力のある雑誌に小説を書くを誉れとしぬ。この雑誌は帝国大学派の文士の専有なれば也。」日78

1月20日　「面影橋」（鏡石）が『遠野新聞』に掲載。

明治40（1907）年2月　20歳

2月1日　夕方小石川竹早町71堀田方へ転宿。グ85

2月7日　「長靴」（筆名は佐々木鏡石）が、『芸苑』2―2に掲載される。

2月9日　「芸苑社の講演会に行く。」日80

2月21日　前田夕暮と三木露風が尋ねて来る。日80

2月28日　三木露風（本郷巣鴨駒込）より絵葉書↓佐々木鏡石様（竹早町堀田方）「……共のうち遊びに行きますが君も来たまへ」山79

明治40（1907）年3月　20歳

3月1日　小説「舘の家」（鏡石）が、『芸苑』2―3に掲載。

3月3日　《帰郷》　水野葉舟宛葉書↑喜善（鉛筆書き）「花巻まで来ました。」

3月5日　「如月草」（佐々木鏡石）が『遠野新聞』に掲載。

3月19日　水野より葉書↓佐々木喜善様「もう全快の由。安心致し候。」

明治40（1907）年4月　20歳

4月1日　小説「市日」（佐々木鏡石）が『芸苑』2―4に掲載される。

4月10日　水野葉舟（西大久保）より葉書↓佐々木きよし様（小石川竹早町）「君の顔色が気に成ってなりません。……手紙の着次第遊びに来て下さい。」

◆10日　「春の夢」（鏡石）が『遠野新聞』に掲載。

4月16日　水野葉舟が心臓病を心配し、御馳走してくれる。窪田空穂《くぼたうつぼ》が来る。

4月18日　三木露風（目白台）より葉書↓佐々木繁様宛（武島町）

4月25日　水野より葉書↓佐々木喜善様（竹早町）（『市日』を読んだ批評）

◆25日　三木露風（本郷）より葉書↓佐々木鏡石様（竹早町）、原稿依頼。

明治40（1907）年5月　20歳

5月　「閑古花」（鏡石）が、『芸苑』2―5に掲載。

5月　小説「夏語」（鏡石）が、『詩人』3号に掲載。

5月14日　「与謝野鉄幹から「郵書と書と送られてくる。」日84

5月21日　「別れ道」（鏡石）が『日報』に掲載。

5月23日　「木下路」（鏡石）が『日報』に掲載。

5月25日　「春愁」（鏡石）が『遠野新聞』に掲載。

5月28日　三木露風（神戸市）↓佐々木鏡石様（小石川区竹早町）

5月31日　「別れ雲」（鏡石）が『日報』に掲載。

◆28日《帰郷》　上野発。◆29日　花巻泊。「家に帰つた。荒れた家に。」

明治40（1907）年6月　20歳

6月　「灯影」（佐々木鏡石）が、『詩人』1号に掲載。

6月1日　小説「罪障の鐘」（1）」（鏡石）が、『扶桑新聞』（名古屋）に掲載。

6月6日　水野葉舟より葉書↓佐々木喜善宛。「お目にかかりたし」雪90

6月10日　三木露風（神戸）より葉書↓佐々木喜善宛（小石川竹早町）「あの背の高い姿の夏帽が偲ばれ候……明星何か書き居り候由、二三日拝借願えれば有りがたく候。小生只今苦心して短い抒情詩を書き居り候。」

6月12日　水野葉舟より葉書↓佐々木きよし様（竹早町）
　『『灯影』を今読み了りました。非常に進歩なされたものだと驚嘆しました。欠点を言へば……この手紙がつき次第来てください。」F49

6月25日　「小田の火」（鏡石）が『遠野新聞』に掲載。

6月28日《帰郷》　祖父万蔵が病気という知らせを受け、土淵村に帰る。

明治40（1907）年7月　20歳

7月6日　前田夕暮（小石川白山）より封書↓佐々木喜善（土淵村）
　「別れてから既に十日になりますね。御病人はどうですか。」

7月10日　「我が詩《うた》（ケルネル作）」（鏡石）が『扶桑新聞』に掲載。

7月10・25日　「罪障の鐘」（2）（3）」（鏡石）が『遠野新聞』に掲載。

7月11日　養祖父**佐々木万蔵死去**（享年69）。

7月12日　水野葉舟（西大久保）より葉書〔弔意〕↓佐々木喜善様（土淵村）

7月14日　前田夕暮（本郷）より葉書〔弔意〕↓佐々木鏡石様（土淵村）

7月23日　水野葉舟より封書↓佐々木喜善様（土淵村）

明治40（1907）年8月　20歳

8月　「夏語」（鏡石）が、『詩人』3号に掲載。

8月10日　「葵の日」（鏡石）が『遠野新聞』に掲載。

明治40（1907）年9月　20歳　※

9月3日　前田夕暮より封書↓佐々木繁様。「君早く上京したまへ。」

9月30日　三木露風（小石川雑司谷）より葉書↓佐々木繁宛（土淵村）
　「神戸から帰つて来ました。吃音《ママ》君も帰つていられるだろうと思つて」
　（↗※「吃音君」は喜善をさす。）

明治40（1907）年10月　21歳

10月30日　養父佐々木**久米蔵死去**（享年46）。

明治40（1907）年11月　21歳

11月5日　役場に家督相続を届け戸主となる。「大学は続けてくれ、金は送る」
　というのが万蔵の遺志だった。実際に、東京での生活が中心となっていく。

明治40（1907）年12月　21歳

12月《上京》　麹町三番町68東洋館に落ち着く。前田夕暮が転がり込む。

12月15日　「夜風」（鏡石）が、『文庫』35—6に掲載。

12月16日　三木露風より葉書↓佐々木鏡石様・前田夕暮様（東洋館）
　『成蹊』一月号の原稿を19日朝迄に送って欲しい旨。

12月25日　※三木露風が来て、「成蹊の編輯が破壊された」と言い怒っている。
　「若山君が来て鏡花に熱中してゐる。」日87　（※若山牧水を指す。）

12月31日　水野葉舟の「東北の人」（改「北国の人」）（『新小説』第13-1掲載）
　を読みとても腹をたてる。すぐに葉書で大いに抗議してやる。

明治41（1908）年　満22歳

明治41（1908）年1月　21歳

1月2日　前田が青い顔の水野と一緒に来る。水野は、「新小説の言い訳を頻りとする。」「申訳けないと言つて、何処かへ行つて呑まうと云ふ。」日87

1月25日《帰省中》　水野葉舟より葉書↓佐々木繁様（土淵村）
　「君は文学という事に重きを置きすぎて居ると僕は思ふ。」F53

1月28日《在京》　「水野君との間に何となく隔ての雲がとれた様な心がした。」日87

明治41（1908）年2月　21歳

2月《上京》　故郷の最大の庇護者・祖父を失い、大きく動揺しつつも東京へ戻る。

2月29日　小石川小日向武島町3番地古川方へ転宿。

明治41（1908）年3月　21歳

3月　小説「館《たて》の家《いへ》」（鏡石）が、『芸苑』3号に掲載。

3月8日　三木露風より葉書↓佐々木鏡石様。「成蹊の原稿依頼」

3月19日　三木（雑司谷町）より封書↓佐々木繁様宛（武島町）
　「大切な原稿『成蹊』にありがたう……いつか前田君と三人で大に飲もう」

3月21日　「文庫講話会に出席した。会の済んだあと露風らと小酌した。」山98

明治41（1908）年4月　21歳

4月　小説「市日」（鏡石）を、『芸苑』4号に掲載。

4月1日　小説「勝後」「（鏡石）が、『ホノホ』（関西新社）4月号掲載。

4月15日　「海の画《ゑ》」（鏡石）が、『文庫』36—6に掲載。

明治41（1908）年5月　21歳

5月　小説「閑古鳥」（鏡石）を、『芸苑』5号に掲載。

5月　小説「夏語」（鏡石）が、『詩人』3号に掲載。

5月21日　「別れ道」（鏡石）が『日報』に掲載。
5月23日　「大下路」（鏡石）が『日報』に掲載。
5月28日《帰郷》　前田と上野で別れる。◆29日　花巻出立。家に帰る。

明治41（1908）年6月　21歳

6月6日　「緑陰」（鏡石）が『毎日』に掲載。
6月7日　「布施米」（鏡石）が、『小鼓』1―2に掲載。
◆　7日　三木操〔露風〕（牛込早稲田）より葉書↓佐々木繁様（岩手県土淵村）
「傑作をなしたまへ。……国へ帰つてまでイタズラをする。けしからんネ」
6月12日　水野盈太郎《みつたろう》〔葉舟〕（西大久保）より↓佐々木きよし様宛（竹早町）
「『灯影』を今読み了りました。非常に進歩なされたものだと驚嘆しました。」
6月19日　「木暗《こぐらみ》」（佐々木鏡石）が『毎日』に掲載。
6月25日　「新生」（鏡石）が『毎日』に掲載。

明治41（1908）年7月　21歳

7月　小説「夜風」（鏡石）が、『文庫』35―6に掲載。
7月15・16日　「想（上）」（下）（鏡石）が『毎日』に掲載。
7月16日　「向日葵《ひぐるま》（トムソン）」（鏡石）が『毎日』に掲載。
7月17日　「恋歌」（鏡石）が『毎日』に掲載。
7月29日　「心の室」（鏡石）が『毎日』に掲載。

明治41（1908）年8月　21歳

8月2日　「浴泉吟（鉛温泉明治館にて）」（鏡石）が『毎日』に掲載。
8月11日　前田夕暮より葉書↓佐々木繁兄宛　「早く出郷したまへ。」F 54
8月14日　「湯の香」（鏡石）が『毎日』に掲載。
8月30日　秋田雨雀（雑司ケ谷）より葉書↓佐々木繁様（土淵村）
「ただ誠心を以て君の御上京と努力を祈ります。」雪 125

明治41（1908）年9月　21歳

【9月　水野は「怪談」（繁の話として）を、『趣味』3-9に発表。 正 56 **】**
9月13日　前田夕暮（東京）より封書↓佐々木繁宛（土淵村）。
「君はいつ頃上京するか。三木君は六日に上京した。当分二人一緒に居る。」
9月26日　「家に帰つてから四ヶ月ゐる。……何もせず送ってしまった。」日 98
9月30日　ずつと不眠症で困る。「自分の行手に不安と恐怖とがあるので、発狂しそうな心持ちになつた。」日 98　胸が痛くなり、肋膜かと思い悩む。

明治41（1908）年10月　22歳

10月21日　「国から林檎が来た」日 98。（※在京と推測）。
10月23日　「夜十時頃、皆んなでお化話をしていると、誰かが表へ来て名前を呼ぶものがある。水野君だ！　泊めて呉れろと言うので泊めた。」日 98
【10月26日　水野葉舟が、牛込加賀町の柳田国男を訪ねる。】
【10月28日　「竜土会」開催。10月の会合―参加者は柳田、水野の他、藤村、花袋、蒲原有明など17名。新聞記事には、「文芸、社会に関する雑談より妖怪などの話も出てすこぶる盛会なりき」 周 280 **とある。】**
※　**「竜土会」や柳田邸訪問などの機会に、水野は柳田に「珍しい男がいますよ。昔話なら、いくらでも知っているから、連れてきましょうか」** 石 34 **と触れ込んでいる。**
10月29日　水野葉舟より葉書↓佐々木志げる様宛（小石川区小日向武島町）
「何となくおめにかかりたし。二三日中に参上いたすべく候。それといまよりおねがひ申上□□□。来月四日の夕刻よりは是非とも御在宅ありたし必ず。」石 34

明治41（1908）年11月　22歳

11月1日　ロシア語の稽古を駿ヶ台の神学校で始める。
11月4日(水)　「学校から帰つてゐると**水野君が来て共に柳田さんの処に行つた。お化話をして帰つて**、帰り途に水野君の初体験をうんと聞かされた。」日 99
※　喜善は東北弁で、どもりながら遠野の昔話を語った。柳田は、熊本県椎葉村と同じ系統の話が東北の遠野でも流布されていることにきわめて強い関心をもった。柳田が「兼ねて自分の研究している問題にとつて、中々いゝ材料だ」山 102　と水野に語ったという。
柳田の手帳には、喜善は「岩手県遠野の人、**その山ざとはよほど趣味ある所なり。**其話をそのままかきとめて「遠野物語」をつくる」とある。B 89
【11日5日　柳田の手帳に「遠野物語をかく」とある。喜善が訪ねた様子はない。】
11月13日　「**午前柳田国男さんが来た。例の遠野物語のことについて**」日 100
柳田の手帳には、「竹島《ママ》町に佐々木繁をとひて遠野物語に書入をなす　十八日夜再話をきく約束」とある。

11月18日(水)　柳田邸を訪ね、遅くまで聞き書きが続く。柳田の手帳に、「夜佐々木及水野来　又佐々木君の遠野話をきく夜十二時迄」[誠142]とある。

11月26日(木)〔27日消印〕[柳田発]三〇　絵葉書 → 佐々木繁様（武島町）

「今月も二日の日に御出ねかひ候故　来月も二日の夜にねかひ上候」[グ26]

明治41（1908）年12月　22歳

12月　小説「お常」が『新声』12月号（19―6）に掲載。

12月1日　小説「深夜」（**繁**）が、『アカネ』1―11に掲載。（※雅号「繁」初出）

12月2日(水)　柳田邸へ出向く。夜12時まで語る。水野も同席する。

12月5日　「旅想」（佐々木鏡石）が『毎日』に掲載。

12月7日〔8日消印〕**柳田**（牛込区）から書簡 → 佐々木繁宛（武島町古川方）

「御都合よろしく候はゞ　十一日の晩に御出で願ひ度候へども如何候や……御目にかゝりて申上べく候」（※同月11日に出かけたかは不明）

明治42（1909）年　満23歳

明治42（1909）年1月　22歳

1月～3月《帰郷》　故郷の遠野土淵に帰省する。水野葉舟を待っていた。

1月　戯曲「梟」（佐々木繁）が『ザンボア』3―1に掲載。

1月1日　「杉飾《ヨールカ》（ポロンスキイ）」（佐々木繁訳）が『毎日』に掲載。

明治42（1909）年2月　22歳

2月　喜善からの聞き書きが続く。[荒302]『遠野物語』序文には、喜善の柳田宅訪問は「明治四十二年の二月頃より」とある。この月の喜善は岩手に帰郷中である。また、2月の柳田は身辺多忙（19日・長女誕生、27日・甥の矢田部雄吉急逝等）である。この間に〝一一九の話〟を聞くには疑わしい記述といえる。

2月《帰郷中》　喜善は土淵村に滞留中である。その間に『遠野物語』の69話は「喜善が大洞ひでから聞いた話」がある。これは喜善が「明治四二年の正月の休み」は帰郷中であることを示し、3月来訪の水野葉舟を待っていた。

明治42（1909）年3月　22歳

3月14日～3月末　水野葉舟が土淵の喜善の家を訪ね、約20日間長逗留をした。

3月17日　「お七が墓に詣づる記」（佐々木繁）が『毎日』に掲載。

3月28日《上京》　朝、水野の帰京にあわせ、二人で遠野を発つ。

明治42（1909）年4月　22歳

4月17日　柳田より葉書 → 佐々木繁君（西大久保・水野葉舟氏方）

「此次二十一日の水曜日御出被下ましくや」（※東京に戻り聞き書きを再開。）

4月21日(水)（推測）「柳田邸を訪ね、お化け話をする。」

4月28日(水)「**お化会**※に出席のため牛込の柳田国男邸へ行く。当夜、この会には、喜善と水野以外の人も招かれていたが、来たのは喜善だけだつた。

※　当夜、内藤晨露の家に寄り「お化話」を聞き8時まで過ごす。慌てて柳田宅に駆けつけた喜善のことを、柳田は「お化の問屋」と呼んだ。

4月29・30日　「紅塵（4月12日）（4月20日）」（**繁**）が『毎日』に掲載。

4月《上京》　一時、小石川第六天町の小林方に暮らす。（※最後の東京生活。）

明治42（1909）年5月　22歳

5月4日　「紅塵（4月28日）」（繁）が『毎日』に掲載。

「△四月廿八日」に、柳田宅での「お化会」の様子を述べる。

5月6・8・9・11・15・16・18～20・26～28・30日　「紅塵」（繁）が『毎日』に掲載。

明治42（1909）年6月　22歳

【6月　水野は「怪談」（繁の話として）を、『趣味』4―6に発表。[正56]**】**

6月　「春昼」（繁）が、『秀才文壇』9―13に掲載。

6月　詩「仏蘭西寺の鐘へ」が『毎日』に掲載。

6月1日　詩「絶叫」（繁）が、『新文林』2―6に掲載。

6月1・3～6・8・11・13・17～19・23～29・30日　「紅塵」（繁）が『毎日』に掲載。

6月22日　前田夕暮（白山御殿）より葉書 → 佐々木繁様（小石川第六天町）

「君が病気しているとか……。少し発表してはどうか。秀才文壇で大に…」

明治42（1909）年7月　22歳

【7月　水野は「怪談」（繁の話として）を、『日本勧業銀行月報』（以下『勧業月報』と略）53号に発表。[正56]**】**

7月6・7・15・16・18・20・27・28日　「紅塵」（繁）が『毎日』に掲載。

7月15日　「人形の海」（繁）が、『秀才文壇』（編集・前田夕昏）9―15に掲載。

◆15日　「馬小舎《うまごや》の傍（レンモルトフ）」（繁）が、『毒草』1―1の巻頭に掲載。

7月27日　夜、郊外の水野宅に数人の友人が集まって「怪談会」が開かれる。

明治42（1909）年8月　22歳

【8月　水野は「怪談会（上）」（繁の話）を、『勧業月報』54号に発表。 正57 **】**

8月23日　三木露風より封書↓佐々木繁様（武島町）『廃園』の広告原稿

8月23～27日　**柳田国男、**第1回来遠。喜善は在京中。柳田自身の目で遠野を確かめる『遠野物語』検証の旅。文化人類学者伊能嘉矩の厚遇を得る。

明治42（1909）年9月　22歳

【9月　水野は「怪談会（下）」（繁の話）を、『勧業月報』55号に発表。 正57 **】**

9月15日「秋の空より」（1～3欠、4）（鏡石）が『毎日』に掲載。

明治42（1909）年10月　23歳

【10月　水野は「狐に魅されし話の数々」（繁の話）を、『勧業月報』56号に発表。

10月　水野は「テレパシー」「月夜峠」（繁の話）を、『怪談会』に発表。 正57 **】**

10月　下北豊島高田村雑司谷の秋田雨雀の家の隣に引っ越す。グ86

10月9・12日「紅塵（五月の宵）」（繁）が『毎日』に掲載。

10月15～17・9・20・24日「森より1～4・10・12・13欠・14」（鏡石）が『毎日』に掲載。

明治42（1909）年11月　23歳

【11月　水野は「怪談」（繁の話）を、『勧業月報』57号に発表。 正57 **】**

11月3日　小説「葬具商（プーシキン原作）」（鏡石）が、『トクサ』1に掲載。

明治42（1909）年12月　23歳

【12月　水野は「犬についての談」（繁の話）を、『勧業月報』58号に発表。 正57 **】**

12月「海の昼」（鏡石）を、『文庫』36―6に掲載。

明治43（1910）年　満24歳

この年　水野の家や旅籠を転々とした。身体の不調を知人にしきりに訴えた。

明治43（1910）年1月　23歳

1月「最近日本文学に現れたる犬」（佐々木繁）が『毎日』に掲載。

1月5日「追補及び雑感」（鏡石）が『毎日』に掲載。

明治43（1910）年2月　23歳

2月7日《帰郷》　朝、独逸訳の本を買いに丸善へ行く。秋田雨雀が持っていた本が欲しくて、二冊買い一冊は秋田に贈る。◆7日　夜6時上野発。◆8日　午前9時半花巻着。夜9時半遠野着、村千代泊。◆9日　午前12時頃、土淵の家に着く。夜北川真澄来る。㊓：秋田と水野他に手紙を出す。

2月15日㊍：「柳田国男氏より手紙が来る。夜酔ふ。」日102

2月21日 石神～ 二三　柳田国男様宛↑遠野なる佐々木繁より

「例のオクナイ様及びオシラ様（二種の別がある）附馬牛村にて座敷童に関する一つの出来事あり。ザシキワラシに左の種類あることを今日聞き申候」Chobirako　Notabariko　Usutsukiko　の三つがある。

2月23日　柳田は、しばらくぶりの喜善からの便りに、返信してくる。

◆23日 石神～ 二四　柳田より↓佐々木繁氏

「何分目下は石神のこと打棄てがたく　夜分一二時間の暇は専ら此爲に費し居り候次第候」A29

明治43（1910）年3月　23歳

3月12日 **柳田発** 三一　柳田(牛込区)より封書↓佐々木繁様（土淵村）

「先年 Yeats の Celtic Twilight を一読せしこと有之愛蘭《アイルランド》のフェアリーズにはザシキワラシに似たるものありしかと存居候　遠野物語は早く清書して此夏迄には公にし度願に候へども……」

◆12日　柳田へ手紙。「遠野地方の土地の祭神について」報告する。

3月29日 石神～ 三〇　柳田より↓佐々木繁氏

「奥州には猶外の地方にてあまり聞かれぬ神々あまたおはし候…。」

明治43（1910）年4月　23歳

4月3日 **柳田発** 三二　柳田(牛込区)より封書↓佐々木繁様（土淵村）

「伊豆権現…遠野郷にては御見当り被成候こと無之や……」

4月6日 石神～ 三一　柳田国男様〔**柳田宛**〕↑佐々木繁侍史

「遠野地方にてソウゼンと申すは大抵馬の神にて其神体は重《ママ》に石神即ち男性の生殖器形の石にて候……」な131

4月23日　柳田から喜善の健康を案じる見舞い状。

4月前後～5月下旬　石川啄木と喜善が直に交流した期間（森義真《よしまさ》様「啄木と佐々木喜善の交友」『論集　石川啄木《ママ》※』シ279所収）。二人の交流について、喜善の未発表原稿「石川君の記臆」によれば、

「石川君と一番親しく往復したのは、同君が本郷弓町の床屋の二階にいた時分でありました。私は小石川の小日向台町に下宿して居りましたから、夜だけでしたが一週間に一度位はきつと會つて居りました。」啄木が二葉亭全集の仕事を引き継いだ頃から始まり、「別れたのは、私が病気をして病院生活をするようになったのが動機です。」とある。

（cf.啄木との交流を、42年10月18日～43年2月6日と推察。佐藤誠輔様 輔156）

※「石川君の記憶《ママ》」は、盛岡てがみ館所蔵。

明治43（1910）年5月 23歳

5月12日 柳田より手紙 ↓ 佐々木繁様（小石川区武島町古川方）
「明日一三日夕方是非御出被下度まち上候 柳田柳田国男様」石206

5月下旬～8月 腹膜炎により、東京芝三田通りの松山病院に入院する。後に妻となる看護婦千田マツノ（岩手県胆沢郡金ヶ崎村出身）と知り合う。

5月30日 前田夕暮（西大久保）より封書 ↓ 佐々木繁様（芝三田松山病院）
「水野君から君の容体をききました。実際肋膜炎だと聞いて驚いています。」

5月31日 水野葉舟より葉書 ↓ 佐々木繁様（芝松山病院）
「病気は如何？二三日中に一度お見舞に行くが、気懸かりだ。」

明治43（1910）年6月 23歳

【6月14日 柳田国男著『遠野物語』が出版される。】

6月17日 柳田より絵葉書 ↓ 佐々木繁様（芝三田松山病院）
「遠野物語いよいよ公刊仕候 早速御届申候処 御所を知らぬ為是非なく古川方へおくり置候」とあり、喜善は入院中で受け取るのが遅れた。

6月18日 柳田より絵葉書 ↓ 佐々木繁様（芝区松山病院）
「人名などハ斟酌すること能ハざりし故 わざと遠野の人ニハ一冊もおくり不申 部数僅かに三百故 御心配ハ少しもなく候」

◆18日 喜善発 1 柳田国男様（牛込区加賀町）宛封書 ↑ 佐々木繁（松山病院）
「遠野物語今朝拝見 第一に何よりも本の体裁がさつぱりして西洋の本の様なのは嬉しく覚え候……若し此れを言文一致となしたらば、かくまでの趣きも或はなかりしならんと思ひ申候……面目に候 終りに小生御蔭様に此頃大分よろしくなり今月末には退院するようにて候べしと存じ候」

6月24日 秋田雨雀（雑司ヶ谷）から見舞の葉書 ↓ 佐々木繁氏（芝三田松山病院）
「御病気が大変にいいそうですね。……君と福士君と僕と、それから、もし居るなら一番感じのよかつた看護婦を入れて写真を撮ろうと思つて居ます。」

明治43（1910）年7月 23歳

7月11日 前田洋三（西大久保）より葉書 ↓ 佐々木繁様（芝三田松山病院）
「つひ失敬しています。……いずれそのうちに。三木君が東京にきました。」

明治43（1910）年8月 23歳

8月17日 水野葉舟より葉書 ↓ 佐々木繁様（芝三田松山病院）
「君の容体はいい方と思つて信じて居る。僕はこの頃、非常に勇気がついた。」

明治43（1910）年9月 23歳

9月14日 水野葉舟より葉書 ↓ 佐々木繁様宛
「あんな事を思つたり言つたりするものではありません。……何処でも一つ処で気を落ち着けて居たまへ。……決して苛立ってはいけない。」

9月30日 水野葉舟より葉書 ↓ 佐々木繁様（盛岡市岩手病院）
「君が不意に東京を去られたのは、僕にはいうにいはれぬ感じがした。」
盛岡の岩手病院に転院する。マツノも喜善と一緒に盛岡に移つる。

明治43（1910）年10月 24歳

10月1日 「仏蘭西寺の鐘へ」（佐々木繁）が『毎日』に掲載。

10月6日 秋田雨雀（雑司谷）より葉書 ↓ 佐々木繁様（岩手病院）
『劇と詩』は、今日お送りします。早く治つて、なにか書いて下さい。」

10月26日 柳田発 三三 柳田国男より絵葉書 ↓ 佐々木繁様（岩手病院）
「早くさふくならぬ前に御全快なされかしと祈り候……少閑を以て「山人」の話を集めをり候 御話の中に此種あらば一日もはやくきゝ度ものに候」

10月31日 喜善発 2 柳田宛封書（封筒なし）↑ 佐々木繁
「山人の話に関しては……いまだお話しなかつたと思ふものだけを左ニ書き申候。（六話）……化物問屋も病気にてお化以上に相成り居り候」

明治43（1910）年11月 24歳

11月 「田園」（佐々木繁）が『毎日』に掲載。

11月11日 「暮れてゆく盛岡」（佐々木繁）が『毎日』に掲載。

11月15日「落ち葉の窓」外2篇（繁）が『毎日』に掲載。

11月22・24・25・27日「落葉（1〜6）」（繁）が『毎日』に掲載。

11月27日〜12月中旬《療養の旅》岩手病院を退院し、仙台市**芭蕉館**に滞在する。

明治43（1910）年 12月 24歳

12月 喜善が書いて送った「村で評判の美しい娘であつた老婆から聞いた話」が、水野葉舟により『読売新聞』に掲載される。

12月4日 柳田発 三四 柳田国男より封書 ↓ 佐々木繁様（仙台・芭蕉館）

「暖かき海岸でも御求め被成てハ如何」と、療養を勧める。

12月6〜9日「落葉（7〜10）」（佐々木繁）が『毎日』に掲載。

12月8日《療養の旅》水戸太平館に一週間ほど滞在。

◆8日 柳田より書簡 ↓ 喜善宛（水戸停車場前・太平館）（内容不明）

12月11日《療養の旅》磯浜町大洗金波桜に来る。そして直ぐ筧医院に診て貰う。肺部に障害はないが呼吸器は非常に弱っているといわれる。

12月13日 島崎医院にて診て貰う。肺部に故障ない。ただ腹膜部に水ありという。

12月18日《療養の旅》柳田より書簡 ↓ 喜善宛（常陸国大洗・金波楼）（内容不明）

12月28日《療養の旅》「茨城県牛久保の杉田別荘に滞在する。

◆28日 **柳田より書簡** ↓ 喜善宛（茨城県牛久保 杉田別荘）（内容不明）

12月30日 秋田雨雀（雑司谷）より葉書（ローマ字書き）↓ 佐々木繁、福士幸次郎様（大洗磯濱町金波楼）

「佐々木君と福士君！ ……死ぬときは一緒に死にましょう！」

明治44（1911）年 満25歳

明治44（1911）年1月 24歳

1月1日《療養の旅》「杉田の別荘から追い立てられて、平磯の平野屋別荘に二月下旬まで滞在する。」グ86 福士幸次郎が来ていたのでいっしょに湊町まで行く。 引き続き千田マツノが付添う。

1月13〜15・17・19〜22・24〜27日「磯（1〜13）」（佐々木繁）が『毎日』に掲載。

明治44（1911）年2月 24歳

2月5日 柳田より書簡 ↓ 喜善宛（茨城県牛久保・杉田別荘）（内容不明）

2月15日 遠野・伊藤栄一宛 ↑ 佐々木喜善（那珂湊町平磯入口平野屋別荘）

「早く遠野に帰つて心を落着けて静かに勉強を仕度いと思つています。……文芸のことは私の一生の仕事ですから甚麽があつてもやり通す意りです。」誠56

2月19日 遠野の伊藤栄一宛書簡 ↑ 佐々木喜善

「国へ帰つたら牛をかひます。馬も飼ひます。……。勿論私等は二人で創作もいたしませう。そして、文芸というものを捨てては下さいますな。」久23

2月20日「啄木日記」に「佐々木繁君からは病気のことを故郷の新聞で見て驚いたとの見舞状が来た」グ32。その書簡への啄木の返信は、

「医者に見て貰ふと、慢性の腹膜炎ということでした。……あなたの御病気は御同情に堪へません。 佐々木喜善様 啄木」

2月22日「啄木日記」に、「佐々木繁君より手紙」とある。

〜2月下旬《療養の旅》茨城県湊町平磯の平野屋別荘で療養の旅を終える。

2月下旬 金ケ崎から転居して盛岡にいたマツノの親の家に落ち着く。グ86

◆下旬 喜善は土淵に戻り、マツノとの結婚の承諾を求めるが反対される。グ86

明治44（1911）年3月 24歳

3月「健康をある程度回復した喜善は今までの東京と遠野との往復をやめ、故郷土淵村山口に腰を落ちつけることになつた。」誠56 幸いにも、東京三田病院入院の際、同県人・金ケ崎出身の看護婦・マツノの世話になったことである。

3月19日 柳田発 三五 **柳田より封書** ↓ 佐々木繁様御返事（土淵村）

「山人伝はその後僅に十二三を加へ候のみに候……貴兄と協力し広遠野物語とでも題すべき袖珍ポイント字の美しき冊子を作り置度存居候……」

明治44（1911）年4月 24歳

4月 帰郷後直ぐに創作活動を再開。それらの作品は主に前田夕暮の『詩歌』、北原白秋の『ザムボア』、『地上巡礼』、若山牧水の『創作』等に発表された。

4月 水野葉舟は、『勧業月報』（水野の父が勤める銀行の月報）74号「怪談」に、「佐々木繁氏よりの書簡」として3話掲載。

「遠野に来てから、遠野の話をもう三十七ばかり書きました。皆明治此の方の話で、新しいものばかり、こんな好い話は外には決して無いと思ふのも二十ばかりあります。」周200 その中から、昨夏、土淵村の小学校にザシキワラシが現われた話。

4月2〜4・6〜8日　「雑話（1〜6）」が『毎日』に掲載。

4月9日　「青木繁氏を悼む」（佐々木繁）が『毎日』に掲載。

4月10日　水野（淀橋町）より封書 ↓ 佐々木繁様宛（遠野町伊藤栄一気付）

「君も身体が早く丈夫に成ってくれるといいかナ。……**Tokio** なんて、何もうらやましい処ぢやない。」

4月15日　詩「蜜蜂の群」戯曲「雪降りの日」（佐々木繁）が『コスモス』（佐藤紅果編集・盛岡コスモス社）7—4に掲載。

4月23日　**柳田発**　三六　柳田（牛込区）より封書 ↓ 佐々木繁様（土淵村）

「近来ハなみの丈夫な御躰に御復し被成候や……山人のこと……イタコのこと」

明治44（1911）年5月　24歳

5月　水野葉舟の「怪談」（『勧業月報』75号）の中に「佐々木繁氏の手簡の中より」として2話掲載。

5月9日　**喜善発**　3　封書（封筒なし）。Ⅳ2

「土淵村字柏崎ニテ老婆のイチコ（小生地方ニテハイタコト云）あり極めて斯道にたけたりと……之他口寄神おろしなどの文句も遠野地方ハ一定し居る様」

5月16日　**柳田発**　三七　柳田（牛込区）より絵葉書 ↓ 佐々木繁様（土淵村）

「イタコとオシラサマとの関係わかり候はゝ大なる発見に候」

明治44（1911）年6月　24歳

6月2〜4、6〜8日　「雑話1〜6」（佐々木繁）が『毎日』に掲載。

明治44（1911）年8月　24歳

8月9日夜　**柳田発**　三八　柳田より封書 ↓ 佐々木繁様御返事（土淵村）

「かの馬は非常に意味あるものニて小生か目下頻ニ其由来を明ニせんとしゝある題目の一に候……山男の話ハいま少し考究し度点生じ候故発表を躊躇しをり候」

8月11日　「野の雑草と病める身は」（佐々木繁）が『毎日』に掲載。

明治44（1911）年9月　24歳

9月　随筆「ステーピから」（佐々木繁）が、『曠野』14号に掲載。

明治44（1911）年10月　25歳

10月25日　長女タキサ出生。実母タケとその夫要之助の長女として届け出る。出産が近づくにつれ、マツノの名をさけタマと呼び、そのまま通称となる。

明治44（1911）年11月　25歳

11月2・5・7〜9日　「田園（1〜6）」（佐々木繁）が『毎日』に掲載。

11月17日　水野葉舟より葉書 ↓ 喜善宛

「遠野の話……怪談をもし出来るなら書いて送ってくれませんか」

11月25日　水野葉舟より葉書 ↓ 喜善宛

「冬は恐ろしい、君の体にとつては特に恐ろしいものと思ふ。出来るならば暖かい土地で送られんことを祈る。東京に来て僕の家で二三ヶ月暮らしても…」

明治44（1911）年12月　25歳

12月28日　「白楡」（「ひきざくら」、「こぶし」の方言）。『毎日』に文芸雑誌「白楡」の広告。明治45年1月1日初号発行予定、編輯所を遠野土淵村佐々木繁方に置く。

明治45・大正元（1912）年　満26歳

明治45（1912）年1月　25歳

1月1日　石川啄木（小石川）から賀状 ↓ 佐々木喜善様

「私は腹膜から肋膜になつて、もうまる一年……寝たり起きたりしています」

明治45（1912）年2月　25歳

2月4日　「冬の夜の花」（佐々木繁）が『毎日』に掲載。

2月8・9日　「冬のうちの暖かき日（上）（下）」（鏡石）が『岩手公論』に掲載。

2月11日　**土淵村農会長**に当選。この年、**土淵村青年会長**に推薦される。

明治45（1912）年3月　25歳

3月28日　遠野町に借家し、盛岡からマツノとタキサを呼び寄せ親子で暮らす。

明治45（1912）年4月　25歳

4月10日　**「遠野雑記」**（繁）と題し『人類学雑誌』218—4に掲載。

「柳田氏の遠野物語の続篇の類とも思ひ、陸中国遠野郷に行はるゝ諸々の風俗説話をば順序も秩序もなく我が胸に浮かびし儘に書き記す」

※　喜善が学術雑誌に発表した最初の文章で、**「民俗」**研究に傾斜する端緒となる。

【4月13日　石川啄木、肺結核にて逝去。】

4月22日 **柳田発** 三九 東京…柳…封書（濡れたためか不明）↓岩手県…（不明）

「一小篇の遠野物語も十年二十年の中には如何に成長するかも知れず……伝説というものは其やうに成長して行くのが普通には……」

4月23日 「啄木氏の永去を悼みて」（佐々木繁）が、『毎日』に掲載。

明治45（1912）年5月 25歳

5月 詩「白楡と黄昏時」、随筆「春の発砲」（繁）が、『曠野』18に掲載。

5月1日 小説「お銀と死魚と椿の花」（鏡石）が、『ザムボア』（朱欒）（北原白秋編）2―5に掲載。白秋の盟友として取り上げられた。

5月15日 北原白秋（京橋区）より葉書↓佐々木繁様（土淵村）

「また転居仕候 先達の御作の歌はやはり椿の花位の簡単なる方がよろしかりしと存候。七月号にも何かいただけるや……この度の御作非常におもしろく拝見。」

※白秋から届いた最初の書簡であり、以降、文壇の王者と交流が続く。

明治45（1912）年6月 25歳

6月3日 前田夕暮（西大久保）からの封書↓佐々木繁兄（土淵村）

「お銀と死魚と椿の花」を読んでの手紙。追記に、「発表してよいと思う作があれば、秀才文壇七月の特別号に寄稿してくれないか」とある。

明治45（1912）年7月 25歳

7月1日 小説「木枯と死傷」（繁）が、『朱欒』（ザムボア）2―7に掲載。

7月24日付 北原白秋から感謝の手紙↓佐々木繁様

「この度の事浅はかなる小生の身にとり、まことによき経験のひとつと存候。市ヶ谷監獄の二週日は、なにものにもかえがたき悲しさと尊さとを味はしめられ候。……未だ保釈の身にて……そのひまもザムボアと桐の花とは編集仕度、かたく決意仕候へば幸に御安意被下度候。御作は今晩にも拝見致し度く、うれしきものに期待致居候。

八監十三室『三八七』白秋生」 研668

【7月30日「明治天皇没し、「大正」と改元される。】

大正元（1912）年8月 25歳

（明治45年）□月24日（月不明）北原白秋（京橋）より封書↓佐々木繁様（土淵村）

「囚人馬車の中よりあやかしの並木の夕日の光り……。お笑ひ被下度候。」

※ 明治45年とあり「□月」も不明ながら、前後関係からこの位置と推定。）

8月 「お伊勢の一生」（佐々木繁）が、『朱欒《ザムボア》』2―8に掲載。

8月9日 三木露風（大久保）より封書↓佐々木繁様（土淵村）

「「木枯と死傷」及「お伊勢の一生」の二篇は中にもすぐれたり 朱欒を編集する友人※は「あの人はやはり僕らの仲間だねと申候。」（※友人＝白秋のこと）

大正元（1912）年 9月 25歳

9月 「北原様」（白秋宛書簡、7月10日付、8月10日付の2通）（佐々木繁）が、『朱欒』（ザムボア）2―9に掲載。

大正元（1912）年 10月 26歳

10月1日 戯曲「曙の小鳥どもの啼声」（繁）が、『朱欒』2―10に掲載。

10月4～6・8日 「庭前の楡樹（1～7）」（佐々木繁）が『毎日』に掲載。

10月12日 柳田国男（麹町区貴族院官舎）宛書簡↑佐々木繁（土淵村）

大正元（1912）年 11月 26歳

11月 喜善の「遠野雑記」を「人類学雑誌」に発表する。この報告は、文体を改めて、『遠野物語拾遺』に編入された。

（明《ママ》45年）11月15日 北原白秋（京橋区）より葉書↓佐々木繁様（お多賀下）

「お身体を大切になさらなければゐけません。まだ『桐の花』の散文で困つてゐるのです。何かお作があつたらいつでもおよこし下さい。」

大正2（1913）年 満27歳

大正2（1913）年1月 26歳

1月 「梟」（佐々木繁）が、『朱欒』3―1に掲載。

元旦 ㊌：詩「発生」他3篇を仙台のシャルル社へ、詩「故郷」を曠野に送る。

1月4日 「絵葉書一組買つた。**柳田さん**にあげようと思つて。」日105 ㊋：水野葉舟から年賀状。㊌：水野、秋田雨雀、柳田国男、福田夕咲の諸氏へ。

1月5日 「**柳田さん**に遠野古事記《くじき》を小包書留郵便で送る。」日105

1月9日 ㊋：水野葉舟から原稿等の受け取り。秋田雨雀からも来る。

1月12日 ㊌：前田夕暮（詩歌）の原稿「夜会」を出す。

1月14日 **柳田発** 四〇 柳田より絵葉書↓佐々木繁君（土淵村）

「ゑ葉書を澤山ありがたく候 此三月より我々の学問専門の雑誌を出さんとす」

◆ 14日 **柳田発** 四一 柳田より絵葉書↓佐々木繁君（土淵村）

「遠野古事記三冊御返送正ニ落手仕候……」

1月16日「世間話の如くに」（佐々木繁）が『毎日』に掲載。

1月17日（来）:**柳田氏**から絵葉書2枚。〔夢〕柳田氏を二夜続けて夢に見た。

1月18日 前田夕暮（東京郊外）から封書 → 佐々木繁様（遠野町）

「今夜は君のことのみが思われて仕方がない」と書きだした原稿の礼状。

1月19日「柳田氏に手紙を書いた。」日107

1月22日（来）:**北原白秋**から朱欒の3月号が送られる。（出）:水野に返事を書いた。

大正2（1913）年2月 26歳

2月「牛（遠野物語続稿）」（繁）が、『新文林』1―3に掲載。

2月1日「白楡の花」（繁）が、『秀才文壇』2月号（13―2）に掲載。

◆1日「夜会」（繁）が、『詩歌』2月号（3―2）に掲載。

2月4日「朝からドラマを書き、急いで第一幕を了える。スバルと前田君から詩歌が来た。今日の新聞に新文林の僕の「牛」といふのが出てゐるが、まだ雑誌も原稿料も来ぬので気が気でない。」日104

2月5日 **柳田さん**の太陽の古い作などを見る。（出）:北原、水野、福士に葉書を出す。

2月21日 久しぶりに伊能先生宅へいき、長いことさまざま話す。

2月28日 水野から葉書（新文林4月号に書いてくれ）がくる。

大正2（1913）年3月 26歳

3月 詩「故郷」（繁）が、『曠野』22号（小田島孤舟編）に掲載。

【3月 柳田は、高木敏雄（神道談話会で同席した）と共に雑誌『郷土研究』を創刊。】

3月1日 戯曲「飛ぶ」（繁）が、『朱欒』3―3に掲載。

3月18日 朝、柳田さんを夢に見た。（来）:果たして郷土研究が来る。

3月28日 遠野町の借家を立ち退き、土淵村山口の喜善の実家に帰る。

大正2（1913）年4月 26歳

4月 詩「過去の墓場」（繁）が、『CHALEUR』4号に掲載。

4月4日 秀才文壇が来る。六号文壇に「白楡の花」について批評が載る。

4月17日「**三木露風君**と**柳田氏**から郷土研究が来ていた。」日116

4月20日「今年か来年の内に作を出さぬと一生出す時がなくなるのだ。」日117

4月22日 秋田雨雀の新しいドラマを久しぶりで読む。葉書が来て、喜善の「〝飛ぶ〟をひどく立派な芸術だと言つて来た。私は秋田君に褒められるのがどんなに嬉しいか知れない。」日117

4月23日 秋田雨雀の〝長官と狂女〟を読む。

大正2（1913）年5月 26歳

5月1日「腹痛」（佐々木繁）が、『朱欒』3―5に掲載。

5月18日 山人の歌や狩夫の話などを聞き**民俗学に興味をもつ**ようになる。

5月21日 古い朱欒《ザンボア》の北原白秋の詩にいたく感心した。白秋に手紙を書いた。「人が恋しくて堪らない。……温泉！東京！海洋！而して女！」日120

5月23日 柳田発 四二 柳田国男より絵葉書 → 佐々木繁様（土淵村）

「御送付被下候原稿ハ一旦雑誌にのせて共有物といたし置候 遠野物語の続は中々近きうちニハ出さうもなき故なり」

5月26日 北原白秋（三崎元異人館）より絵葉書 → 佐々木繁宛（土淵村）

「その後御健康如何に候や〝朱欒〟は三崎転居を機として、五月限り廃刊」

※ 朱欒廃刊の知らせに、喜善は心の均衡を失い原稿が書けない程に動揺した。

大正2（1913）年6月 26歳

6月3日 白秋から葉書。→「炎天をスバルにやっておくといって来る。」日121

6月6日 柳田発 四三 柳田より絵葉書 → 佐々木繁様（土淵村）

「此間のおもしろき原稿ハ今月号に載せ不得と高木君申候……」

6月17日 北原白秋（相州三崎）より葉書 → 佐々木繁様宛（土淵村）

「御作スバルの方……七月はむつかしいが八月号には載せるとの事。」

大正2（1913）年7月 26歳

7月「孔雀と抱擁」（繁）が、『秀才文壇』13―7に掲載。

7月1日「芍薬の花と憂鬱」（繁）が、『詩歌』3―7に掲載。

◆1日 北原白秋（相州三崎）より葉書 → 佐々木繁様宛（土淵村）

「実は今度牧水君が『創作』を復活するにつき、貴方の御作を御紹介申度いと思ふがいかがです。」F71

7月10日「遠野雑記（一）～（十三）」（繁）が、『郷土研究』1―5に掲載。

大正2（1913）年8月 26歳

8月1日 詩「鳥族」（繁）が、『創作』（復活号、若山牧水編）4―1に掲載。

8月14日「今日**柳田氏**から郷土研究が来た。」日122

8月24日 北原白秋から手紙が来る。「やつぱりなつかしい人である。」日123

大正2（1913）年9月 26歳

9月14日「**柳田様**から郷土研究と本郷書院から長塚節の芋掘りとが来た。」日127

9月17日「北原白秋へ手紙（東京景物詩の礼状）を書いた。」日127

9月27・28日「九月の雑感（1）（2）」（繁）が『毎日』に掲載。

大正2（1913）年 10月 27歳

10月3日「十月の雑感（1）（2）」（繁）が、『毎日』に掲載。

10月15日 北川家の「炉辺に四、五人集まって山男の話など新しいものを二つばかり聴く。その他和野の永作が、毎夜ねる時是非寺の門前や墓場などが目に見えると言うことを聞く。」日129　この夜の話に余程刺激されたと思われる。

10月16日「昨夜の永作の話が脳裏から離れぬので困った。**柳田氏**から郷土研究が送られてきた。」日130

10月23・26・28・31日「現代の偉人（1～8）」（繁）が『毎日』に掲載。

10月28日（来）：紫波の小笠原迷宮（謙吉）より手紙が来る。輔158

大正2（1913）年 11月 27歳

11月「遠野雑記（14～15）」（繁）が、『郷土研究』1—9に掲載。

11月2・5～9・12～16・18～23・25～28日「現代の偉人（9～14・16～30）」（繁）が『毎日』に掲載。

11月4日「十一月の雑感」（繁）が『毎日』に掲載。

11月15日 小笠原謙吉より続けて手紙が来る。以後も、手紙を往復する。輔158

11月23日 白秋から手紙 → 喜善宛（日付不明だが、「喜善日記」に符合）

「来春、海路印度を経て仏蘭西巴里に赴くべく……。地上巡礼社は巴里にて創刊号を出し次ぎ次ぎ旅先にて編集……君にだけお話申上候。小生はこの五月にかの人と結婚仕候。」

大正2（1913）年 12月 27歳

12月1日「蜘蛛」（繁）が、『抒情詩』2—4に掲載。

12月2～7・14・16～21・23～28・30日「現代の偉人（31～50）」（繁）が『毎日』に掲載。

12月「日記」余白に、自分を「**一八八五年四月十六日生まれ**」と記す。

大正3（1914）年 満28歳

大正3（1914）年 1月 27歳

1月 研究「八丈島の民謡」（繁）が、『郷土研究』1—11に掲載。

1月6日「現代の偉人（51）」（繁）が『毎日』に掲載。

1月7日「現代の偉人の終結について」（繁）が『毎日』に掲載。

1月20日「マツノと正式に婚姻入籍の手続をする。」佐64

◆20日 随筆「陸中遠野郷にての冬期に於ける年中行事の一例」（繁）が、『人類学雑誌』29—1に掲載。

1月21日 厚楽要之助・タケの子としていた娘タキサを、喜善の養女として迎える。

大正3（1914）年 2月 27歳

2月11日 長男磨吉出生。◆26日 腸カタルのため死亡。グ86

大正3（1914）年 4月 27歳

4月5日「遠野雑記（十六）～（十九）」（繁）が、『郷土研究』2—2に掲載。同誌に20話を紹介。研究者として自立していく道が開けていく。

4月26日 小笠原謙吉が『日報』に、頻りに喜善の昔話収集の評判を紹介している。

大正3（1914）年 5月 27歳

5月5日「北原君を懐ふ。……今の処この人ばかりである。自分の心に残ってなつかしい人は…。」日135（※「北原君」は「北原白秋」を指す。）

大正3（1914）年 6月 27歳

6月7日 柳田発 四四 **柳田国男**（麹町区貴族院官舎）より封書 → 佐々木繁様御返事（盛岡市鍛冶町若狭屋方）

「職業の必要を感せられ候を幸いと……高等農林学校の木村農学士を御紹介致候　奥州古譚の蒐集八百五十位にて一冊の本に被成候ては如何」

6月9日 柳田発 四五 **柳田国男**（麹町区）より封書 → 佐々木繁様御返事（盛岡市鍛冶町若狭屋方）

「宮古古事記稗貫古事記共ニ非常に見たく候　本の主にことわりて又貸しをなし被下候か　又ハ御地にて筆耕……御世話ねがひ上候　切支丹のことも」

6月10日（来）：「**柳田さん**から手紙が来て堤知事に面会する。処が休職の命令がきたばかりの処にて早く帰る。」日135

※ **柳田**は喜善に頼まれ、年来の知人・堤定次郎（この3月岩手県知事になる）に手紙を出してくれた。堤の口利きで岩手県庁内の図書館に職を得たが、時間に拘

束される仕事に馴染めず、早々に辞め帰宅してしまった。

大正3（1914）年7月　27歳

7月6日　(来):**柳田氏**から郷土研究、小笠原謙吉から東奥古譚について葉書。
7月7日　(来):**柳田氏**から山島民譚集が送られる。(出):貴族院官舎へ手紙を出す。
7月11日　(来):**柳田氏**より葉書が来る。「北原君に手紙を書く。」日136
7月12日　(出):**柳田氏**に手紙（山島民譚集について）と小笠原の原稿を出す。
7月23日　新聞で北原白秋が9月から**地上巡礼**を出すという記事を見た。

大正3（1914）年8月　27歳

8月1日　「ザシキワラシの話」（繁）が、『郷土研究』2—6に掲載。
8月3日　(来):郷土研究が来る。「**柳田氏**の論文に二ヶ所に僕の文章を引用」日138
8月20日　白秋（東京）より書簡 → 佐々木繁様（土淵村）
「〃印度更紗〃は月刊の単行本と致し、地上巡礼を唯一の雑誌として追々発展致させ候」
8月24日　「**柳田氏**から葉書が来た。ザシキワラシを集めてくれと云ふ事である。」日139

大正3（1914）年9月　27歳

9月8日　(来):前田夕暮から手紙が来る。(出):前田に歌の原稿と手紙を出す。

大正3（1914）年10月　28歳

10月1日　「山島民譚集を読む」（繁）が、『郷土研究』2—8に掲載。
◆　1日　詩「百姓の息子」（繁）が、『地上巡礼』（北原白秋編）1—2に掲載。
◆　1日　「愛児死別（三十五首）」（繁）が、『詩歌』短歌号4—10号に掲載。
10月3日　(来):郷土研究が来る。「僕の手紙を出しているのに厭な感じがした。」日141
10月4日　(来):新里から手紙、**柳田氏**より郷土研究が来る。昨日と同じ号が来る。

大正3（1914）年11月　28歳

11月1日　(出):永井荷風氏に恋文代書の原稿と手紙を出す。
◆　1日　詩「耕地」（繁）が、『地上巡礼』（北原白秋編）1—3に掲載。
11月6日　「私は今日昂然として悟った。自分の作の理解力と言う事である。私の今までの物は皆一つの型にて……。今日全くそれに気がついた。」日142
11月13日　「暫時休んでゐる昔話の原稿を書くことが頭一杯に重くぶら下がつてしやうがない。……百枚になつたら**柳田氏**に送つて頼まうと思ってゐる。」日142

大正3（1914）年12月　28歳

12月　「野から書斎から」（佐々木繁）が、『曠野』に掲載。
12月1日　短歌「落葉林」（繁）が、『詩歌』4—12に掲載。
12月5・6日　「死に就いての偶感（1）（2）」（繁）が『毎日』に掲載。
12月6日　三木露風（巣鴨池袋・未来社）より封書 → 佐々木繁様（土淵村）
「おたづねの『未来』は月刊にして社友も入れて、一月から出します。」

大正4（1915）年　満29歳

大正4（1915）年1月　28歳

1月1日　「逃石」（鏡石）が、『郷土研究』2—11に掲載。
◆　1日　「戯曲「雪降りの夜（第一幕）」」（繁）が、『詩歌』5—1に掲載。
◆　1日　詩「樹木と鳥等」「伐木」（繁）が、『地上巡礼』2—1に掲載。
◆　1日　「鶯の古巣」「麗日小品」（繁）が『毎日』に掲載。

大正4（1915）年2月　28歳

2月11日　土淵村農会長再選。郡農会議員、県農会議員になる。誠143

大正4（1915）年3月　28歳

3月　「オシラサマとオクナイサマ」（佐々木鏡石）を『郷土研究』3—1に発表。
※「遠野雑記」の延長線上の短い報告。それぞれ次第に大きな課題として発展し、喜善が研究者として自立して行く道が開けていく。
3月1日　詩「盛岡の冬」が、『地上巡礼』（北原白秋編）2—2に掲載。
◆　1日　戯曲「雪降りの夜（第二巻）」（繁）が、『詩歌』5—3に掲載。
3月5日　北原白秋（東京）より葉書 → 佐々木繁様（土淵村）
「四月より『地上巡礼』改題、アルス発刊仕事に相成候。……。御作物戯曲にてもよろしく、御紹介申上べく候。なお巡礼社は従前の通り。」F75
3月16日　柳田発　四六（大正四年）　**柳田国男**（貴族院官舎）より封書 → 佐々木繁様御返事（盛岡市若狭屋方）
「ヲコゼハ南方氏にたのみやり候　文章の要訣……最も容易ニ人に理解せしむると言ふ他ハあるまじく……故に別ニ斯くく言ふ箇条書も出来不申も　一、仮名遣いを中央標準語に拠ること　一、叙述の文ハ東京弁に拠ること（会

話ハとにかく〉一、出来るだけ短かく書くこと

此三点ハ是非御すゝめ申度殊に第三の点は古語採集上の鉄則に有之かと存候」。

大正4（1915）年4月　28歳

4月1日　劇「春の憂鬱（第一場）」（佐々木繁）が、『ARS』創刊号（1—1）北原白秋編、芸術書店阿蘭陀書房）に掲載。

◆1日　研究「山男の家庭に就て」（繁）が、『郷土研究』3—2に掲載。

◆1日　「麗日白光」（繁）が、『詩歌』5—4に掲載。

大正4（1915）年5月　28歳

5月　劇「春の憂鬱（第二・三場）」（繁）が、『ARS』1—2に掲載。

5月1日　戯曲「心願の国（第一場）」（繁）が、『詩歌』5—5に掲載。

5月6日　北原白秋（麻布・阿蘭陀書房）↓佐々木繁様（土淵村）

「この後なるべく御作物は続き物としてのせるよう……久しぶりにて小説にても御書きなされては如何に御座候や。」

5月12日　北原白秋（麻布・阿蘭陀書房）より葉書↓佐々木繁様（土淵村）

「一度御地の方へ参つて見度いやうな気がします。」

5月20～22日　「五月の雑感（1、2の上・下）」（繁）が『毎日』に掲載。

大正4（1915）年6月　28歳

6月1日　戯曲「心願の国（第二場）」（繁）が、『詩歌』5—6に掲載。

6月1・2日　「五月の雑感（3～5）」（繁）が『毎日』に掲載。

大正4（1915）年7月　28歳

7月　短編小説「恋文代書」（繁）が、『ARS』1—4に掲載。

7月1日　「奥州の瘤取童話」（繁）が、『郷土研究』3—5に掲載。

7月24日　2男広吉出生。

大正4（1915）年8月　28歳

8月1日　戯曲「心願の国（第三場）」（繁）が、『詩歌』5—8に掲載。

大正4（1915）年10月　29歳

10月　「冬夜の幻影」（繁）が、『曠野』3—8に掲載。

10月　「雑感」「鶯の古巣」「土淵より」他（繁）が、『朔風』3—8に掲載。

10月12日　喜善発　4　封書　**柳田国男**様（貴族院官舎）↑佐々木繁（土淵村）

「先日来盛岡の新聞に山男の記事が掲載……一旦記事を御目にかけて……。」

10月13日　出：「**柳田氏**に手紙を出す。」日147

10月17日　柳田発　四七　**柳田国男**より絵葉書↓佐々木繁様（土淵村）

「此度ハ懇書忝く候　御見せ被下候盛岡の新聞ハ楽しミて…。」た443

10月19日　また右胸下肋膜部に不調を感じる。来：**柳田氏**から葉書が来る。

10月21日　「右胸部の変異から診察を受けた。肋膜炎が再発して……。」輔160

10月24日　「雑話」（繁）が『毎日』に、また、「感想」（繁）が『岩手民報』に掲載。

大正4（1915）年11月　29歳

11月　「馬子つなぎ」（繁）が、『郷土研究』3—9に掲載。

11月7・11日　「雑話」（繁）が『毎日』に掲載。

11月13日　「今日も前田君から書が来なかった。こんなことで北原君も今月は雑誌をくれない……私に不親切にするやうに思われて悲しかった。」日149

11月22日　来：北原白秋と前田夕暮から葉書。

11月26日　花岡一座から〝心願の国〟を12月4日に上演するという通知が来る。

大正4（1915）年12月　29歳

12月23日　柳田発　四八　**柳田より絵葉書**↓佐々木繁様（土淵村）

「南方熊楠氏旧約を忘れず　山ノ神ヲコゼを二尾買入乾燥しつゝある」

大正5（1916）年　満30歳

大正5（1916）年1月　29歳

1月8・9・11日　「電報（一幕物）（1～3）」（繁）が、『毎日』に掲載。

1月19日付　**南方熊楠**（紀州田辺町）より書簡あり。

「山の神魚の儀……先づ差当り昨夜五六寸のもの二疋差上申候。……貴地方は当地と全く樹木の性質を異にする故……菌類多少に不限見当り次第御集めの上、何月何日何地何の又は何草に付く……と明記の上なるべく一品に付き多量に標品を御送り被下候、小生一々調査の上新種有り候はゞ貴名を附して欧米にて公に致度候。貴方よりは、なるべく大なるものを多く御送り被下度候。」

大正5（1916）年2月　29歳

2月20・22～25日　「山の神オコゼ魚に就て（1～5）」（繁）が『毎日』に掲載。

2月26日　「再び山の神オコゼ魚に就て」（繁）が『毎日』に掲載。

2月27・29日　「二月の雑感（上）（下）」（鏡石）が『岩手民報』に掲載。

大正5（1916）年3月　29歳

3月　小説「朝」（トルストイ作・翻訳）（鏡石）が『毎日』に掲載。
3月18日　**柳田**より書簡。
「炉端叢書ハ愈続刊することにしました。君ハ先づ此夏まで二江刺郡童話集をまとめて出されたらよからうと思ひます。文章を極度に簡潔に成さること……」
3月30日　「本邦にもニムフ在りや」（佐々木繁）が『毎日』に掲載。

大正5（1916）年4月　29歳

4月1日　研究「瓜子姫子童話四種」（繁）を、『郷土研究』4―1に発表。
4月11日　「南方熊楠より2回目のオコゼ魚を送られる。」［グ86］

大正5（1916）年5月　29歳

5月　随筆「五月の雑感」が『毎日』に掲載。
5月27・28日　「住吉日讃（上）（下）」（鏡石）が『岩手民報』に掲載。

大正5（1916）年6月　29歳

6月9〜11・15日　「真実樹木（1〜4）」（佐々木繁）が『毎日』に掲載。
6月25日　ネフスキー（東京市本郷区駒込）より封書 ↓ 佐々木喜善宛
「幸ひ**柳田先生**の御紹介であなたとお近づきになることができました。」

大正5（1916）年8月　29歳

8月23〜25・29〜31日　「茶前茶後（1〜6）」（繁）が『毎日』に掲載。

大正5（1916）年9月　29歳

9月2・9・10日　「茶前茶後（7〜9）」（繁）が『毎日』に掲載。

大正5（1916）年10月　30歳

10月28日付　［柳田発］四九　**柳田国男**より封書 ↓ 佐々木繁様（土淵村）
「昔話集たしかに御預かり申候　君の事業として世に遺し度の希望は自分も同様に候……更に考ふる貴兄ハ岐路に在り　貴君を現はす為に此文章で突進せらるゝか柳田が趣味にまけて化かせるゝかの二つより一を擇び給へ」

大正5（1916）年11月　30歳

11月12日　「朝」（繁）が、『毎日』に掲載。
11月29日　［柳田発］五〇　**柳田国男**より封書 ↓ 佐々木繁様御答（土淵村）
「童話の方には手を伸すを要せぬ……御遠慮なくある限御かき集可被下候
一、奥州童話として公刊しうるもの
二、童話の奥州における現状として学者の観察資料に供すべきもの」

大正5（1916）年12月　30歳

12月　「陸中紫波地方の桃太郎」（資料）を『郷土研究』4―9に発表。
12月15日　**柳田**からの書簡「貴君の童話集に茫漠たる標題をつけてハ損です」

大正6（1917）年　満31歳

大正6（1917）年1月　30歳

1月1日　「奥州の童話」（佐々木繁）が『毎日』に掲載。

大正6（1917）年3月　30歳

3月　「オコゼ魚」（佐々木繁）が、『人類学雑誌』32―3に掲載。

大正6（1917）年4月　30歳

4月19日　**土淵村村会議員**に当選する。（最高得票、名誉職）
4月28日〜30日　「遠野から（1〜4）」が『毎日』に掲載。

大正6（1917）年6月　30歳

6月25日　「遠野から」（佐々木繁）が『毎日』に掲載。

大正6（1917）年7月　30歳

7月10日　ネフスキー（東京市本郷区駒込林町25）より封書 ↓ 佐々木繁様
「本年は是非一度お盆見物旁々錦地へ参度思居候……御都合は如何に」
7月19〜21日　「夏の記憶から（1〜4）」（**佐々木遠野**）が『毎日』に掲載。

大正6（1917）年8月　30歳

8月12日　「遠野から」（佐々木繁）が、『教育の曙光』3に掲載。
8月13・14日　「緑蔭から（1〜2）」（**佐々木遠野**《ママ》）が『毎日』に掲載。
8月17日　「**柳田氏**は東京日日に一目小僧の話を掲載し初めた。」［日156］
8月21日　(出):岡村千秋に手紙。◆22日　(来):**森口多里**から手紙くる。
8月24日　内暦七月七日。母は朝早くオコゼを持って山神に頼みに行って来る。
8月26〜9月3日　**ニコライ・ネフスキーが来遠**し、喜善宅に滞在する。
◆26日　ネフスキー来遠。高善泊。◆27日　喜善宅に滞在。◆28日　附馬牛、駒形神社、コンセイサマの写真を撮る。◆29日　一日休み。鹿踊の古本を写す。◆30

日　ネフスキーを連れ、薬師・大同・西内のカクラサマを写す。◆31日　家で、オシラサマなどを写す。くれと言われたが断った。◆9月2日　町へ行き、伊能嘉矩宅へ。樹木神など写真に撮る。伊能の案内で方々を見物。◆3日　伊能宅再訪。午後、汽車で綾織に行く。5時の汽車で東京へ立つ。

大正6（1917）年9月　30歳

9月6日　(来)：北原白秋から『曼陀羅』という雑誌が来る。

9月7日　(来)：「北原君から葉書が来る。ひどくよい手紙である。」日159

9月9日　「柳田氏の一日小僧の話播終っていた。」日160

9月21日　ネフスキー（本郷区）より封書 ↓ 佐々木繁様宛（土淵村山口）

「地蔵様の御像は中々りっぱに出来て居りますね！　御覧なすった鹿踊濫觴巻（元禄本）を送つて下さる事が出来ませんか。」

大正6（1917）年10月　31歳

10月　「陸中遠野郷の説話数種」が『人類学雑誌』32―10に掲載。

10月1日　「私は小さくてもいいから玉のような芸術を作りたい」日162

10月20日　原稿を書き終え、初めて「喜善」と署名をした。

10月25日　「陸中遠野郷の説話数種」（繁）が、『人類学雑誌』32―10に掲載。

10月29日　岡村千秋に頼もうと、お伽噺を2種書いた（馬の話）。

大正6（1917）年11月　31歳

11月1日　(出)：北原白秋と岡村千秋に原稿と手紙を出す。

11月12日　「朝」（繁）が『毎日』に掲載。

大正6（1917）年12月　31歳

12月7日　「厚楽の亡父の三十三回忌にて御法事があるので妻子を連れて行く。」日169

12月25日　(来)：**柳田氏**から橋姫物語という書を送って来る。

12月28日　3男光広出生。

大正7（1918）年　満32歳

大正7（1918）年1月　31歳

1月1日　「大雨」（散文詩）（佐々木繁）が『毎日』に掲載。

1月5日　北原白秋（本郷区）より葉書 ↓ 佐々木喜善宛　「朱欒復活します。」

大正7（1918）年2月　31歳

2月1日　「青馬の息子」（喜善）が、『女学世界』18―2に掲載。総135

2月8日　長女タキサの名前を「若」と改名。

2月16～18日　「コンラード氏に就ての記憶（1～3）」（佐々木繁）が『毎日』に掲載。

大正7（1918）年3月　31歳

3月5日　ネフスキー（本郷区）より封書 ↓ 佐々木喜善殿宛　（土淵村）

「拝借の鹿踊の巻物長々と有りがたう存じました。」

3月14日　ネフスキー（本郷区）より封書 ↓ 佐々木喜善殿宛（土淵村）

「御依頼の呪文は人類雑誌第九巻第九十八号第三〇七頁にあります。」

大正7（1918）年4月　31歳

4月28～30日　「遠野から（1～4）」が『毎日』に掲載。

大正7（1918）年5月　31歳

5月10日　北原白秋（相州小田原）より葉書 ↓ 佐々木繁様（土淵村）

「あなたの玉稿の件、〝雄弁〟の方で必ずいただいて掲載すると申しており……」

大正7（1918）年6月　31歳

6月1日　「鶯《うぐいす》の館《やかた》」（喜善）が、『家庭雑誌』4―6に掲載。総161

6月14日　ネフスキー（本郷区）より封書 ↓ 佐々木喜善殿宛（土淵村）

「此度一寸カクラサマの事を調べてみたいと思ひまして……新しい材料が沢山あるとの事でしたから何卒お教え下さい。」

6月15日　柳田発　五一　柳田国男より封書 ↓ 佐々木繁様御答（土淵村）

「御尋の奥浄るりのことは……奥州本の義経記と申を見せたりと申ことにて其原本……座頭の浄瑠璃は北地民譚を研究するものには必要最低限の参考書ニ有之可く……もし手に入つたら十分校訂して出版して置度ものに候」

大正7（1918）年8月　31歳

8月　研究「おしら神異聞」（喜善）が、『土俗と伝説』（折口信夫創刊）1―1に掲載。表紙写真は「鹿踊り（陸中遠野）ねふすきい写す」とある。国146

8月21日　(来)：折口信夫から葉書と『土俗と伝説』が来る。

8月29日　(来)：「**柳田国男氏**から或る要件の状が来る。」日171

8月30日　(出)：「**柳田国男氏**に状を出す。」日171　紀州の森口清一に遠野物語を恵呈。

8月31日　(出)：「**柳田氏**ニ第二回目の手紙を出す。」日171

大正7（1918）年9月　31歳

9月1日　「骸骨踊（上）」（喜善）が、『家庭雑誌』4—9に掲載。総164

◆1日　ザシキワラシ（童子座敷童）の研究をしようと思い立つ。

9月5日～13日《北海道視察旅行》　室蘭など廻る。アイヌ部落を訪ねる。

9月19日　(出)：「**柳田氏**に北海道から帰つた由を通知してやつた。」日172

9月24日　「今日は満願の日なれども**柳田氏**に手紙を書かうと思ふ。」日172

9月26日　「巫女に**柳田氏**の方の件につき問う。」日173

大正7（1918）年10月　32歳

10月1日　「骸骨踊（下）」（喜善）が、『家庭雑誌』4—10に掲載。総167

10月3日　何も来ず「魔法は漸く了へた。」日173　青柳、**柳田**等に長い手紙を書いた。

10月4日　(出)：「**柳田氏**、青柳氏、佐々木博士に手紙と雄弁に原稿を出す。**柳田氏**の方は今日もとうとう来なかった。」日173

10月6日　**柳田発**　五二　**柳田国男**より封書→佐々木繁様（土淵村）

「問題として考究すべしと挨拶を先月二十日に沢柳博士より承申候万一此度は成立せす共時運既に熟し居り候事なれバ早晩ハ必物になり可申存候」

10月8日　(来)：**柳田**から手紙（まだ分からないが啓明会と交渉はした）が来る。

10月9日　(出)：**折口信夫**に八丈島異聞の原稿（伝説論文）と葉書を出す。

10月11日　水野葉舟より書簡→佐々木喜善様宛

「**柳田**さんを訪ね……そちらの方の伝説（童話）を沢山集めて御出とのことでしたがそれを今僕が担当している雑誌で順々に公にして下さいませんか。」

※喜善は、水野が担当の勧業銀行月報に原稿を送る前に、わざわざ**柳田**に意見を求めた。当該の月報を5部か7部を必ず送らせるという条件付で賛成を得た。

10月12日　(出)：「**北原君**に久しぶりで手紙を出した。」日174

10月13～24日《**上京**》―**柳田**に会い啓明会の支援を得るよう話し合うため。

◆14日　夕東京着。◆16日　**秋田雨雀**訪問。◆17日　ネフスキー・折口信夫を訪問。◆18日　中山太郎・折口の招待で、胡桃沢勘内に会う。◆19日　岡村千秋、午後から中山を訪ね、一緒にネフスキーの晩餐に行く。◆20日　午後**柳田**宅訪問。病床であったが、話し方は良好。◆22日　夜**柳田**を再訪。啓明会開かれず、3時間程話し帰る。◆23日　夕方**柳田**を訪う。◆24日　朝**柳田**より電話。啓明会は延期。午後**柳田**を訪ねる。来月中旬再会議と返事。夜6時30分、松田と立つ。

10月16日　白秋より葉書（転居通知）→佐々木繁様（土淵村）

「神奈川県小田原町……あなたのを出してくれるやうに毎度催促しています。」

10月25日《帰郷》　遠野に3時半頃帰省、夜家に着く。

10月26日　(出)：**柳田**、青柳秀雄、ネフスキー他に通信する。

大正7（1918）年11月　32歳

11月1日　(出)：**柳田先生**に手紙（水野葉舟からの手紙を同封）出す。午後松田と共に学校の鈴木重男に行つて話し、吾妻昔物語の筆写を承諾させ帰る。

11月9日　※**柳田発**　五三　**柳田**（牛込区）より封書→佐々木喜善様（土淵村）

「啓明会ハまだ決定せぬ様子に候　勧業月報は……保存用として送るよう」

※「**啓明会**」―日本初の学術振興のための財団。学術への助成・啓蒙を行う。

11月12日　(来)：**柳田氏**と青柳とから手紙が来る。松田亀太郎は吾妻物語を筆写し終えたといってきた。◆13日　(出)：**柳田氏**に返事を出す。

11月23日　(出)：**柳田氏**に、啓明会の成行を聞くために手紙を出す。

11月25日　**柳田発**　五四　**柳田**（牛込区）より封書→佐々木喜善様（土淵村）

「先日沢柳氏に逢ひ聞候ニ評議員に差支多くして未だ開会せぬよしに候」

11月27日　(来)：**柳田氏**から状来る。会がまだ開会しないとの事。やっと安心した。

11月30日　町へ行く。それから巫女小友巫女小松カルに行って中山太郎のために護符などを貰う。(出)：**柳田氏**に小包書留と手紙を出す。

大正7（1918）年12月　32歳

12月　前田夕暮より印刷葉書→佐々木繁様（土淵村）

「唐突ではありますが、明治四十四年以降発行いたして来ました雑誌「詩歌」を、十月号限りに断然廃刊することに決定いたしました。」

12月3日　(出)：**柳田氏**に瓢箪のことについての手紙と、中山太郎に手紙を出す。

12月24～26日　盛岡に立つ。◆25日　所用。◆26日　9時半の汽車で帰宅。

大正8（1919）年　満33歳

大正8（1919）年1月　32歳

1月　「瓢箪の俗信・俗話」（喜善）が、『土俗と伝説』1—4（廃刊）に掲載。

1月2日　(来)：折口信夫から郷土研究と土俗と伝説がくる。喜善の瓢箪の話が載る。

1月5日 (来):**柳田氏**、青柳秀雄からも鳥の話受け取りの葉書が来る。

1月7日 北川真澄は**柳田氏**の世話で東洋製帆会社の購売課長となり赴任する。

1月9日 (出):**柳田氏**（会の方のことを尋ね旁々）と青柳氏に封書を出す。

1月11日 [**柳田発**] 五五 **柳田**（内幸町）より封書 → 佐々木繁様（土淵村）

「啓明会からの返答……此事業ハ小生自分のものゝ如く感しをり候次第に付……是非成立するやう力め可申今暫く時節を御待成へく候」

1月14日 (来):**柳田**から封書（1・11付）が届く。

「今まで八ヶ月間の希望が幻想となり忽然として消えた」[日178]

1月15日 ザシキワラシの調査始める。(出):「東磐井郡角崎村鳥畑君にザシキワラシについて問合せ状」[日178] 出す。以降6月まで収集に専念し本格的に調査。

1月18日 (出):「**柳田先生**に先日の手紙の返事を出す。」[日179]

1月19日 「奥州の昔話 第一猫に関しての童話七篇を水野君に出さうと思ふ。」[日179]

1月28日 (来):「折口君から葉書が来た。……水野君から勧業月報が来る。」「伊能先生他に例のザシキワラシの問い状を三枚出した。先づこれにて当分の打ち止めとする。」[日179]

大正８（１９１９）年２月 32歳

2月1日 「深山《みやま》の木の娘（上）」（喜善）が、『家庭雑誌』5—2に掲載。[総170]

2月2日 (出):**柳田氏**に通信。(来):小笠原迷宮からザシキワラシの返書来る。

2月5日 [**柳田発**] 五六 **柳田**（内幸町）より封書 → 佐々木繁様（土淵村）

「坐敷ワラシの事ハ細心御蒐集の上一巻の書となす御考ニて御進み被下候 西洋にても似たる俗言多きこと……啓明会絶望にあらす」

2月15日 「猫に関しての童話（上）」が、『勧業月報』168号に掲載。[総177]

◆15日 「旧暦小正月、沢柳博士や新渡戸博士に手紙を書く。」[日180]

2月17日 「澤柳博士、新渡戸博士、伊能先生其他に通信を出す。」[日181]

2月28日 〔夢〕「**柳田先生**を夢に見た。」(出):**柳田**、沢柳、北原、中山、岡村に封書。

大正８（１９１９）年３月 32歳

3月1日 「物を食はない女」（喜善）が、『女学世界』19—3に掲載。

3月6日 (来):**新渡戸博士**、青柳の手紙。◆9日 (出):**柳田先生**、鳥畑に通信。

3月12日夕 [**柳田発**] 五七 柳田より封書 → 佐々木繁様御答（土淵村）

「御示しの書物の遠野記 遠野旧事記の二つだけは是非写し置度候」

3月15日 (来):「**柳田先生**から手紙が来た。」[日182] (出):北原白秋他に手紙を出す。

3月16日 (来):「奉公といふ雑誌が**先生**のお差指示で送られて来た。ハガキで会釈《ママ》まで添えてある。」[日183] (出):**紀州の南方先生**等に手紙を出す。

3月20日 〔夢〕※「昨夜**柳田先生**に帯をしめて貰った。」[日183] （※〔夢〕の記述）

3月21日 (出):「**柳田先生**に遠野記と同旧事記《くじき》の小包及び手紙を出した。……時事にて**啓明会**の第二回報告書を見た。変に動揺を感じた。」[日183]

3月22日 「**柳田先生**は四月十一日に渡欧する由と読売に見えてゐる。」[日183]

(出):北原白秋に手紙を出す。(来):水野葉舟から月報が来る。

3月23日 [**柳田発**] 五八 柳田国男（内幸町）より封書 → 佐々木繁様（土淵村）

「啓明会の第二回の発表にも我々の注文は洩れたけれども……兼々御話のザシキワラシの話を出来るだけ弘く集められ候やう願度候」

3月25日 (出):**柳田先生**、長畑に葉書を出す。

3月26日 (来):**柳田先生**（3・23付）と南方先生から手紙が来る。

3月末日 [**柳田発**] 五九 柳田国男より封書 → 佐々木繁様御答（土淵村）

「啓明会の方か出来さう也 且つ貴君としても奥羽調査の如く此方に適任なりと推称する能はす従つて多くの候補者の競争ニ勝たねハならす」

大正８（１９１９）年４月 32歳

4月 「深山の木の娘（下）」（喜善）が、『家庭雑誌』5—3に掲載。

4月1日 (出):**柳田先生**、沢柳先生、青柳に手紙を出す。

4月2日 (来):**柳田先生**から葉書（多少趣きのもの）、「沢田君の葉書にて一先づザシキワラシの材料はうち止めにする。」[日184]

4月3日 (出):**柳田先生**、ネフスキー等に手紙を出す。◆12日 (来):青柳から雄弁、三浦と紀州の森口から。◆14日 (出):**柳田先生**に通信。

4月15日 「猫に関しての童話（下）」が、『勧業月報』170号に掲載。[総179]

4月17日 [**柳田発**] 六〇 柳田国男より封書 → 佐々木繁様御答（土淵村）

「小生洋行の噂あるハ誤報ニ有之候 山立由来記御見せ被下有難く存候……座敷ワラシの話ハ早く御集め被下候出来次第何ともして東京で出版可致候」

4月18日 「ザシキワラシの草稿を書き始める。」[グ87]

4月19日 (来):「**柳田先生**から書簡拝。」[日185]

4月22日 (出):「**柳田先生**に送る為に山立由来記と手紙を出した。」[日185]

4月30日 [柳田発] 六一 柳田国男(内幸町)より封書 ↓ 佐々木繁様 (土淵村)
「山立由来記御急ぎ写し被下……意外に思ふ点二つあり
一、は分布の御地ニ迄も及べること、秋田のマタギの藏するものも此と同じなら更ニ妙と可申
二、は秀郷又ハ猿丸太夫の名にて伝ハれる「神を援けた話」御地にて八万三郎となりをること……万次万三郎の話ハ前ニ「郷土研究」に……」

大正8(1919)年5月 32歳

5月1日 (出):**柳田先生**に手紙と鳥に関する口碑伝説の原稿を出す。
5月2日 「**柳田先生**から、また久しぶりに福士君から手紙が来てゐた。」[日186]
5月5日 朝日新聞に**先生**の祭礼と世間といふのが出ていた。
5月18日 [柳田発] 六二 柳田国男より封書 ↓ 佐々木繁様 (土淵村)
「鳥の話は水野君へ早速送りおき候 材料ハ乏しくともやはり御地方のものゝみ……ザシキワラシの話ハ仮令不完全でも早く御まとめ被成へく候」
5月20日 (来):**柳田先生**から手紙。(出):**柳田先生**と水野葉舟に手紙を出す。
5月21日 (来):水野から、**柳田先生**から(鳥の話を受取った)葉書。
5月24日 「ザシキワラシの草稿を起してみたが思ふように運ばない。」[日187]

大正8(1919)年6月 32歳

6月15日 「鳥に関しての伝説童話(上)」(喜善)が、『勧業月報』172号に掲載。
◆ 15日 「奥州のザシキワラシの話」(137枚) 脱稿し、**柳田先生**に手紙を書く。
6月16日 (出):「ザシキワラシの草稿をまとめ**柳田先生**に送出す。」[グ87]
6月19日 [柳田発] 六三 **柳田**より封書 ↓ 佐々木喜善様御答 (土淵村)
「御書面の趣つぶさに拝承仕り候 此種の研究は正しく**前蹤なき**ハ申に不及今後亦永く追随者を予期し能ふまじと存候」
※ 柳田と書店の約束は、炉辺叢書と題し青年向けの読み物とすること。喜善の場合、「咏歎」の叙述が目立つ。文章は「である」の口語体とし、「三人称」で統一するよう促される。とくに、細部まで構成と文体の推敲をするよう求められる。喜善が許すなら夏中に柳田が筆をとるとまで提案された。
6月20日 (来):水野葉舟から月報がくる。鳥に関しての伝説童話が7まで載る。
6月21日 ザシキワラシの追補を書き、**柳田先生**に手紙を書く。
6月22日 (出):**柳田**にザシキワラシの追補と手紙を出す。
6月23日 (来):「**柳田先生**から長い御状が来た。いと親切なる御意である。」[日189]
6月28日 (出):**柳田先生**に通信する。
6月30日 (来):**柳田先生**から話の世界と陸奥の友と2冊の雑誌が送られて来る。

大正8(1919)年7月 32歳

7月1日 「**昔噺二つ**」(繁)が、『話の世界』1—2に掲載。
7月2日 **柳田先生**から話の世界の第1号を送られる。(出):折口に葉書を出す。
7月3日 「Keimeikai wa mata dame !!」[日189] (※ 啓明会はまたダメ)
7月4日 (出):**柳田先生**等に通信する。
7月13日 (来):The Golden Age of Myth and Legend を**柳田先生**から送られる。
7月14日 (出):**柳田先生**(神話と伝説の黄金時代のお礼)と水野葉舟に手紙を出す。
7月15日 「鳥に関しての伝説童話(中)」(喜善)が、『勧業月報』173号に掲載。

大正8(1919)年8月 32歳

8月3日 (出):**柳田先生**、森口多里、土岐哀果らに通信する。
8月14日 (出):北海道吉田巌、武隈徳三郎にザシキワラシ研究のために手紙を出す。
8月15日 (来):**柳田先生**に手紙出す。青年会総会に行き新宗教という講話する。
◆ 15日 「鳥に関しての伝説童話(下)」(喜善)が、『勧業月報』174号に掲載。
◆ 15日 詩「山焼き」が、『山彦』4(気仙郡、吉田広畔編集)に掲載。
8月17日 [柳田発] 六四 **柳田**より封書 ↓ 佐々木喜善様侍史 (土淵村)
「炉辺叢書は十二月に出すとしても九月末迄ニ三冊分の原稿をもらはぬと活版間に合はすと云ふ 九月中に出来るつもりにて今一度筆を取られたく候が如何」
8月18日 [柳田発] 六五 **柳田**より封書 ↓ 佐々木喜善様御答 (土淵村)
「かの本ハ文章は青年が大声上げてよむもの **自分の見聞より以上余分な想像などを書き給うべからず**……蒐集者の任務ハ全然其外に有り」
8月20日 [柳田発] 六六 **柳田**より封書 ↓ 佐々木喜善様侍史 (土淵村)
「遠野記及び同旧事記永々借用忝く存候 本日書留小包を以て返上仕候」
8月22日 [柳田発] 六七 **柳田**より絵葉書 ↓ 佐々木繁様 (土淵村)
「鷹の話を九月ニ出しますから送り度候 ザシキワラシの話をなるだけ多く集めていたゞきたいのです 外の地方にもあるか否かをさぐる爲ニも必要です。」
8月23日 「藤村、花袋の小説に殆感心す。**文学棄てられず**。」[日191] (来):**柳田先生**から手紙と小包写本2冊受取る。(出):**柳田先生**に手紙を出す。

8月25日 (出)：**柳田先生**に写本受とり、水野葉舟に原稿依頼の葉書を出す。
8月26日 (来)：小笠原謙吉から葉書きて、紫波地方にはオクナイサマ無しという。
8月27日 **柳田発** 六八 **柳田**より封書 ↓ 佐々木喜善様（土淵村）
「「無い」という各地の返事も亦一材料なり」
8月30日 (出)：沢柳先生に手紙。(来)：**柳田先生**、伊能先生他より手紙。
8月31日 (来)：「**北原白秋氏**より葉書有。雄弁十一月号に作発表のこと也と、有り難し。幸運の足場がついたのである。」日191

大正８（１９１９）年 ９月 32歳

9月1日 「話を買つた話」（繁）が、『話の世界』174号に掲載。
◆1日 座敷ワラシの改稿に今日手をつける。(出)：北原白秋と青柳隆治に雄弁の原稿発表のことについて手紙を出す。
9月13日 (来)：**柳田先生**、伊藤栄一、水野から通信あり。
9月14日 (出)：「**柳田先生**に手紙出す。……**柳田先生**には□□来記の返事。」日192
9月15日 研究「家庭の怪物(一)」（喜善）が、『勧業月報』187号に掲載。
9月22日 「今日にて漸く奥州のザシキワラシ完結す。」日192
9月24日 (出)：ザシキワラシの原稿を出しに町へ行く。**柳田先生**に手紙を添える。
◆24日 ネフスキー（北海道小樽高等商業学校）より封書 ↓ 佐々木繁様宛
「南部方面からオシラサマに関する材料が手に入りました。伝説は――馬と娘の関係等――人抵御地と変りがないのです。」
9月26日 **柳田発** 六九 **柳田**より封書 ↓ 佐々木喜善様御返事（土淵村）
「「山立由来記」の研究たる「神を助けた話」を終り今「狐の話」をかきをり候……原意害せさる範囲の訂正を御我慢被成度候」
9月28日 (来)：「**柳田先生**並に浄法寺の小田島君から通信あり」日192

大正８（１９１９）年 10月 33歳

10月4日 **柳田発** 七〇 **柳田**（東京）より絵葉書 ↓ 佐々木喜善君（土淵村）
「御骨折の原稿　本日迄に拝見仕候ところ勿論大問題に解決ハ些も望なけれども「赤子を家の内ニ埋める風習」ハ尤注意すべきことのやうに存申候」
10月7日 「**柳田先生**から原稿について手紙を頂く。**先生**に手紙を出す。啓明会のことも書き加える。」日193
◆7日（不明） **柳田発** 七一 **柳田**より絵葉書 ↓ 佐々木喜善君（土淵村）
「山立由来記の所在及之と同種のものを所持するらしき人の名御知らせ被下度候」
10月8日 (出)：「**柳田先生**、中山太郎、水野葉舟……に通信する。」日193
10月13日 (出)：北原白秋に伝説の原稿と手紙。(来)：人見東明から「住宅」が来る。
10月15日 研究「家庭の怪物(二)」（喜善）が、『勧業月報』188号に掲載。
10月16日 (出)：「**柳田先生**に鈴木君の研究趣意書を御目に入れる為に、又青柳に雑誌を借りるため出す。」日193
10月24日 **柳田発** 七二 **柳田**（東京）より封書 ↓ 佐々木喜善様（土淵村）
鈴木重男等の蒐集事業は「殊に遠野なるが故ニ一層愉快に承り候」といい、「松本の胡桃澤君とは是非御交通被成今後互ニ御助成有之度候　年中行事には日を示して問ふ方法尤も便宜かと存候」と述べる。
10月29日 (出)：沢柳博士、**原敬**に状出す。(来)：来状類、**柳田先生**、長畑らから。

大正８（１９１９）年 11月 33歳

11月6日 (出)：「北原白秋氏に作物などについて手紙を出す。」日194
11月8日 北原白秋（相州小田原）より書簡 ↓ 佐々木喜善様宛（土淵村）
「私も実に申訳がないのと御気の毒とで胸がいつぱひになつて居ります。……お書きなさい。お書きなさい。（私は十二月は隙です）遊んではどうですか。一と月位はどうですか。」
11月9日 (来)：青柳から掲載は12月に廻したとの手紙。(出)：**柳田先生**等に状を出す。
11月18日 啓明会は今度ももれた。(来)：北原章子から12月号に発表になるとの手紙。
11月20日 (出)：「中山太郎氏に手紙と田螺の息子の原稿を出す。」日195
◆20日 「岩手県教育会上閉伊郡部会郡内民俗調査顧問に委嘱される。
11月21日 (来)：北原白秋から推薦の辞を書くので写真と秋田雨雀へ手紙を出すように言って来る。(出)：北原、秋田に写真を送る。
◆21日 北原白秋（相州小田原木菟の家）より ↓ 佐々木繁様（土淵村）
「御作が十二月の雄弁に出る事に……貴方の芸術的生活を初めから参考まで、私あてに簡単にでも書いて下さいませんか。十二月頃一度御来京いかがですか。」F81
（二伸）「この手紙つき次第、すぐに創作にかかって下さい。必死になって。……死身になって徹夜して下さい。出来たらすぐ御送り下さい。」

大正８（１９１９）年 12月 33歳

12月　「悲惨極まる餓死村の話」（喜善）が、『中学生』４—12に掲載。

12月1日　**柳田発**　七三　**柳田**（東京）より封書　↓　佐々木喜善様親展　（土淵村）
「さてザシキワラシは校正終り候も他の三篇未了の為本年中の発行は六かしく見え申候　此方より※……兎ニ角百円だけ御用立申候」

◆　1日　「魔法」（喜善）が、『雄弁』12月号に掲載された。（※　喜善にとって最長で最後の小説となる。以降、中央文壇から姿を消す。）

12月2日　時事、読売新聞紙上で魔法を極力酷評される。

12月3日　(出)：「北原君に手紙を出す。悪評について也。」日195

12月5日　「腹水をとりに町へ行く。」日195　ザシキワラシの原稿料100円がくる。

12月7日　(来)：「**柳田先生**、青柳君、中学生に手紙を出す。」日195

大正９（1920）年　満34歳

大正９（1920）年１月　33歳

1月　翻訳小説「大岡」（喜善）が、『毎日』に掲載。

1月6日　(出)：北原白秋の処に「伯母」（280枚）の原稿と手紙を出す。

1月10日　小説「姪」にルビを附す。中山太郎に長い手紙を書く。小説も封ずる。

1月11日　(出)：人見東明宛に手紙と童話の原稿、「部屋のはじまり」を、中山太郎宛に手紙と小説「姪」を出す。

1月19日　「産業組合に加入する。」日197　（※土淵村産業組合）

大正９（1920）年２月　33歳

2月5日　(出)：金澄に「ひきざくら」の原稿（啄木鳥）を出す。

2月14日　(来)：「真澄からいよいよ最後の状也。……森口多里から通信。**柳田先生**と中山太郎氏に手紙を出す。」日198

2月17日　土淵村産業組合の**監事**に、村長と校長とともに喜善も加えられる。(出)：「山本氏へ通信する機会を得る為北原君に手紙を出す。」日198

2月19日　(出)：三井玉輝に出版届及び手紙、**柳田先生**に委任状を依頼する。

2月20日　喜善の最初の著書**『奥州のザシキワラシの話』**が玄文社より発行。部数は各二千部。叢書は、第1編「赤子塚の話」（**柳田国男**）第2編「おとら狐の話」（**柳田**、早川孝太郎）第4編「神を助けた話」（**柳田**）の3冊と合わせ、4冊箱入りの炉辺叢書として同時出版される。

2月21日　**柳田発**　七四　**柳田**より封書　↓　佐々木喜善様御返事　（土淵村）
「本は半月も前に校正四冊とも終りたれとも……月末には出申候」

2月24日　(来)：**柳田先生**（印税その他）、北原白秋から（今回の小説に関して及び将来についての一寸悲観的な手紙）を貰う。

2月26日　(出)：**柳田先生**、北原等に手紙を出す。

2月27・29日　「二月の雑感（上・下）」（鏡石）が『岩手民報』に掲載

大正９（1920）年３月　33歳

3月2日　(来)：北原白秋より懇篤なる手紙。　◆3日　(出)：白秋に手紙を出す。

3月13日　(来)：「**柳田先生**から炉辺叢書四冊箱入と私の著書五冊送り来る。」(出)：「北原白秋に「追っ手」の原稿と手紙」日199　別に、白秋に林檎を出す。

3月14日　(来)：**柳田先生**から書面来る。

3月17日　「「ザシキワラシ」を原敬、水野君、鳥畑君等に、手紙を水野君、**柳田先生**に出す。」日199

◆　17日　**喜善発**　5　**柳田**様（牛込区）宛封書　↑　佐々木喜善（土淵村）
「炉辺叢書四冊及び他の五冊有り難く頂戴いたしました。……神を助けた話はいつぞや先生に伺つた**伝説の成長由来**のことなど頻繁に思ひ出しつゝ一気に読み終りました…必ずオシラ神も歓びしことに存じてをります」

3月22日　ネフスキー（小樽区緑町）より封書　↓　佐々木喜善様宛
「ザシキワラシの御研究を拝見すると中々立派な御論文で御座います。貴方の真似をしたいのです。二人でやりませうか。……御意見は如何？」

※　(来)：「3月26日」。オシラサマの共同研究の誘い。以後、情報交換をする。

3月23日　(来)：「**柳田先生**からザシキワラシ三冊に、阿部市吉君に出す「神を助けた話」の四冊〆来る。」日199

3月27日　(出)：**柳田先生**、ネフスキー他にザシキワラシの出版の挨拶文を出す。

3月28日　(出)：紀州の森口清一に**柳田先生**の著書目録をだす。

大正９（1920）年４月　33歳

4月3日　(来)：「**柳田先生**からよい便り来る。」日199

◆　3日　ネフスキーより封書（小樽区）↓　佐々木喜善様宛（土淵村）
「去年の末、上京致しました節に、柳田先生を訪問しました時、先生がしきりに佐々木君と二人でオシラの研究をやつたらどうだと仰しやいました。」

4月4日 「**柳田先生**に手紙を出す。」↑ 喜善より
「小生只今ニチコ（小生地方ニテハイタコト云）あり極めて斯道にたけたり」と、山男、山女などについて知らせる。
4月5日 浅倉利蔵が、炭窯の草稿を持ち訪ねてくる。（『江刺郡昔話』の語者と初対面）
◆ 5日 喜善発 6 柳田国男様（牛込区）宛封書 ↑ 佐々木喜善（土淵村）
「シララのことに就きいろいろと有り難き御教語並に御はげましの御言を頂き感激いたして御座います……研究蒐集等に従事してゆき度いと存じます。」
4月6日 森口多里君から、秋田三吉の話を知らせてくる。
◆ 6日 喜善発 7 柳田国男様（牛込区）宛封書 ↑ 佐々木喜善（土淵村）
「先日来心懸けて置きました秋田三吉の材料ぽつ〳〵と集まり嬉しさ限りありません。此の神之信仰は奥羽地方には可成広く行はれ……」
4月8日 (来)：ネフスキーから手紙と同封の白神の祭詞文が来る。
◆ 8日 「遠野から（1 啄木鳥）」が『毎日』に掲載。
4月10日 産業組合第1回総会へ行く。土淵村信用組合監事になる。 論293
4月11日 (出)：ネフスキーにシラ神に関し、中山太郎に三吉神社等に関し手紙を出す。
4月23日 (出)：オシラサマのこと、ザシキワラシ等の研究のために六氏に書状を出す。
4月25・27日 「遠野から（3・4 総選挙とは）」が『毎日』に掲載。
4月29日 「遠野から（5 民衆のこと）」が『毎日』に掲載。

大正9（1920）年5月 33歳

5月3日 喜善発 8 柳田国男様（牛込区）宛封書 ↑ 佐々木喜善（土淵村）
「先日よりネフスキイ氏と相談の上でオシラの資料を蒐めやうと存じまして処々へ問ひ合せて見てをります。……奥州文明はカクシ念仏の感化を受けて……」
5月4日 (来)：住宅5月号が来る。(出)：「水野君と**柳田先生**に手紙を出す。」 日201
◆ 4日 「遠野から（6 松尾芭蕉）」が『毎日』に掲載。
5月12日 水野葉舟様宛書簡 ↑ 佐々木喜善。「臼の話」と「話の世界」について。
5月13日 喜善発 9 柳田国男様（牛込区）宛封書 ↑ 佐々木喜善（土淵村）
「オシラに就いて、綾織村に巻物があるという……。此の返（江刺胆沢地方）にはザシキソラシの話もひどく多く、解決をつけ度いやうな気がして……」
5月14日 (出)：**柳田先生**、中山太郎等に手紙を出す。
5月16日 水野葉舟様 ↑ 佐々木喜善（「臼の話」が「話の世界」に採用の礼状。）
5月18日 森口多里様・人見東明様 ↑ 佐々木喜善。（「新住宅」送付の礼状。）
5月21日 「水野君から、**柳田先生**から鳥の話を受取ったという葉書があった。」 日187
◆ 21日 水野葉舟様宛書簡 ↑ 佐々木喜善
「世界少年」の礼と月報の原稿「家屋の怪物」21枚（10枚分）を出す。
◆ 21日 北原白秋（小田原）宛 ↑ 喜善（書簡の複写）
「その後お芽出度く木免《ママ》の家へお帰りになられましたことをも新聞で拝見」
◆ 21日 ネフスキーより封書（小樽区緑町）↓ 佐々木喜善宛
「御地のオクナイサマの御絵図まで——遣こして下すつて誠に有難く……」
5月23～6月5日 伊勢参宮。（後に、紀行文「伊勢詣」として『毎日』に掲載。）

大正9（1920）年6月 33歳

6月 随筆「真実樹木」（繫）が、『毎日』に掲載。
6月 研究「臼に関する民譚」（喜善）が、『話の世界』2—6に掲載。
6月7日 喜善発 10 柳田国男様（牛込区）宛封書（便箋複写簿の書簡控え）
「伊勢京都地方の旅行のこと」「郷土史叢の複写の第一篇が出来上がりました。」
6月8日 (出)：**柳田先生**と水野へ手紙。
6月9日 (出)：**柳田先生**に阿曽沼記二冊、木村幹に手紙を出す。
◆ 9日 水野葉舟宛書簡 ↑ 佐々木喜善。方言の「a」の部分送る。
6月11日 土岐善麿様宛書簡 ↑ 佐々木喜善。啄木全集全3巻送付御礼。 柳169
◆ 11日 (出)：水野葉舟に、ローマ字方言（第2回・第3回）2本出す。
6月12日 (出)：**北原白秋**に手紙（章子さんの離婚に関しての感想）を出す。水野にはローマ字（第4回）をだす。
6月14日 (来)：水野君からローマ字についての質問はがき来る。「月報の方に何かお金に（寓でも）縁のある話を書いて下さい。」 日202
6月16日 (来)：**柳田先生**から本を受取りの手紙が来る。(出)：岡山儀七と北川に新聞を出す。岡山に葉書（「伊勢紀州」）。「山郷異談」（49枚）を書き終える。
◆ 16日 喜善発 11 柳田宛封書（便箋複写簿の書簡控え）↑ 佐々木喜善
「次回の御旅行は登米気仙よりとの御事……啓明会の補助金について如何なものでありませうか。先日ネフスキイ氏に当地大同家のオクナイサマの絵像を二幅差上げました。同氏のオシラ研究にはほとほと驚死してをります。」

6月17日 出:**柳田先生**、水野葉舟、中山太郎にも原稿2通〆5本。来:ローマ字「-j」部7枚、「山郷異談」49枚。来:水野から葉書あり。

6月19日 来:北原白秋の処より桑名の名で離婚につき、喜善の手紙に言語道断との返書が来る。出:折り返し白秋と桑名へ詫び状を書き送る。

6月27日 出:千葉亜夫宛手紙「近々私たちのグループ（といっても、北原君、秋田君、福士幸次郎君、人見君といった連中で）雑誌を出すという計画がありますから……二三の便宜もありますから見せて頂かして下さい。」［柳176］

大正９（1920）年7月　33歳

7月　随筆「夏の記憶」（佐々木遠野）が、『毎日』に掲載。

7月4日 **喜善発** 12　柳田国男様（牛込区）宛封書 ↑ 佐々木喜善（土淵村）

「中山さんの「褌考」というのを拝見し、きわめて上品なことに敬服いたしました。オシラと云へば二本棒……旧仙台領地方……オシラを他の×××様と純《ママ》同し…。」

◆4日 出:水野葉舟様 ↑（木村に話の世界に不思議な縁女の話の原稿頼んだこと）。

7月7～9日 「伊勢詣（1～3）」が『毎日』に掲載。

7月12日 来:ネフスキーより遠野へ訪問するとの封書。

「オシラサマと養蚕の関係を青森県津軽郡奥内村の伝説から申し上げましょう」

7月15日 「天降る宝地掘る宝」（喜善）が、『勧業月報』185号に掲載。［総182］

7月16日 啓明会から報告（今度も不可）が出ていた。

7月18日 「水野君に「秘密」の原稿六十二枚と手紙とを出す。」［日204］

7月21日 来:「**柳田先生**からお手紙を頂く。」［日204］ 今度の旅行についての用事。

7月22日 来:水野葉舟の新著詩集〈Suna〉が送られる。出:**柳田先生**に手紙出す。

7月24日 来:**柳田先生**より状来る。

7月28日 東京から松本信広が来る。久しぶりに**柳田先生**のことを聞く。

7月29日 「松本君と来内の伊豆権現を見に行く。それから上郷に出ず。」［日205］

7月30日 **柳田発** 七五　柳田（牛込区）より封書 ↓ 佐々木喜善様（土淵村）

「釜石に参るへく同地より多分日返りに御訪申上候　ネフスキー君も……御たつね申やう申居候　貴兄が御計画には些しでも便宜のやう二色々考へをり候」

大正９（1920）年8月　33歳

8月 「Tohok-chiho no Hogen (I)〈Sasaki Kiyoshi〉」が、『ROMAJI』15—8に掲載。

8月3日 **柳田発** 七六　柳田（仙台旅館菊平）より絵葉書 ↓ 佐々木喜善様（土淵村）

「なるべくゆる〱と見物し度……十五日頃に御宅へはうかゝひ可申候」

8月5日 来:「**柳田先生**から仙台から御出しになつた状来。」［日205］

8月6日 来:「**柳田先生**から小包**先生宛**、二個」［日205］ 先着する。

8月8日 松本が帰宅。浅倉利蔵来て昔話を聞く。

◆8日 「連翹の花陰から」が『日報』に掲載。

8月10日 来:「ローマ字、木村修三、千田亀一郎、勧業銀行から為替等来る。浅倉利蔵に行って面白い話を多く聞く。」［日205］

8月13日 「夜中、**柳田先生**より使者有、高善に来る由也。返事を差上げる。」［日206］

8月14日 9時頃、**柳田先生**に会い高善旅館に泊まる。来:中山、松本信広。

8月15日 「天降る宝地を掘る宝」（喜善）が、『勧業月報』186号に掲載。［総184］

◆15日 **柳田先生**と松本は気仙に向けて出発し、喜善は一旦帰宅する。

◆15日 胡桃沢勘内に宛葉書

「**柳田先生**にお目ニかゝり……御うわさを承はりてをります　いずれ後ほど」

8月16日 **柳田発** 七七　**柳田**（盛町）より絵葉書 ↓ 佐々木繁様・ニコライ・ネフスキー様（土淵村）

「佐々木君幸に御都合つき御同行被下候　留守にネフスキー君が来られたら御気毒のことゝ感候」と、希望なら追いつけるよう、旅程の大略を伝える。

8月17日 夜浅倉へ行き、10ばかり話を聞く。出:折口信夫に久しぶりに状を出す。

8月18日 来:**柳田**からの書簡に、喜善自身が先日の打ち合わせに従って書き改めるよう指示。「文章ハ「である」の方成るべく筆を省くこと」という。

8月19日 来:**柳田先生**より気仙から葉書が来る。昨日に続き、「自分の見聞より以上余分な想像など書き給ふべからず」と注意を促してくる。

8月20～30日 **《東北東海岸の旅行》** **柳田**、松本と東北東海岸を旅行。柳田はその紀行文「豆手帖から」を朝日新聞に発表。また、喜善は、「辺土の旅」（9月26日～10月25日、14回）を『毎日』に掲載。

◆20日 喜善は柳田達を釜石で出迎え。旅館泊。柳田、松本と三人で東北の海岸を北上。◆21日 釜石発～大槌泊。◆22日 ～山田泊。◆23日 ～宮古泊。◆24日 ～小本泊。◆25日 ～平井賀泊。◆26日 ～野田泊。◆27日 久慈、小子内泊。盆の14日で踊りを見る。◆28日 ～八戸・小中野、中道等の歓迎を受ける。◆29日 八戸滞在、宿を移す。◆30日 柳田は別れ下北半島へ。

8月30日 喜善は一人で中道等を訪問。予め、オシラ神を知る八戸の老人達7、8人を集めて貰うよう頼み、八戸でオシラ神の例を新たに収集。

◆ 30日 ネフスキーが遠野を訪れる。喜善は**柳田**と旅をしていると聞く。そこで伊能嘉矩宅を訪ね、遠野のまじない人形の話等を聞いた。

8月31日 八戸を立ち夕方遠野着、夜家に帰る。すると、「町にネフスキー君が来りいると云う。……明日タマを迎えにやることとする。」[日206] 帰るつもりでいたネフスキーは、その日、伊能とオシラ遊びを見に行っていた。

大正９（1920）年９月 33歳

9月 「Tohoku-chiho no Hogen（II）（Sasaki Kiyoshi）」が、『ROMAJI』に掲載。

9月 「家屋の怪物（一）」（喜善）と題し「ざしきわらし」が、『勧業月報』187号に掲載。

9月1～3日 ネフスキーがきて喜善宅に滞在。オシラサマ研究のため。

9月3日 ネフスキーを送り停車場まで行く。伊能も来る。帰りに伊能宅に寄り臼に関してのことを筆記している時に刑事が来る。 ◆ 4日 (出):中道等宛書簡。

9月5日 (来):松本信広から手紙。(出):折口、中山、北原、水野他に通信を出す。

◆ 5日 岡村千秋様宛書簡 → 佐々木喜善。[柳196]
(出):柳田先生から郷土研究社に関しては岡村に許可を貰うよう言われその願い状。

9月6日 (来):ローマ字、松本信広から雑誌。(出):松本他に葉書、中道に雑誌、ネフスキーに「話ノ世界」を送る。

9月10日 (出):「**柳田先生**と奥さん、水野君、松本君ニ状出ス。」[日207]

9月11日 (出):中道等様宛書簡。先の土俗と伝説誌上の論文について。

9月12日 「**沢柳博士**が何か小生の遠野雑記を引いて書かれている由也。」[日207]
(来):**柳田先生**が恐山下から、ネフスキーから夫々に状来る。

9月14日 (来):「**柳田先生**の奥さん、岡村千秋君、小野君、松本君から状有。岡村君からけ郷土研究社の名を用ゆることにつきての回答なり。」[日207]

9月17日 オシラ神のことを考えて見る。早く発表したいと思う。

9月19日 (出):中道等様宛書簡。珍しいザシキワラシの話の報知への御礼。

9月21日 やっとペンを執り、日報に詩報。炭窯の原稿を14、15枚書く。

9月23日 武田彩月様宛（岩手県滝沢村）→ 佐々木喜善（土淵村）
「引き続き童話を蒐集致し居り其の為には旅行等をも致しをり候次第にて候。……貴方にもザシキワラシの御研究をなされ居られ候由実に嬉しく……」

9月24日 (出):**柳田先生**、ネフスキー、千葉亜夫らに手紙を出す。

9月25日 夜、いよいよ瀬川さんへ行き「長女若とともに隠念仏に入る。」[グ87]

9月26日～10月25日 紀行文「辺土の浜」が『毎日』に掲載（14回）。

9月26日 (来):**柳田先生**から手紙。◆ 26日 「港」が『日報』に掲載。

9月27日 浅倉の炭焼きのことを脱稿する。『毎日』に紀行が出始める。

大正９（1920）年10月 34歳

10月 「Tohoku-chiho no Hogen（III）〈Sasaki Kiyoshi〉」が、『ROMAJI』第15―10に掲載。

10月 「家屋の怪物（二～四）」（喜善）が、『勧業月報』188号に掲載。

10月1・2・5・6・8～11・14・24・25日 「辺土の浜（6～14）」が『日報』に掲載。

◆ 1日 (来):「東北評論」が来る。(出):「ネフスキー君にカードとを八戸の呪文を出した。」[日208] カード（喜善と資料のカード交換）。

10月3日 「征矢《そや》」が『日報』に掲載。 ◆5日 **野口雨情**から手紙が来る。

10月6日 **[柳田発]** 七八 柳田より絵葉書 → 佐々木繁様（土淵村）
「東磐井郡……附近の村にも「ザシキワラシ」の話有之又オシラ様の話も若干あるよし申来る 御通信被成候やう希望いたし候」

10月8日 (来):**柳田先生**より葉書、中道等よりザシキワラシの資料などが来る。(出):折口信夫（秘事念仏から）、中山太郎（秘事念仏から、金鶏伝説四つ）出す。

10月9日 (来):「ネフスキー君からオシラのカード十八枚来る。」[日208] (出):**柳田先生**、岡山（原稿）等を出す。（ネフスキーからカード第1回来る）。

◆ 9日 **[喜善発]** 13 柳田国男様（牛込区）宛封書 → 佐々木喜善（土淵村）
「秘事念仏とオシラの関係などがほゞ相解りしやうな気持ち致して参りました 彼の宗門之最高の権威像之黒仏とオシラの系統は口碑伝説ニ於て全く同一の傾向を有することが解りましたからもう少し資料を蒐めて……」

10月10日 (来):「**先生**から「郷土研究」が数多送られて来る。」[日208] (出):ネフスキーに第2回のカード20枚出す。

◆ 10日 ネフスキー（小樽区緑町）より封書 → 佐々木繁様宛書簡（土淵村）

「小生の考では是は昔の蛇崇拝と混合されて居ります。……昔の養蚕家が上簇前後は鼠害で困つて蛇を養蚕に守護神として喜んで歓迎した為に右の崇拝が始まつたと思ひます。」　◆10日「鐘」が『日報』に掲載。

10月14日　(来):ネフスキーから手紙（資料のカード交換）。中山から手紙来る。

10月15日　(出):「ネフスキーに手紙、又中山太郎にも書く。」日209

10月16日　警察からの通知（職工組合の件）で行く。(来):中道「奉公」など来る。(出):中山太郎に手紙（カード入）、ネフスキーに（カード11枚）手紙等を出す。

10月17日　「心配」が『日報』に掲載。

10月21日　(来):**柳田先生**から雑誌、中山太郎から手紙がくる。

10月25日　(出):**柳田先生**、北川真澄に手紙を出す。

10月29日　「**柳田先生**の「秋風帳」面白し。手紙来らぬのに何となく不平也。」日210

大正9（1920）年　11月　34歳

11月　「Tohoku-chiho no Hogen（Ⅳ）〈Sasaki Kiyoshi〉」が、『ROMAJI』15―11に掲載。」

11月3日　(来):**柳田先生**、千葉亜夫他2通の通信あり。夜町へ泊まる。

◆3日　ネフスキー（小樽区緑町）より封書↓佐々木喜善様宛（土淵村）
「奥州の秘事念仏とはオクナイサマは関係があるかどうか調べて下さい。」

11月5日　(来):「東北評論」来る。(出):千葉亜夫に秋田雨雀紹介の手紙。

◆5日　柳田発　七九　柳田(大阪)より絵葉書↓佐々木繁様（土淵村）
「小生又旅に在り　此より諸州を経て一旦帰京可仕それハ月末なり」

11月6日　(来):ネフスキーからカード入り手紙、中道等からザシキワラシの資料他。

11月8日　ネフスキー（小樽区緑町）より封書↓佐々木喜善様宛（土淵村）
「秘事念仏」という『日本風俗誌』（加藤咄堂著上巻の抜き書きのみ）くる。

11月9日　(出):ネフスキーにカード11枚、中道等に、新田貞雄に、武田彩月に手紙を出す。(来):「八戸の石田君から葉書二枚、旅の**先生**から二枚来る。」日210

◆9日　武田彩月様宛（岩手県滝沢村）↑佐々木喜善（土淵村）
「来春から私等の先生で柳田国男氏を主宰とする郷土研究なるものが新たに出来まして其の機関雑誌や書冊などが公表されます筈です……。岩手郡地方一帯をお受持ちして頂けば……。」と依頼する。

11月11日　(出):（喜善と資料のカード交換）ネフスキーに［　　　］の4冊出す。

11月12日　(来):「ネフスキー君から秘事念仏の記事来る。……風俗史の記事で略々隠し念仏の奥州に入つてきたのが分つた。」日210　(出):ネフスキーにカード6枚封入。

11月13日　(出):「岡山君に「紅茶を煎りながら」を二回分送つた。日211
2回分送った。（喜善と資料のカード交換）ネフスキーにカードを送った。

大正9（1920）年　12月　34歳

12月　「Tohoku' chiho no Hogen（Ⅴ）〈Sasaki Kiyoshi〉」が、『ROMAJI』15―12に掲載。

12月6日　祖母ノヨ死去（79歳）。（※ノヨは万蔵の妻）

12月9日　喜善発　14　柳田国男様（牛込区）宛封書↑佐々木喜善（土淵村）
（付箋　沖縄県那覇市伊波普猷様方トシテ御廻送ヒ下度候）
「オシラにつきそれが巨樹伝説に関連していたりするのを発見」「もつと深く秘事念仏と奥州の交渉を知り度い」「奥州地方の口碑伝説のカードを作りはじめ」「折口氏について」知らせる。　◆9日　**柳田先生**から葉書あり。日211

12月23日《ママ》　柳田発　八〇　柳田(日向海上)より絵葉書↓佐々木繁様（土淵村）
「もう風はよくなりましたか　御不幸があつたことも知らず御無沙汰仕候……」

大正10（1921）年

大正10（1921）年　1月　34歳　満35歳

1月　「遠野郷の狼物語」（喜善）が、『中学生』6―1に掲載。

1月1日　(出):松本信広、水野君葉舟、**柳田先生**に雉子を送る。

1月3日　(来):**柳田先生**（豊後国佐伯）から便り（今度は九州琉球へ旅行の予定）。

1月4日　(出):「野尻抱影に原稿と手紙を出す。原稿は大海嘯十二枚なり。小樽高等商業学校よりネフスキーの消息を寄こす。」日211

1月5日　(来):折口信夫から来状。（ネフスキーは東京へ行っているなど、他ザシキワラシのことなどで手紙大賑わい）早川孝太郎からも消息。

1月11日　(出):松本信弘へ、**柳田先生**へ手紙を出す。

1月12日　(出):「**先生**に手紙を出す。炭焼長者譚の鍛冶屋に因縁することを云ふてやる。」日211　野尻抱影に「鹿狩りの話」12枚と手紙を出す。

1月16日　「江刺郡昔話」の原稿執筆。「火ノオカゲノ話」は「火のお蔭で長者となったと謂ふ話」となり、「六部五人ガ貧乏家ニ泊ツテ金箱トナツタ話」は「六部五人が皆金箱になつたと謂ふ話」となる。(出):野口雨情に「スダマ」と手紙。

1月18日 「ヒヨツトコの原稿思ふように出来たる感あり。近年 う。」 [日212]

「江刺郡昔話」の原稿 「悪

ら

信

falklore」と長編講演ノート送られる。

ートを読む。国民生活としてのフォクロアである。

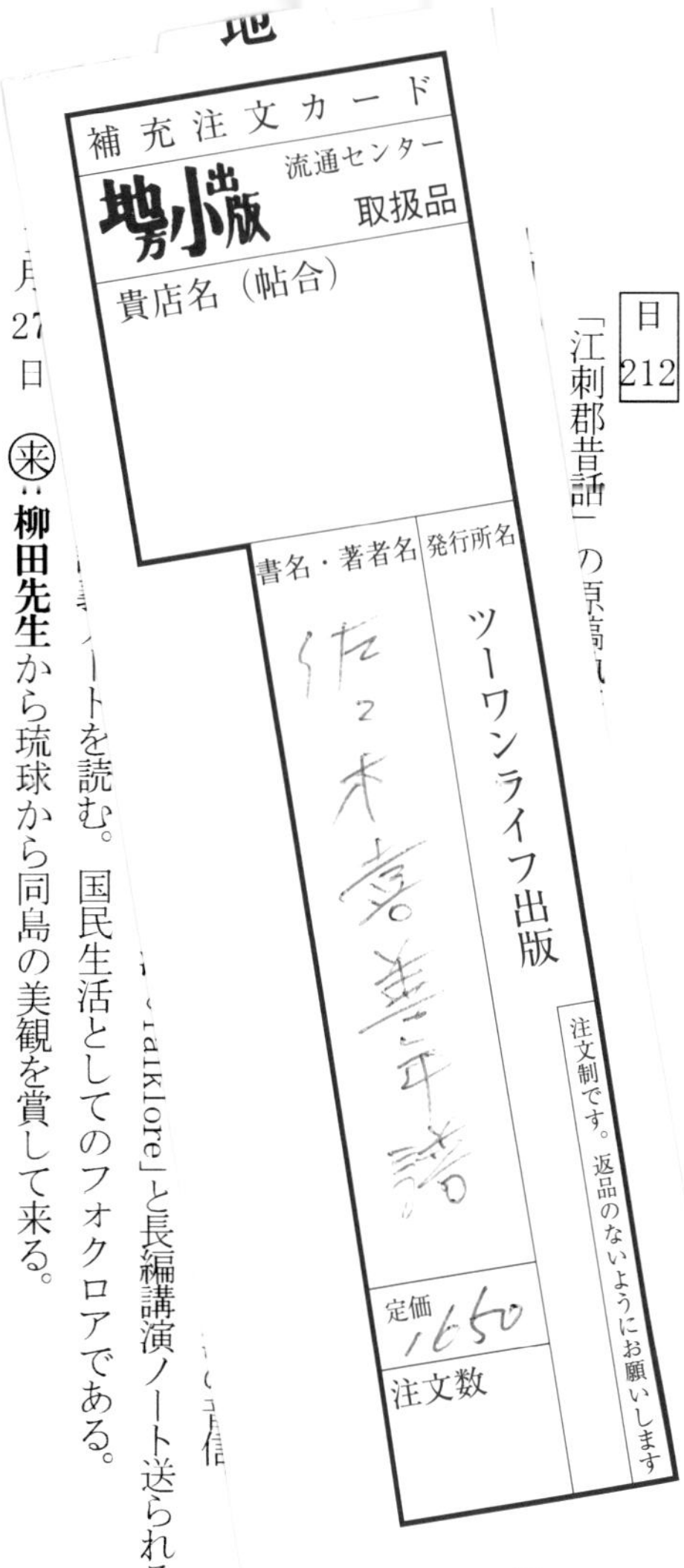

1月27日 (来):**柳田先生**から琉球から同島の美観を賞して来る。

1月28日 (出):「**柳田先生**、折口信夫、松本信広、水野葉舟、気仙の吉田翁等に手紙を出す。いずれもフォークロアに関してのもの。」 [日212]

1月29日 (来):水野葉舟から久しぶりに手紙を受取る。

1月30日 **[柳田発]** 八一 柳田(牛込区)より封書 ↓ 佐々木繁様親展(土淵村)

「郷土館立派に出来上がり悦しき……小生君の御境遇に在りとすれば先づ先づ親御の合点せられざる変更は断行せさるへしと考へ申候がどういうものなるへきか」

※ **柳田**は折口信夫と喜善を中心に、日本各地の民間伝承採集計画を企てる。折口が調査方針を纏め、啓明会に出費を求める。翌11年には折口草案の「民間伝承採集事業説明書、民間伝承蒐集事項目安」を作成。**柳田**、折口、喜善はこれに期待した。だが、資金は出ずに終わった。

大正10(1921)年2月 34歳

2月 「遠野郷の狼物語(2)」(喜善)が、『中学生』に掲載。

2月1日 童話瘤取りと不思議な石臼の話を書く。「啄木鳥の話は日本ではじめてのほんとの芸術的少年文学を創造したく、その材料に廻そうと思つて中止せり。」 [日213]

2月2日 童話と口碑を14枚書く。啓明会で神経衰弱になりつつあり、ばかげている。

2月7日 今日は旧暦の大晦日である。原稿8枚ばかり書く。伝説の部である。

2月14日 十年度予算村会なり。(来):松本信広、金田一京助からアイヌのオシラについて通信あり。

2月16日 (来):**柳田先生**から琉球より葉書がくる。「まだお帰りにならぬやう。」 [日214]

2月18日 (来):松本信広から「生殖神ノ研究」、「女学世界」「青年公論」「農民文化」、丸善から原稿紙来る。

2月20日 (来):「炉辺叢書」四冊が一つの箱に入れて出版された。」 [山174]

2月22日 今日から紫波郡の古譚に取りかかる。

2月23日 童話1篇書く。今日はオシラ遊び。(来):ネフスキーより久しぶりにオシラ神のカード16枚、十六善神にて縁起好し。卜巫女の写真3枚来る。

2月23日 **[柳田発]** 八二 柳田(長崎)より絵葉書 ↓ 佐々木繁様御答(土淵村)

「「炭焼」には澤山の余談在り他日必ず一冊子となすつもりに候」

◆(十年)23日 **[柳田発]** ? 八三 柳田(牛込区)より封書 ↓ 佐々木繁様親展(土淵村)

(※ 右は「大正十年二月」と推定される書簡)

「江刺郡旧話集とか名づけ**一郡を一冊子**の御方針……今度ハ多分話の数も増加したことなるべけれハ至急増訂せられてハ如何にや……**写音器一つ写真器一つ**は御用に立たたば御送可申支度中に有之候……或ハ「陸中江刺郡昔話」など八如何 **「昔話」**ハ復活させ度よき音也」

2月25日 「童話三篇ばかり(十九枚)書いた。……**先生**のお言葉の通りに小正月中に決まればいい。」 [日215] 志和の稲荷様と清水の観音様へ願をかけた。

2月26日 有限責任土淵信用購買組合総会で、再度監査役となる。

2月28日 (来):**柳田先生**より長崎から葉書。(出):**柳田先生**とネフスキーに手紙。

大正10(1921)年3月 34歳

3月1日 「姉のはからひ」(喜善)が、『女学世界』21―3に掲載。 [総143]

3月2日 (来):長崎の本山桂川から『土の鈴』3冊と手紙がくる。

3月8・9日 隠念仏に注目し、水沢の**秘事念仏**宗家渋谷地及川福蔵を尋ね筆記する。

3月11日 (来):上田氏の「生殖器崇拝ノ話」他来る。

3月13日 「**先生**の聯盟委員にて渡欧のこと新聞に見ゆ。」 [日216]

3月16日 (来):エスペラント学会からの通信あり。(出):**先生**に手紙を出す。

3月17日 (来):折口信夫から履歴書を送るようにとの手紙が来る。
3月18日 履歴書に、民俗学に就いての経歴を書く。午後は学校の戸主会に行き、また次回の議員候補者に推挙される。
◆ 18日 柳田発 八四 柳田国男(牛込区)より封書 ↓ 佐々木喜善様(土淵村)
5月初にたち多分11月に一度帰国し、来年の春迄は日本にいると記す。
「炉辺叢書ハ愈続刊することにしました。……君ハ先づ此夏まで二江刺郡童話集をまとめて出されたらよからうと思ひます。」
と述べ、手元の材料を成るべく多くまとめて送るように伝えてくる。
3月19日 (出):「折口君に手紙を出す。書留にする。」日216
3月21日 (来):「**先生**から御手紙が来る。ネフスキー君からカードが二百九十二枚来る。」日216 (出):**先生**に履歴書についての手紙を出す。
3月23日 (出):ネフスキーにカードを27枚送る。
3月27日 (出):**柳田先生**に炭焼長者譚カード4枚送る。
3月30日 (出):ネフスキーにカードを出す。**先生**の「南国小伝」が朝日に掲載開始。

大正10(1921)年4月 34歳

4月7日 野尻正英(抱影)への原稿終わる。「中学生」正月号の記事に関して、
「**内務省**より郡に、郡より各町村に調査申告せよとの通達書をもって来る。」
4月9日 (来):中山太郎より折口信夫宅で開かれたネフスキーのための会の写真送られる。長崎の本山氏より土の鈴6号送らる。
4月12日 (出):中山太郎、折口信夫、松本信広、中道等、本山桂川、藤原相之助等に手紙を出す。(来):「アイヌ武隈徳三郎君より突然の来状有り。」日217
4月13日 (出):武隈に返事。(来):中道からネフスキーが来たとの葉書がくる。
4月14日 山の神オコゼの原稿前回分仕上げる。(来):北川真澄から見舞の返事来る。
4月15日 (出):東北評論の多喜乃に手紙と原稿とを出す。中道等にも葉書を出す。
(来):農民文化という雑誌が来る。
4月19日 選挙日。**村会議員**(2期目)。1級 阿部三蔵(12)…、喜善(9)……。
4月21日 挨拶廻り。荒川祐助来訪協議す。(来):**先生**より書3冊送られる。
4月24日 今朝初めて村会の通知を受ける。(出):**柳田先生**に本の御礼。
◆ 24日 喜善発 15 柳田国男様(牛込区) 宛封書 ↑ 佐々木喜善(土淵村)
「御本を慥かに拝受拝借 此の月はじめに丹毒にかゝり大変によわりました」

4月30日 検事局に出頭、組合事件及び村会のことについて質問を受ける。

大正10(1921)年5月 34歳

5月1日 「山の神オコゼ魚に就いて」が、『東北評論』53に掲載。
◆ 1日 柳田が何時出立か実に気懸かりで、「会われぬはまこと悲し。」日218
5月5日 (出):野尻抱影、水野葉舟、北原白秋に結婚の祝状を出す。
5月8日 (来):東北評論(喜善の論文掲載)、学燈など来る。
5月9日 検事局へ行く。」日219 (出):野尻に「仙人峠の話」12枚送る。
5月21日 (来):東北評論の多喜乃から雑誌5冊に印刷の葉書来る。
5月25日 (来):松本信広から手紙を受く。「**先生**には去る九日に春洋丸にて御立ちになりしと言ふ。」日220
5月26日 (出):松本に聞いた**先生**の出立のことなどを折口信夫に手紙を出す。

大正10(1921)年6月 34歳

6月4日 「附馬牛東禅寺の元寺に教育会支部の伊能先生の講演があるので行く。」日220 綾織村の古老から、オシラ神そのたの材料の貴重なるも四、五得る。
6月7日 柳田発 八五 柳田(牛込区)より絵葉書 ↓ 佐々木繁様親展(土淵村)
※ ジュネーヴ中心部のモダンさを強調して伝えてきた。〔柳田第1次渡欧〕
6月16日 (来):仙北新聞。郡長から名勝保存調査員になるよう手紙を受け取る。
6月23日 (来):北原白秋・菊子(小田原)から結婚挨拶状が来る。
6月26日 (出):「北原君に結婚の御喜び」日221
6月28日 (来):スイスの**柳田**より書簡。「静かなヰラをさがして此町に落着度く思ひ、けふは町を歩きまはり申候」(※「ヰラ」は、別荘風の庭つき一軒家。)

大正10(1921)年7月 34歳

7月4日 (2日) (来):「**先生**から、ニューヨークより葉書来る。伊能嘉矩より、『遠野史叢』恵贈さる。」輔165
7月6日 (来):「**Hebckin** 君から久しぶりでいい手紙が来た。」桑の木を神聖とすると言う理由、それから**Kabakana** の解説についての意見など大いに見る可。「それから **Kabufuto Ainu** の童の神様の **Shi enishte** と言うものなど金田一君からの報告なりとて知らせてくれた。」日222
7月16日 柳田発 八六 柳田(ジュネブ)より封書 ↓ 佐々木繁様(土淵村)
「こんな遠いところへ来てしまいました ……フランス語を学んでいます 遠野の

諸友によろしく　御返事を乞ふ」　◆18日　(出):折口信夫、松本信広へ。
7月31日　東北評論へ。「山神オコゼ魚ニ就イテ」と云ふ研究論文を書く。」[日223]

大正10（1921）年8月　34歳

8月1日　(出):「ネフスキー君にカードを九枚其他手紙、…東北評論に山神オコゼ魚に就いての原稿等を出す。」[日223]
8月6日　(出):岡村千秋、中山太郎、折口信夫他に葉書、暑中見舞出す。
8月7日　(来):滞欧中の**柳田**より絵葉書（一軒目の借家について）書いてよこす。
8月9日　(来):「松本君から国粋五月号送らる。**先生**の流珠の話あり。」[日223]
8月13日　(来):中山より書簡。◆14日　(来):本山より手紙。(出):中山、折口に手紙。
◆15日　(来):本山より雑誌の小包。◆16日　(出):本山、中山に手紙を出す。
8月18日　(来):「岡村君から炉辺叢書に江刺郡童話を書くようにとの手紙を受く。」[日223]
8月23日　(来):**柳田先生**（ジュネブ）より葉書を頂く。
◆23日　本山から出口米吉著「日本生殖器崇拝略説」11冊を頂く。
8月24日　[喜善発]　16　柳田国男様（ジュネブ）↑佐々木喜善（土淵村）
「ヨーロッパのフォークロワーは目下何の返へまで……先日岡村氏から江刺郡古譚を書くやうに言つて参りましたから早速精を出して居ります。　初めて外国へ出すのですから不安でなりません。」
8月26日　(出):本山桂川に「不思議な縁女の話」の原稿と手紙を出す。[グ87]
8月28日　[喜善発]　17　封書　封筒なし。近況報知。
8月29日　(出):ネフスキーに土の鈴を、岡村に信州におけるザキワラシを尋ねる。

大正10（1921）年9月　34歳

9月1日　[柳田発]　八七　柳田（パリ）より絵葉書　↓　佐々木喜善君（土淵村）
「方々の国をまはり再び瑞西にかへらうとして巴里まで来ました。……自分ハ帰りがおそくなるかもしれぬので本を家に送らせました。」
9月9日　(出):ネフスキーにカード1枚。本山桂川に葉書。◆13日　(出):ネフスキーにオシラ研究のカード1枚。　◆15日　(来):中山より雨乞のカード　36枚。◆
17日　(来):中山から雨乞他にて面白き手紙来る。
9月18日　[柳田発]　八八　柳田（ジュネブ）より絵葉書　↓　佐々木喜善様（土淵村）
「欧羅巴人は依然として日本のことは何も知不申候　エスペラントの運動を起こす必要……秋田君とでも相談し君も是非書けるやうに……ジュネブのホテル」で、君の噂をし、かつ、坐敷ワラシの話をしたと述べる。
9月29日　(出):「中山太郎氏、ネフスキー氏ヘ二封書ヲ出ス。鈴木校長にも上郷村口碑につき手紙を出す。」[日225]

大正10（1921）年10月　35歳

10月　昔話「仙人峠の不思議」（喜善）が、『中学生』に掲載。
10月　「御周囲の斯学に」「いつも希望だけで」が、『土の鈴』9輯に掲載。
10月3日　(出):ネフスキーに、アイヌの武隈に返事。(来):鈴木校長より返事来る。
10月11日　(来):「土の鈴来り余の手簡二通も掲載閉口す。」[日226]
10月15日　(来):「鈴木君からカード二百枚貰ふ。嬉し。」[日226]
10月17日　(来):「**先生**よりパリからのお便り頂く。ひどく親切なるもの也。」[日226]
鈴木重男より得た資料をカードに採る。
10月18日　(出):ネフスキーにオシラサマのカード13枚出す。鈴木重男に返戻する。
10月21日　(出):鈴木重男に二、三の用件と遠野物語についての抗議（遠野物語を遠野辺では土淵物語であるという鈴木の文章について）する。
10月26日　(出):野尻に原稿を出す。(来):岡村千秋より炉辺叢書の飛騨の鳥送られる。ゼネヴァの**先生**よりエスペラントを書くようになれとのこと」[日227]
10月27日　(出):**秋田雨雀**にエスペラントに関する書状をだす。
10月29日　(来):「**先生**の注意によりエスペラントのことで夢中になる。」[日227]

大正10（1921）年11月　35歳

11月10日　(出):岡村千秋、中山太郎、及川に状を出す。
11月15日　(出):岡村千秋、野尻抱影に手紙を出す。(来):「民俗ト歴史」来る。
11月27日　(来):中山太郎より「雷神の研究」を寄贈。森口多里、松本信広より葉書くる。
11月28日　夜、浅倉利蔵きて泊まる。(出):岡村、野尻、松本、人見東明に手紙。
11月29日　(来):水野葉舟から葉書貰う。「浅倉君から正法寺の釜の蓋のない訳の話を聞く。……江刺の話になお正法寺の茶釜二つを足す。これで完成する。」[日228]

大正10（1921）年12月　35歳

12月　「不思議な縁女の話」（喜善）が、『土の鈴』10輯に掲載。
12月2日　(出):「江刺郡昔話」の原稿を岡村千秋に送る。」[グ87]

◆12月3日 出:中山太郎に雷神研究の礼及び感想、水野葉舟に子供らの写真を出す。◆5日 来:鈴木重男から葉書。「東北評論」来る。◆6日 来:岡村千秋より為替来る。◆7日 北川真澄転居、来:人見東明他より通信あり。
12月9日 来:水野葉舟から手紙及び家庭の写真などを得る。来:折口、岡村千秋、松本、野尻抱影、中山太郎等に葉書。夜、浅倉利蔵から丸俵8俵来る。
12月10日 来:本山桂川から「土の鈴」2冊来る。出:「水野君と谷内多喜乃氏に手紙を出す。」[日229] 土の鈴の喜善の論には実に閉口する。
12月12日 鈴木重男より聞いた資料をカードにする。出:秋田、本山に通信する。
12月13日 来:「中山太氏より書状来。**先生**帰られしと云ふ。喜ばし。」[日229]
12月14日 出:**柳田先生**に祝還の電報。◆15日 出:**柳田先生**に葉書を出す。
12月15日 **柳田発** 八九 柳田より絵葉書 → 佐々木喜善様（土淵村）
（※「大正十年」と思われる書簡〔推定〕一時帰国した**柳田**より絵葉書）
「セルパン（瑞西のザシキワラシ）のことをかいた本はもつて帰りました。……御希望なら先づ御目にかけましやうか」
12月19日 来:**先生**（12・15付）、青柳から葉書がきた。」
12月21日 **柳田発** 九〇 柳田（牛込区）より絵葉書 → 佐々木喜善様（土淵村）
「帰ってから一月あまり静かに本を見ている。「土」の文章拝見し、黄金の牛などことにおもしろい。かの老媼夜譚一冊にまとまれば見せてほしい。」

大正11（1922）年 満36歳

大正11（1922）年1月 35歳

1月 「遠野郷の鹿狩夜話」（喜善）が、『中学生』1に掲載。
1月1日 「私の犬のこと」が『毎日』に掲載。
1月4日 来:「Fablio loŭ qzopo」来る。北原白秋から年始状（4月に「アルス」発行すると言って来る）」[日230] 出:エスペラント学会に手紙を出す。
1月6日 出:北原白秋に手紙を出す。来:木村修三から外国に行くと通信あり。
1月15日 来:「本山君から感じのよい手紙を貰ふ。」江刺郡昔話の追補を書く。
※ここで初めて「江刺郡昔話《むかしばなし》」という呼称が出てくる。
1月16日 出:岡村千秋に「江刺郡昔話」の追補を送る。本山に3通の手紙を出す。
1月17日 来:「本山君から「郷土趣味」二十五冊おくらる。」[日230]

大正11（1922）年2月 35歳

2月 研究「巨樹の翁」（喜善）が、『土の鈴』11輯に掲載。[集43]
2月 研究「冬木の翁」を、「ローマ字」で表記している。
2月3日 **喜善発** 18 柳田国男様（牛込区）宛封書 ↑ 佐々木喜善（土淵村）
「此頃気仙郡一円にわたりお話を蒐集出来る機会がありまして一生懸命になつて居ります。……不思議にも金の牛の話即墜口碑……」
2月4日 出:「**柳田先生**とエスペラントの四方堂に手紙を出す。」[日232]
2月6日 出:本山桂川から「土の鈴」来る。
2月10～15日 **《江刺郡を旅行》**―後日、紀行文「江刺から」を『毎日』に発表。
◆10日夜、伊手村・熊野神社の蘇民引きの祭礼を見る。◆11日 人首に宿る。◆12日 米里村の麓山神社、釜仏、玉里村の白山淵、夜田植踊見る、岩谷堂着。◆13日 水沢、紫波へ。出:**先生**に葉書。夜、水分村の旧家泊。◆14日 水分村を立ち、杜村に行き引返し一泊。◆15日 夜家に着く。
2月16日 出:「紫波郡の小笠原君に手紙を出す。」[日232]
2月20日 出:「**先生**、山本茗次郎、エスペラント学会の三処にに手紙を出す。」[日232]
◆20日 **喜善発** 19 柳田国男様（牛込区）宛封書※ ↑ 佐々木喜善（土淵村）
「達者で七日ばかり旅行をして大層愉快でした……江刺では例の釜仏をも見、私の知つているよりも異つた話も聞きました……」
※**柳田**へ「江刺旅行」を知らせる書簡に、「あまり先生のお便りを拝しませんもので、何卒、おはがきを頂かして下さいまし」[Ⅳ23] と催促している。
2月23日 出:「毎日新聞に「江刺から」の原稿と岡山君に手紙とを出す。而して「熊狩の話」を書き出す。先日友達から聞いた物を忘れぬ中にと思って」[日232]
2月26日 来:「**先生**、森口君より手紙と自作童話を載せた新聞。釜石の山本君よりオシラに関しての有力なる意見の手紙等来る。」[日233]

大正11（1922）年3月 35歳

3月 「遠野郷の狼物がたり」（喜善）が、『中学生』に掲載。
◆1日 **喜善発** 20 柳田国男様（牛込区）宛封書 ↑ 佐々木喜善（土淵村）
「写真機を何卒拝借致させて下さいまし。…ことに江刺のヒヨウトクを写し取り度いと存じます」「江刺郡の昔話など致し度い……」

※ 柳田との間で『江刺郡昔話』と書名が一致する。「陸中国江刺郡略図」が入り、「江刺を歩き」に家屋の見取図が入る。これにより、学問の意味あいを帯びる。

3月4日 仙北新報に喜善の小説が載る。(来)：「本宿の留蔵から下閉伊郡花輪の狩人秘事が来たので写す。松本信広から史学二号が来る。」日233

3月5日 (来)：岡山儀七から手紙。(出)：先生に手紙を出す。

3月7日 (来)：「岡村君から『江刺郡昔話』のことにつきて葉書を貰う。」(出)：「小沢愛圀、松本信広氏、仙台の常盤雄五郎氏らに手紙を出す。」日233

3月8～12・16～19日 「江刺から（1～9）」が『毎日』に掲載。

3月10日 「森口多里君から手紙来る。／**先生**からの荷物をもつて来る。写音機一式※なり。」日233 （※ 蓄音機のこと。）

◆10日 柳田発 九一 柳田（牛込区）より絵葉書 **↓** 佐々木喜善様（土淵村）
「地図はもつとこまかく入用の地名を御指示被下度候 山立秘伝書有りがたく候 日向山中にて得たもの（後狩詞記附録）とあまりによく似てゐるのでびつくりしてゐる所です 写音器ハうけとり被下候哉」

3月12日 (来)：「岡村君から原稿と早川孝太郎君から葉書と著書。……**先生**からはがき、中山氏から手紙」日233 など来る。

3月16～19日 「江刺から（6～9）」が、『土の鈴』11輯に掲載。

3月18日 (来)：**柳田**から書簡。一時帰国中の柳田から、写真器と写音器が譲られた。

3月19日 (出)：「本山君から**南方先生**の原稿を見せられ、**先生**に手紙を出す。」日234

3月25日 柳田発 九二 柳田（牛込区）より封書 **↓** 佐々木喜善様（土淵村）
「『江刺郡昔話』は出発前に見て行けるものと楽ミにしていたが 色々な故障にて望みかなわなくなった」

◆25日 喜善発 21 柳田国男様（牛込区）宛封書 **↑** 佐々木喜善（土淵村）
「文章の統一と態度とにいたくあきたらぬ節 余りに多いのに驚きました……書き直し度いと存じます 而して余計な文章は凡て削り新たに江刺の印象と新話とを加へて 一郡だけの話にしやうと思ひます」

3月29日 (来)：「**先生**と松本君から手紙が来た。**先生**からは写音器などのこと、松本君からは原稿のことなど。」日234

3月31日 喜善発 22 柳田国男様（牛込区）宛封書 **↑** 佐々木喜善（土淵村）
「この度の江刺話……遅くとも四月七八日十日までには岡村様の所に御届け致し度いのですが、それでは如何しても、先生の御立ちに相成る前にはだめで御座いますでせうか。……写声器は……第一番に田植踊の中の何かを試みて見度いと思つてをります……先生の御立ちに相成るまでには御送り致します。先生はいつ頃御たちで、今度はいつ頃御還りで御座いますでせうか」

大正11（1922）年 4月 35歳

4月 「飛んだ神の話」が、『三田評論』297号に掲載。

4月 「地蔵雑話」（喜善）が、『土の鈴』12輯に掲載。

4月1日 (出)：「**柳田先生**に手紙を出す。昨夜初めて狐の夢を見たが如何」日234

4月7日 「江刺郡民話の話の部は漸く今日終結する。」(来)：「啄木建碑会の方から寄付勧誘状来る。」日235 北海道積丹郡万谷いそ子から手紙を受けとる。

4月11日 写音器会社に原盤破損物返す。今日初めて吹き込み大成功する。

4月12日 (来)：「**先生**からSarvan:Legendes des Alpes Vaudoises とザシキワラシの話が四冊ほど送られて来る。」日235

◆12日 喜善発 23 柳田国男様（牛込区）宛封書 **↑** 佐々木喜善（土淵村）
「江刺の話また遅れてしまつて面目御座いません……セルパンは山獄の間の人々に狎々しい家の genie だと想像してみても、日本のザシキワラシのことを思ひます。……此の書物の様な配列で、当地方の口碑昔話なども書いてみたらと思ひます。」

4月13日 (出)：**先生**に手紙。(来)：中道と毎日から葉書が、森口多里から雑誌来る。

4月20日 「毎日新聞から招待状が来る。江刺話完結し小包にす。」日235

4月21日 「岡村君に江刺話を書留にて出す。同時に通知、**先生**にも同断。」日235

◆23日 柳田発 九三 柳田（牛込区）より封書 **↓** 佐々木喜善様（土淵村）
「江刺昔話御完成よろこはしく候 地図ハ此方にて作らしめ可申候……。」

4月24日 中道等から便り「**柳田先生**の著書など出でしと云ふ。岡村はどうして斯う意地悪るだらう。折口らもどうも可笑しい。」(出)：岡村らに手紙を出す。

4月25日 (来)：「**先生**から手紙来れども**余事のみにて宿願のことにはオクビにも言ひ及ばず、而して五月の五日に立つといふ。余はいよ〳〵絶望す。**気分悪し。」(出)：**先生**、岡村、松本に手紙を出す。「**あゝ既に絶望なり。先生を恨む。**」日236

◆25日 喜善発 24 柳田国男様（牛込区）宛封書 **↑** 佐々木喜善（土淵村）

「愈々御出発に間近く相成りませし御事と存じます。写声の原盤に付き、再三駅に問い合せ中ですから其の中に要領を得ると思ひます。」

（同封書在中）「奥州に於ける金牛《キンノベココ》の口碑を知り度く……中道等に頼みしに、無しと謂ふ……「江刺郡の民話」と致しましたが……。」

4月28日 (来)：岡村千秋から炉辺叢書2冊送られる。(出)：「**あてにもならぬ先生に手紙を書く**。」[日236]

4月29日 (来)：「岡村君、中山氏より葉書来る。」[日236] (出)：**先生**に手紙を出す。

◆ 29日 [喜善発] 25 柳田国男様（牛込区）宛封書 ↑ 佐々木喜善（土淵村）

「郷土史論を岡村さんから送られて拝読 なぜに此の御本を江刺話を郵送せぬ前に拝見しなかつたかと残念に存じます……先生も困つた奥州人の変人者の弟子として此後は御見のがし下されず、ウント御叱正して頂かして下さいまし。」

大正11（1922）年5月 35歳

5月 伝説「遠野奇話 猿ヶ石川の河童物語」（喜善）が、『中学生』に掲載。

5月1日 「山の神オコゼ魚に就て」（喜善）が、『東北評論』53に掲載。

【5月7日〔柳田第二次渡欧〕国際連盟委任統治委員会の仕事のため。】

5月9日 「山本君から**柳田先生**からだとて**写真器**を受取つた。」[日237]

5月12・14～17日 愛国者としてのエスペラント宣伝（1～5）」が『毎日』に掲載。

5月28日 (来)：松本信広等に手紙を書く。折口信夫から白鳥一号来る。

5月29日 (出)：折口信夫、ジュネブの**先生**に手紙を出す。(来)：ラレガブウオ・オリエンタ来る。「**先生**の高貴の方面の御活動を読んで胸をおどらせた。」[日238]

◆ 29日 [喜善発] 26 柳田国男様宛（ジュネブ）宛封書 ↑ 佐々木喜善（土淵村）

「写真機はたしかに有難く存じました。……先日隣村青笹に参りまして……先生の郷土誌論の講義を二時間ばかり致して参りました。」

5月31日 (来)：本山桂川から土の鈴が来る。**先生**宛の郵便が料金不足で戻される。

◆ 31日 [柳田発] 九四 柳田国男（コロンボ）より絵葉書 ↓ 佐々木喜善様

「こんな国へやつて来ました……淋しくさへなければよい旅だと……」

大正11（1922）年6月 35歳

6月1日 (出)：「**先生**に再び手紙を出す。本山君に土の鈴十三輯別冊物の回答。

6月2日 (来)：松本信広とエスペラント学会から通信がくる。

6月14日 (出)：「小沢君に「ひよつとこの話」の原稿と手紙を出す。」[日238]

6月17日 (出)：「原稿は本山君に。菊池源吾君に農業手伝神の話、高城誠一君に農民文化及び葉書。(来)：「岡村君から葉書手紙を貰ふ。」[日239]

6月19日 町へ行く。(来)：住宅から2冊雑誌が来る。(出)：「岡康雄君に手紙、野尻君には天狗の話と手紙とを共に出す。」[日240]

6月23日 (出)：瑞展《スウェーデン》の**先生**と釜石の山本に手紙を出す。

6月24日 選挙で役場にいく。(来)：菊池源吾から葉書、(出)：松本に葉書。

6月27日 (来)：「岡村千秋から江刺話の校正刷りが来る。直ちに朱を入れた。」[日240]

6月28日 [柳田発] 九五 柳田国男（ジュネブ）より絵葉書 ↓ 佐々木喜善（土淵村）

「静かなヰラをさがしてこの街に落ち着きたいと思い、今日は町を歩きまわる。……日本の恋しきこと非常なものなり……早く君の本の出ることをのぞむ」

6月29日 (来)：本郷の宮良當壮から小谷口碑集、エスペラントの雑誌など来る。

大正11（1922）年7月 35歳

7月1日 (来)：**先生**から、コロンボは夢の郷の様な国だという葉書を貰う。

◆ 1日 ネフスキー（天王寺）より封書 ↓ 佐々木喜善様宛（土淵村）

「去年暮から宮古島の言葉を研究している。」

7月3日 (出)：白秋等に葉書を出す。(来)：岡村千秋から小谷口碑集を送られる。

◆ 3日 [喜善発] 27 柳田国男様（ジュネブ）宛封書 ↑ 佐々木喜善（土渕村）

「先日岡村さんから江刺話の校正刷りを送られて見ました あとあとの集もお願ひ中で御座います 紫波郡だけでも出し度いと思ひます。」

7月5日 (出)：**瑞西の先生**、宮良、松本信広、ネフスキーに手紙を出す。

7月6日 (来)：「岡村君から次の校正刷りが来たのですぐに朱を入れた。」[日241]

7月7日 (出)：岡村に校正刷りを出す。伊藤栄一に寄り江刺の写真を頼む。(来)：岡村は「江刺を思ふ」をもっと送れといってくる。」[日241]

7月8日 (来)：岡村千秋から「江刺郡昔話」の最後の校正刷がくる。

7月9日 「朝、長畑君が来て、余に県会議員に立つてくれぬか云ふ。……断つてやる。」(来)：「岡村君から英書が送られて来た。……校正を見て封じた。」[日241]

7月10日 (出)：岡村君に校正と手紙、高木誠一君に農民文化を出す。

7月12日 荒川祐助と阿部と来訪、県会議員の打診である。

7月16日 「愛国者としてのエスペラント」が、『毎日』に掲載。

7月21日 (出):中山、本山桂川、北原白秋などに暑中見舞の絵葉書を出す。
7月24日 大分蛇の話が進んだところに、選挙運動の連中に来られ時間を費やす。
7月26日 (来):中山太郎から、費用一切を持つからと温泉に誘う手紙が来る。
7月27日 (来):「中山氏から郷土趣味、**先生**から絵はがきなどが来た。」 [日243]
7月30日～8月1・2日 選挙運動。（※この間、選挙運動に捲きこまれる。）

大正11（1922）年8月 35歳

8月3日 本山桂川から「黄金の牛」（喜善）掲載の『土の鈴』14輯が来る。
8月4日 [喜善発] 28 柳田国男様（ジュネブ）宛封書 ↑ 佐々木喜善（土淵村）
「先日ジェ《ママ》ネブよりの美しい絵葉書今日頂戴いたし……本当にもう少したつたなら民俗学というものが必ず只今の状態から一変しさうで御座います。」
8月7日 [柳田発] 九六 柳田（スイス）より絵葉書 ↓ 佐々木喜善様（土淵村）
「両度の御手紙巴里をまはりて到着拝見……此家も今日引こし可申候へ共いつでも手紙は **à la Délégation du Japon, Genève** あてにねがひ度候……」
8月11日 「犬クルの病気」が『毎日』に掲載。
8月14日 [柳田発] 九七 柳田（スイス）より絵葉書 ↓ 佐々木喜善様（土淵村）
「昨ばん此山の上にとまりました。こゝは海抜一万三百尺です うしろの峯はマツテルホルンです」
8月17日 (出):「岡村に届書入れの状、森口多里、山本茗太郎らに手紙を出す。」
「厭な夢を見たので、何かいやなことがあると思うてびくくした。」 [日243]
◆17日 「動物園のお芝居」が『毎日』に掲載。
8月18～26日 **《遠野の町場に滞在》** ◆18日 病気悪く遠野町へ滞在す。 [日244]
8月20日 **『江刺郡昔話』** 佐々木喜善、炉辺叢書、郷土研究社から発刊される《ママ》。
柳田もこの昔話集の価値を認め、『江刺郡昔話』は「われわれの仲間では紀念の多い書物」と評する。**「昔話」**という言葉を初めて使った書である。
8月27日 **《土淵の実家に帰る》** (来):江刺昔話10部来る。**先生**の本も一部あり。
8月29日 (来):松本信広から山鮪の資料を得た。(出):安部享太郎に江刺話1部贈呈。
8月30日 (出):浅倉利蔵、松田に江刺話を送る。松本信広、岡村千秋に手紙を出す。

大正11（1922）年9月 35歳

9月1日 身体の具合がすぐれない。「神経衰弱に罹つたのかも知れない。」 [日244]
9月2日 [喜善発] 29 柳田国男様（ジュネブ）宛封書 ↑ 佐々木喜善（土淵村）
「瑞西の田舎はまたどんなに話が豊富だらうと……御友人の事を伺つて想像してをります。……日本のザシキワラシも此頃種々多く現はれる様になり……」
9月4日 (出):早川孝太郎に本、松田にザシキワラシの本を贈る。ジュネブの**先生**に2通出す。人見東明には本と手紙、岡康雄に手紙。
9月6日 (出):「北原白秋君に「詩と音楽」発刊についての手紙をやる。」 [日244]
9月7日 「**先生**から葉書来る。パリ宛は無用の事である。」 [日244]
9月8日 頭痛がして困る。(来):宮良當壮と浅倉から葉書が来る。宮良が民族《ママ》学の草分け云々という語を喜善に使っている。自重しなければならぬと思う。
9月9日 (来):佐藤落葉から原稿を求めて来る（水野葉舟の紹介状による）。
9月11日 (出):水野葉舟、佐藤落葉に返事。宮良ほか高木誠一、及川與惣治、小笠原謙吉などに農民文化をやる。(来):人見東明等から通信あり。
9月14日 (出):「本山君に江刺話と手紙……を出す。「駒木の佐々木和尚、南沢の帰へりに寄り話す。真言念仏の意味漸く解りし様な気がする。」 [日245]
9月16日 [柳田発] 九八 柳田（ジュネブ）より絵葉書 ↓ 佐々木喜善君（土淵村）
「屡あの様な雑談の多く書込まれた手紙を下さい……江刺昔話が早く見たい……田舎家風の此新居には出来るだけ永く居たひとおもつています」
9月24日 [喜善発] 30 柳田国男様（ジュネブ）宛封書 ↑ 佐々木喜善（土淵村）
「持病を根本的に治すと云ふので注射をしましたところ とんでもない発熱と容体になり今だに就床して居ります。／昨今其の真言念仏なることが相解りました。……秘事念仏が分からずに奥州のことが分かるものではありません。／先生にはいつ頃お帰りになられますでせうか？ 当分御帰りなりませんでせうか。」
9月27日 [柳田発] 九九 柳田より絵葉書 ↓ 佐々木喜善様（土淵村）
「江刺話かとゞきおもしろくよみふけり候 末段蘇民引の記事ハ殊になつかしく存候……此次ハ御工夫を乞度且つ分類排列につきても若干批評有之候 但し君の労苦は決して没すへからず候」
9月～10月 14回にわたり『毎日』に「辺土の浜」を連載した。

大正11（1922）年10月 36歳

10月 松本信広「江刺郡昔話（佐々木喜善著／郷土研究社）」が『史学』2―1に掲載。 [集4]
10月1日 (来):森口多里から胆沢の昔話資料を提供してもよいという手紙を貰う。

◆10月3日 (来):「水野から葉書が来る。」(出):「**瑞西の先生**に手紙を出す。」日246

3日 喜善発 31 柳田国男様（ジュネブ）宛封書 ↑ 佐々木喜善（土淵村）

「先生様　瑞西でも稲というものを見られますでせうか……将にまとめやうとして居りますところの紫波郡昔話や胆沢郡の方はあんな江刺話のやうな非科学的な恥かしさは敢てせぬと思つて居ります」

10月7日 (出):水野葉舟に海瀟の原稿と手紙、荒川に手紙をやる。

10月9日 (出):水野葉舟にローマ字の原稿、中山太郎に「一銭程の智恵」（11枚）の原稿と手紙など出す。

10月16日 (出):「水野君に「雉子寄せ」の原稿十二枚出した。森口にも新住宅の礼状。(来)「山中様から民族と歴史に書いたことで其他で手紙あり」日247

10月17日 研究「四国の赤シヤグマ」が、『民族と歴史』8—4に掲載。

10月18日「Nakayama S–ro··Matumoto,doŝn jorj pri Minzoku to Rekisi' no kiji letere moyaru. ／Sonota, Motoyama,Nojiri S–ro nimo hagaki wo dasu.……」日247

10月19日 柳田発 一〇〇 柳田（スイス）より絵葉書 ↓ 佐々木喜善様

「巴里には当分来ぬつもり……今夕ジュネブに引かへし申候」

10月24日 (来):森口多里から胆沢郡昔話の資料について手紙、千葉文助から来る。

(出):「火縄銃の最後」と「一銭ほどの智恵」とを水野葉舟に送る。

10月25日 (来):森口多里から胆沢郡昔話の原稿が来る。

10月26日 (来):「**瑞西の先生**から葉書来る。」日247

10月29日 (来):「狼の話（二十三枚）脱稿した。明日出そう。」日248 (出):森口、水野に通信する。

大正11（1922）年 11月 36歳

11月 伝説「遠野奇談 奥山の天狗ばやし」（喜善）が、『中学生』8—4に掲載。

11月「Iwate–ken Fe–Gori no Ji no Kotoba（1）」（岩手県閉伊郡の方言）（Sasaki Kiyoshi）が、『ROMAJI』17—11に掲載。

11月2日 (来):「**柳田先生**から葉書を頂く。江刺話の批評を兼ねたもの」日248

11月3日 喜善発 32 柳田国男様（スイス）宛封書 ↑ 佐々木喜善（土淵村）

「森口多里君から〔故郷で昔話他を九十ばかり蒐集〕……全部を提供してもいいと云ふ……ところが又妻が別処からいろ〳〵な話が入りました。それで胆沢郡昔話がなんの難もなく出来上る訳になつてをります……今年は先生は御帰りにはならないと伺いましたので　此れまでさしひかへてをつた手紙をかういふ風に……」

11月5日「**柳田先生**に手紙を出して**何もかにも書いたものである。**」日248

11月8日 柳田発 一〇一 柳田より（ジュネブ）絵葉書 ↓ 佐々木喜善君

「ジュネバはもう冬になりました……エスペラントももう四五日前から始めて見ました……。**早く次の本にとりかゝり給へ**　もう健康はすつかり元の通りですか」

大正11（1922）年 12月 36歳

12月「Iwate–ken Fe–Kori no Ji no Kotoba（2）」（岩手県閉伊郡の方言）（Sasaki Kiyoshi）が、『ROMAJI』17—12に掲載。

12月4日 新光社の「世界の年」にやる八郎伝説を書く。」日250 ◆3日 (出):**瑞西の先生**に手紙。

◆4日 喜善発 33 柳田国男様（ジュネブ）宛封書 ↑ 佐々木喜善（土淵村）

「健康でさえあれば冬は「はなし」の蒐集に一番よい時であります。……狩猟生活は今日でもやつて居てそんなやうな話なら殆無尽蔵であると言ふ。……」

12月5日 (来):松本信広から史学（江刺郡昔話集の批評など載る）が届けられる。

12月8日 (来):「岡村君から炉辺叢書が三冊送られて来た。」日250

12月9日 柳田発 一〇二 柳田より封書（長文）↓ 佐々木喜善君（土淵村）

「フォークロアの学問ほど人間味の豊かな学問はないと思つています。……フォークロアの学問には日本人に限り特別の使命があるやうに私はおもつています、此意味で君の「村」に住むことを賀しているのです。……肝心な点で西の人と感じのちがふことを毎度発見します、だから日本内で先つ盛に研究して行くより他ハないのです……早く胆沢郡の昔話を出して下さい」

12月15日 (来):「**瑞西の先生から**、いろいろ葉書が来た。」日250 新住宅が来る。

12月20日 (来):「ローマ字来て水野の論文の中に余の名前も交じっている。」日251

大正12（1923）年 満37歳 ※「喜善日記」不明の年

大正12（1923）年1月 36歳

1月「Iwate–ken Fe–Kori no Ji no Kotoba（3）」（岩手県閉伊郡の方言）（Sasaki Kiyoshi）が、『ROMAJI』18—1に掲載。

1月1日「雪窓閑談1 エスペラントに対する私の態度」が『東北評論』73号に掲載。

1月7日 柳田発 一〇三 柳田（スイス）より封書 ↓ 佐々木喜善様（土淵村）

「ミルモン町の家を昨日去つて近所の此ホテルに入りました……御地の考古学的調査の記録は残さねハなりません」

〔追伸〕「エスペラントで物が書けるよう早く御なりなさい……。」

1月15日 喜善発 34 柳田国男様（ジュネブ）宛封書 ↑ 佐々木喜善（土淵村）

〔12・9日付の封書がこの13日に届く〕「御状は全く私の人生観を一変させるやうな重大なもので御座いました……ひよいと私などを思出しに相なりますことが若しありましたら……」

1月20日「大海嘯の時の話（一）」が、『勧業月報』215号に掲載。総186

1月旧正月～3月7日 辷石《はねいし》谷江から昔話を聴き始める。（※谷江は通称で本名タニ）

※ 土淵村でも、昔話への関心は薄れゆく趨勢にあった。そんな中、喜善は幸運にも谷江と親しくなり、旧正月の冬、雪の中を50日余通い、170種もの昔話口碑伝説を採録できた。喜善でも、これ程大きい収穫を得た体験はなかった。

大正12（1923）年2月 36歳

2月 伝説 遠野奇譚「熊狩の猛猟師と語る」が、『中学生』に掲載。

2月「Furuki no Okina」(Sasaki Kizen) が、『ROMAJI』18―2に掲載。

2月15日 喜善発 35 柳田国男様（ジュネブ）宛封書 ↑ 佐々木喜善（土淵村）

「村の老婆に……昔噺をきいて居ります。……夢中になつて居るので御座います。此の老婆殆無尽蔵と云つていゝ位に話の数を知つて居る様です。」

大正12（1923）年3月 36歳

3月7日 辷石谷江から昔話を聴き終わる。

3月10日 喜善発 36 柳田国男様（ジュネブ）宛封書（二通同封）↑ 佐々木喜善

（一通目）「私はまだ昔話の採集に夢中になつて居ります……先日申上げました老婆のがまだ〳〵尽きさうもありませず驚き入つて居ります。」（三月三日）

（二通目）「小正月の廿日（ヤイトの日）昔話の老婆が……夜明けの二時まで話してくれました……十の鈴からはこちらの南部地方の年中行事が発表されさうです。」

◆ 10日 柳田発 一〇四 柳田（ジュネブ）より封書 ↓ 佐々木喜善様（土淵村）

柳田から、長文の封書を送ってきた。

「**けふハ又君が権現様に参つたのでは無いか　先から頻に遠野郷のことが考へ出される** 瑞西の冬は……瑞西に入るとこの閑静なホテルの生活が楽ミです……。　胆沢郡の昔話は今どの位の程度ですか。」

3月15日「大海嘯の時の話（二）」が、『勧業月報』217号に掲載。総188

3月27日 エスペラントの話（1～2）（好語生）が『漫画新聞白龍』に掲載

◆ 27日付 柳田発 一〇五 柳田（瑞西）より絵葉書 ↓ 佐々木喜善様（土淵村）

「又ジュネブを出かけて今「瑞西」の中をあるいてゐます。此から伊太利の北の方へも一度入る考です　ベルンの美術館に」

3月28日付 柳田発 一〇六 柳田（ジュネブ）より絵葉書 ↓ 佐々木喜善様（土淵村）

「春先、まだルツェルンの付近の山が真白ですが山麓の牧場は既にうつくしい緑になり「エニシダ」に似た木の花の木が咲いてゐます」

大正12（1923）年4月 36歳

4月「Furuki no Okina（2）」(Sasaki Kizen) が、『ROMAJI』18―3・4に掲載。

4月「Iwate-ken Fe-Kori no Ji no Kotoba Ktoba（4）」（岩手県閉伊郡の方言）（岩手県閉伊郡の方言）(Sasaki Kiyoshi) が、『ROMAJI』18―3・4に掲載。

4月3日付 柳田発 一〇七 柳田（牛込区）より絵葉書 ↓ 佐々木喜善様（土淵村）

「ヴェネチヤのエスペラントの会を傍聴に来ました。遠い小さな国々の人と話してゐます。伯林の書店が出張してゐましたから三四種の本を送らせます」

4月10日 喜善発 37 柳田国男様（ジュネブ）宛封書 ↑ 佐々木喜善

「今年の冬期の採集は結局昔話百三十種ばかり　外に短い口碑などかなり得ました……**先生**がゐらつしやらぬと火が消えた様になるのが我等の学問です……**先生**の御写真はいかなされましたでせう。どうぞ一枚下さいまし」

4月13日「辺土の翁」が、『毎日』に掲載。

4月17・27日「エスペラントの話（3～5）」（無記名）が、『漫画新聞百龍』に掲載。

4月19日付 柳田発 一〇八 柳田より絵葉書 ↓ 佐々木喜善様（土淵村）

「ヴェネチヤよりも私にはこのラヴェンナの方がなつかしかつた……お婆さんの話はそれだけで一冊にしたら炉辺叢書に入れる値があるでしやう」

4月26日 喜善発 38 柳田国男様（ジュネブ）宛封書 ↑ 佐々木喜善（土淵村）

「胆沢郡昔話は森口君の注文もあり……まだまだ資料集めと旅行して見ねばならずそのままにして置き、先生の御心にも御申訳が立ちません……御注意頂いた民謡他は幸ひ多少の資料もあり自分でやつて見度いと存じます。」

大正12（1923）年5月 36歳

5月「ひよつとこの話」が、『三田評論』310号に掲載。

5月6・13日　「エスペラントの心持（上）（下）」が『毎日』に掲載。
5月27日　「若人の憧れ」「闇」（佐々木しげる）が『日報』に掲載。

大正12（1923）年6月　36歳

6月　「遠野郷話　雉子寄せの名人」が、『中学生』に掲載。
6月1日　伝説「偽汽車の話」「千曳石の話」「大岡裁判の話」「潮吹きの挽臼に就て(1)」（喜善）が、『土の鈴』19輯に掲載。
6月16日付　柳田発 一〇九　柳田（ジュネブ）より封書↓佐々木喜善君（土淵村）
「写真……ヴェネチヤでうつしました……九月の始頃にはこゝを引上げます　日本につくのはやはり十二月でしやう」

大正12（1923）年7月　36歳

7月　「Furuki no Okina (3)」(Sasaki Kizen) が、『ROMAJI』18—7に掲載。
7月1日　「足袋と菓子」が、『恒星』7月号（1—5）に掲載。
7月15日　「火縄鉄砲の最後（上）」が、『勧業月報』221号に掲載。総190

大正12（1923）年8月　36歳

8月15日　「火縄鉄砲の最後（下）」が、『勧業月報』222号に掲載。総190
8月20日　「水車〈遠野草刈〉」が、『毎日』に掲載。

大正12（1923）年9月　36歳

9月　「磐司磐三郎の話」が、『三田評論』314号に掲載。
【9月1日　関東大震災が起こる。午前11時58分発生】
9月30日　「秋の景物」（草刈生）が『毎日』に掲載。

大正12（1923）年10月　37歳

10月10日　「選挙間近に」（草刈生）が『毎日』に掲載。
秋頃　老媼夜譚の草稿を書き始める。グ88

大正12（1923）年12月　37歳

12月9日　「雲窓閑話　エスペラントに対する私の態度」が、『東北評論』73号に載る。**柳田**とは違い、喜善は国際補助語というより国際語と呼んでいた。内20
12月15日　喜善発 40　柳田国男様（牛込区）宛封書↑佐々木喜善（土淵村）
「先生の御留守中誠に寂しく御座いました……突然影が消えたやうな心持ちで寂しく張合無き事夥しく御座いました……オシラの方は往詰つた態で……」
12月20日　喜善発 41　柳田国男様（牛込区）宛封書↑佐々木喜善（土淵村）
「センバン大変響きのいゝ語だと思ひます……外国のザシキワラシの御本は……先づ先生が御読み被成て下さいまし。……。La Revuo Orient　童話集のなまえ、何とか良き名を頂かして下さいまし。」
12月21日　(来)：**柳田**から書簡がくる。「かの老媼夜譚一冊にまとまりをり候はゞ御見せ被下度候」とある。

大正13（1924）年　満38歳

大正13（1924）年1月　37歳

1月1日　(出)：中山太郎と水野葉舟とへ連名で手紙（原稿承諾の通知）を出す。
1月8日　鈴木吉十郎、重男父子により、遠野郷土館が設立される。辞259
1月12日　「生出のザシキワラシがもう出なくなつたということだ。」
1月13日　(来)：「中山さんから原稿を受け取りたいと言ふ通知があり、なお、**柳田先生**宅などで折口談話会を催しておる」と言ってくる。日252
1月24日　(出)：「**先生**に葉書と郷土館の絵葉書とを出す。」日253

大正13（1924）年2月　37歳

2月　伝説「ザシキワラシの話」（喜善）が、『郷土趣味』5—2に掲載。
2月2日　(来)：**先生**から久しぶりの手紙。「いつも変わらぬ御温情である。」日254
2月6日　(出)：**先生**、福士幸次郎等に通信する。
2月8日　(出)：博文館に原稿（石婚譚半ピラ22枚、縁女の原稿。）を出す。
2月9日　「老媼夜譚を訂正、また新たに書き加へ五篇にする。」日254
2月12日　柳田発 一一〇　柳田（牛込区）より絵葉書↓佐々木喜善様（土淵村）
「別送小包の中ゲネツプの三冊のみは御覧の上御返し被下度候　他のものは前に送つた本と共に進呈いたし候」
2月15日　(来)：**先生**から葉書、東磐井の吉田からもくる。
2月17日　(来)：「**先生**からフランス語の書五冊、エスペラント語の本一冊来た。」日255
2月19日　(来)：**先生**から葉書（先日と同様のもの）が来る。
2月20日　(出)：「**先生**に手紙と葉書（書のお礼）」日255　野尻、中山他に通信す。

大正13（1924）年3月　37歳

3月　「嫁子鼠」が、『女学世界』24—3に掲載。
3月　「ザシキワラシの話」が、『郷土趣味』5—2に掲載。

3月1日 (出)：「少年倶楽部」に、祖国権受隊の原稿を送る。
3月3日 柳田発 一一一 柳田より絵葉書 → 佐々木喜善様（土淵村）
「「朝日」の学芸欄に二回にわたり「蒐集の興味」を実例を以てかいて下さい、……文章はNaïveなるがよろしく候 センテンスをみじかくすればよからんか」
3月6日 (来)：本山桂川から知らせと「落日草紙」が送られて来る。
3月12日 朝日に書くべき小論文を書きだすが思うように捗らない。「昨夜から先生から送られた書物をぼつぼつ読みはじめた。」日256
3月15日 「朝日への原稿漸く脱稿す。**先生**に手紙も書く。」日257
3月16日 (出)：**先生**に「黄金の牛」（原稿19枚）と手紙を出す。
◆16日 柳田発 一一二 柳田より絵葉書 → 佐々木喜善様（土淵村）
「始の方がちと説教めいて新聞には重くるしく我々の宣伝にも損ですね……暫くあつけて置いて下さるなら私が之によつて書いて見てもよろしい」
3月20日 「ザシキワラシの話」が、『郷土趣味』（京都・田中緑紅）5―2に掲載。
3月21日 「**先生**から原稿のことについての葉書が来た。書き直すべく思ふ。」日257
3月23日 (出)：「**先生**へ、原稿の事で葉書を出す。」日257
3月28日～4月15日 **《アイヌ人武隈徳三郎来訪》**―喜善宅に滞在
◆28日 北海道の武隈が突然くる。◆30日 小沢愛圀から葉書。武隈と話し暮らす。同人のために金田一京助及び石田収蔵に手紙を書く。夜武隈からアイヌの昔話三つばかり聞く。◆4・15 午後止めるも聞かず出て行く。
3月30日 「ザシキワラシの話」が『郷土趣味』5－2掲載。輔167

大正13（1924）年4月 37歳

4月 鈴木父子は、伊能嘉矩を中心に、板沢武雄、喜善と遠野郷研究会を組織し、9月から館報「遠野」刊行を計画する。
4月～大正15年4月 伝説「老媼夜話」（喜善）が、『三田評論』第320号から大正15年4月の第347号まで、6回にわたって掲載される。
4月2日 朝日の三田評論の広告、折口信夫や宮良らと一緒に喜善の物も出ている。
4月5日 柳田発 一一三 柳田（牛込区）より絵葉書 → 佐々木喜善様（土淵村）
「三田評論に御のせ被成候話はいつれも炭焼長者の話の好参考にて有益に拝見いたし候……此外にも累話あらば御続稿を掲げられ度候」
4月7日 (来)：「中山太郎氏から手紙を受け取る。いろいろ原稿についての意見及び用件である。……金田一京助氏に武隈君のことについての手紙を出す。」日258
4月8日 (来)：**先生**から三田評論の作をほめ、岡村千秋から原稿他の郵便物があった。
4月10日 (出)：中山に原稿を出す。(来)：岡村千秋からアイヌ神謡集10冊来る。
4月11～13日 **《本山桂川来遠》**―遠野町に滞在
◆11日 午後2時半頃遠野着、夜まで話す。10時頃辞し松田家泊。◆12日朝本山と伊能嘉矩を表敬訪問。郷土館へ行き半日話し込む。夜の座談会に、伊能、山本茗次郎、松田亀太郎、武隈徳三郎らきて興趣は尽きず。郷土研究会を設立。河101 暁3時頃まで話し込む。武隈がおり家に帰る。三田評論、中山太郎、石田収蔵から原稿についての厳談判。◆13日 本山帰る。
※ 本山は個人誌『土の鈴』を編集発行。喜善は大正10年末、同誌10輯に「不思議な縁女の話」を寄せて以来、次々と発表。この後も交流が続く。
4月16日 (来)：「**先生**、本山桂川君、山本君及び花巻の友情社から葉書が来た。」日259
4月17日 (出)：「ザシキワラシ第三回報告脱稿五十七枚）」日259
4月18日 (出)：山本茗次郎と本山桂川に葉書を出す。昼食の時、妻が先日来話している**先生**への手紙を書くようにいわれる。どうにか旧の四月八日前に**先生**から色よい返事をもらいたいと妻は思っている。
4月24日 (出)：「岡村君に「アイヌ神謡集」十冊の代金八円をカワセ券にて出す。」日260
4月26日 **先生**にようやく手紙を書いたがどうすべきかためらう。
4月27日 (出)：**先生**に手紙を出す。◆30日 (来)：松本信広から手紙がくる。

大正13（1924）年5月 37歳

5月 「朱塗りの石」（喜善）が、『日本土俗資料』（日本土俗研究所刊）1に掲載。
5月 「春」〈遠野草刈〉が、『反情』3号に掲載。
5月1日 「娘の片袖」（喜善）が、『女学世界』24―5に掲載。総147
5月5日 (出)：本山桂川他に手紙を出す。岡村千秋から炉辺叢書が小包で来る。
5月6日 (出)：「岡村君に、中道、山本君には書を買つて呉れ」日261 と通信する。
5月9日 今日は選挙日で本宿へ行く。「鈴木君に炉辺叢書既刊分全部と八重山島民譚集三冊頼む。」(来)：**先生**から外国語の書物数冊来る。」日261
5月12日 (出)：中山太郎へ絵葉書、岡村千秋に葉書。(来)：中道等から葉書受取る。

5月17日 (出):「思ひ切って、**先生にお金を貸して下さい**という手紙を出す。」[日262]

5月18日 (来):岡村千秋から炉辺叢書が 20 冊送られている。その他花巻の石川茶店からリプトン茶が来る。[日262]

5月23日 (来):「**永年望んでゐた先生への依頼心も今日で了つた。先生から返事が来た。すべては終りを告げた。**しかしそれが却つて余の生活にはいゝかもしれない。これからは何人をも頼まない」[日262] 本山桂川から土俗資料がくる。(出):山本茗次郎、中山太郎へ葉書を出す。老媼夜譚脱稿（18 枚）。

5月25日 (来):岡村千秋から葉書、「友情」13 号の批評を書いた。

5月26日 (出):**柳田先生**に手紙と原稿、その他岡村千秋、本山桂川へ手紙を出す。

5月27日 (出):「煙草が魔除けとなると言ふ話（四枚）、赤子塚（一枚半・資料報告）以上二篇を本山君へ出す。」[日263]

5月30・31日 「反情（上）（下）」（草刈生）が、『日報』に掲載。

5月31日 (出):中道等に手紙。(来):「梅野草二君等より手紙あり、雑誌国語と国文学（トウベエ）地球は中山氏からネフスキー氏の論文あれば送られた。」[日263]

大正13（1924）年6月　37歳

6月 「ザシキワラシの話」が『人類学雑誌』39―4・5・6に掲載。

6月1日 「寄宿舎の娘へ」（喜善）が、『女学世界』24―6に掲載。[総151]

◆ 1日 (来):本山桂川から刷物2種受取る。(出):中山太郎、毎日新聞社（黄金の牛の原稿）、梅野草二、鈴木重男などへ。

6月2日 (来):「小笠原謙吉から紫波の資料に関するよき手紙を貰ふ」[日264]

6月3日 (出):小笠原謙吉に江刺郡物語と手紙を出す。

6月4日 (来):「**先生**から台湾口碑集を送られたけれ共買つたもの故戻さうかとおもう。」[日264] (出):松本信広へ手紙を出す。」

6月5日 (来):「郷土趣味社から「秋田風俗問答」号来る。中山太郎氏から葉書来る。」(出):「**先生**の台湾伝説集を御返戻し手紙をやる。」[日264]

6月6・7両日 「昔噺の聚集研究（上）（下）」が、「東京朝日新聞」に掲載。

「類型の噺をいくつも集めて比較して見ると、今日広く流布している所謂現在の猿蟹の合戦譚の古い原型なども段々と解ってくる。桃太郎噺なども四五種類があつて、今日皆さんが知つている噺とは大分異つたものである」

6月7日 「朝日新聞に余の昔噺聚集研究が出てゐた。嬉しかつた。」(出):「石田收蔵氏に人類学雑誌……を送る。」[日264]

6月7〜9日 「黄金の牛（1〜3）」が、『毎日』に掲載。

6月8日 「朝日には「黄金の牛」がのりはじめてゐた。」[日264] (来):三田評論来る。

6月10日 (出):「鳥類のおこりの話」脱稿（20 枚）、今度は長く書いてみた。「怪猫の話」も二つとも出させるよう頼んだ。

6月11日 (来):小笠原謙吉から昔話の原稿が来る。紫波郡の話をみてくらす。

6月13日 (来):「**先生**から手紙が来る。新聞きり抜きも来る。」[日264]

6月17日 (出):本山桂川に雨占のカードと葉書、**先生**に手紙を出す。

6月18日 (出):朝日の土岐に礼状。「和賀郡昔話」の序を書く。本山桂川にやる原稿（話8種、「和賀郡昔話」）を作り上げた。

6月19日 (出):本山桂川に「和賀郡昔話」の原稿を出す。小笠原謙吉から昔話の原稿 35 枚来る。

6月25日 (出):「人類学雑誌にザシキワラシの話の続稿を出す。」[日265] 「ザシキワラシの話」が、『人類学雑誌』39―4・5・6に掲載。

※『奥州のザシキワラシ』以降に集められた話 82 話を収録。

6月28日 「新聞に、余が北上川流域の伝説を研究調査してゐる由と報道あり。」[日266]

6月30日 (来):「**先生**から南紀土俗資料という本が送られてきた。小笠原君から、紫波郡昔話資料とはがきがくる。」[日266]

大正13（1924）年7月　37歳

7月 「煙草が魔除けとなると謂ふ事」「赤子塚の話（死女出生譚）」（喜善）が、『日本土俗資料』2輯に掲載。

7月 「和賀郡昔話」（喜善）が、『日本土俗資料』3輯に掲載。

7月1日 「ペナンペ、パナンペの話」（喜善）が『女学世界』24―7に掲載。[総154]

7月2日 (出):「**先生**に南紀土俗資料の御礼状、岡村千秋君に炉辺叢書十二冊代金十円封入。小笠原君に炉辺叢書五冊と葉書とを出す。」[日266]

7月3日 (出):**先生**、古舘要に「童話研究」の依頼の手紙、鈴木重男他に炉辺叢書の件、斎藤昌三にも同断。

7月8日 (来):「小笠原君から葉書、田中君（京都）から手紙、吉田君から手紙」(出):中山太郎氏へ原稿「蛇捕の話」[日266]

7月9日 (来):「石田君から人類学雑誌が三冊来た。」、(出):「岡村君に、小笠原君

に、田中俊次君に、斎藤君（宮守）に夫々通信を出した。」[日267]
7月10日 [**柳田発**] 一一四 柳田(牛込区)より封書 ↓ 佐々木喜善様（土淵村）
「遠野物語の増訂を企てられてはどうか。……多分の労力を君に引うけて
もらはねハならぬが、少しは金になるかもしらぬ……とにかく紫波郡昔話の
完成をしてほしい」（※ 前刊を口語体に増訂すると提案される。）
7月13日 (来)：**先生**、……岡村君から、世界童話大系から」[日267] 通信あり。
7月16日 (来)：本山桂川から月刊物6冊（内4冊は喜善の和賀郡昔話が掲載）来る。
7月21日 (出)：小笠原謙吉に和賀郡昔話、本山桂川に「すすきもちのこと」を出す。
7月25日 (来)：「小笠原君から第四回目の昔話資料が来る。」[日268]

大正13（1924）年8月 37歳

8月 研究「了曳岩の話の追補」（喜善）が、『日本土俗資料』4輯に掲載。
8月 「犠牲祈願」が、『趣味之土俗叢書』4に掲載。
8月1日 「諸国で言伝へられる鳥類の話」（喜善）が、『女学世界』24―8に掲載。
[総157]
◆ 1日 耕地整理の件で役場へ行く。(出)：「**先生**、中山太郎に手紙を出す。」[日268]
8月3日 (来)：岡山儀七からエスペラントの書物。小笠原の最後の資料が送られる。
8月7日 (来)：中山太郎から「飛騨史壇」。(出)：中山に9月号原稿（長命の話）出す。
8月9日 (来)：「小笠原君から昔噺の資料が七篇送られて来る。」[日269]
8月10日 (出)：世界童話大系へ注文の手紙、ネフスキー、小笠原に葉書を出す。
◆ 10日 [**柳田発**] 一一五 柳田(牛込区)より絵葉書 ↓ 佐々木喜善様（土淵村）
「月末迄には又北海道へゆくことゝなり 御地の方への計画はおくれます……「童
話研究」はまだ見てゐません 紫波郡昔話まつてゐます。」
8月12日 (来)：**先生**から葉書が来る。 ◆14日 (出)：**先生**他に暑中見舞を出す。
8月15日 (来)：「犠牲祈願」（喜善）が、『趣味之土俗叢書』4に掲載。
8月17日 (出)：本山桂川に「一片ばかりの知恵」の原稿他「薄餅の由来」の原稿を出す。
8月30日 (来)：中山太郎から高木敏雄の「童話の研究」という本を送られる。
8月31日 (出)：「斎藤昌三氏、岡山君には気分と言ふことの御質問の返事及びホフマン
スタールの論文のある古い早稲田文学、それから千葉次雄君に葉書など出す。」[日271]

大正13（1924）年9月 37歳

9月 「老媼夜話―続篇―」が、『三田評論』325号に掲載。
9月 「遠野奇談 家に棲むお化の話」が、『中学生』に掲載。
9月 「五月節句の薄《すすき》餅並に七夕の素麺の由来」「一片ばかりの知恵」が、『日本
土俗資料』5輯に掲載。
9月5日 (来)：「小笠原謙吉から昔話の原稿来る。松本信広の所から手紙来る。」
[日271]
9月8日 (来)：「三田評論来る。余の「老媼夜譚」が載つてゐる。」[日271]
9月9日 (出)：小笠原謙吉らに葉書。夜12時頃向かいの夜這い人を取り押さえる。
9月10日 [**柳田発**] 一一六 柳田より絵葉書 ↓ 佐々木喜善様（土淵村）
「松本信広君から君に送つてくれといつて小さい本をおくつて来ました」
9月12日 (出)：**先生**、中山太郎へ通信をだす。
9月13日 「昔話聚集の面白味」を脱稿。(来)：松本信広から **Gennep** の **Folklore** を
送ってきた。」「〔夢〕昨夜**先生**と話した夢を見てゐた（接吻したと思って）」[日272]
9月15日 (出)：**先生**に原稿と手紙をだす。高田十郎に「なら」の礼状。
9月22日 (来)：「世界童話大系の一、グリムが来る。ひどく良い本である。」[日272]
9月24日 (来)：永らく願望の「童話研究」3冊が中山太郎から送られて来る。
◆ 26日 (来)：**柳田**より星病院内の喜善に書簡が届く。
「又病院からの御手紙尚悪くて御出候哉心配に存候 御難儀御察し申候」
この頃 喜善は体調不良で腹膜水を取る。長女若も病弱のため、医者代がかさんだ。
9月27日 (来)：中山太郎から「東亜の光」が来る。(出)：**先生**に『遠野』1（喜善の
「地震の揺らないと謂ふ所」「赤巾の鉦の緒に就いて」掲載）を出す。
※『遠野』は、遠野郷土館報であり、鈴木重男等の編集による。
9月28日 ある小説を見たくて中央公論を注文す。「余も小説を書かうと考ふ。」
[日273] (出)：本山桂川に礼状。

大正13（1924）年10月 38歳

10月1日 北上川流域の伝説「哀れな処女の話」（喜善）が、『女学世界』24―10に掲載。
10月2日 「村営電気の問題にて役場に寄合ひあれども行かず。」[日273]
10月5日 柴波の方は話数多く炉辺叢書には向かない。そこで、胆沢郡昔話に決める。
10月7日 久しぶりに遠野の町へ行く。各所に勘定し、夜に鈴木重男に寄る。(出)：
「博文館両氏の所に原稿（田村麿伝説2篇）を出す。」[日273] 中山太郎他に手紙。
10月11日 [**柳田発**] 一一七 柳田(朝日)より絵葉書 ↓ 佐々木喜善様（土淵村）

「胆沢郡昔話の方でもよろしけれど早く出来ないともう叢書が出せなくなるかも知れない……紫波郡の方を二分して飛騨の鳥のやうにして出してハ如何…」

10月13～15日　視察旅行。渋民村方面◆13日 朝7時に立つ。◆14日 渋民村で啄木の碑を見る。巻堀村で巻堀神社を拝観。川口から分れ紫波矢幅に投宿。夜小笠原謙吉に会う。◆15日小笠原等の写真を撮る。10時頃家に着く。から

10月15日　(来)：**先生**、中山、小沢、小笠原から通信くる。

10月16日　(来)：岡村千秋から炉辺叢書（相州内郷話）5冊送られて来る。

10月20日　「丸木立の辷石谷江を写真に撮る。みやげに煙管を持って行く。」日274

10月24日　「耕地整理の同意書調成に田尻と終日かかる。」日275

10月27日　(来)：斎藤昌三から愛経が届く。多年の宿願が叶い読んでみると面白い。

10月31日　「県庁の関壮二氏と**先生**に手紙を出した。**妻は先生には手紙など出さぬともよいなどと怒っていた。**」日275

大正13（1924）年 11月 38歳

11月　柳田国男「江刺郡昔話」が柳田編『炉辺叢書解題』（郷土研究社）に掲載。集4

11月10日　(出)：「中山氏、近代社、伊能先生に出状。…鈴木君の雑誌の原稿「デンデェラ野」についてと言ふのを書く。」日276

11月15日　巻堀紀行（毎日の新年号原稿）を脱稿（10枚半）する。

11月17日　遠野商人諸君に一言を脱稿する。

11月28日　(出)：「本山君に「岩手郡昔話」の原稿及び手紙」日277

11月29日　「千葉丈助君から金をかせという手紙が来た。やっぱり他人からは自分も金持ちに見えるかと思はれる。」日277

◆29日　早川孝太郎（池袋）より葉書→佐々木喜善様宛書簡（土淵村）
「能美《のみ》郡民謡集」……如何かと思いましたが…。貴方の御手紙を繰返し読みまして貴方の心持ちがわかつて来るやうに思われます。」

大正13（1924）年 12月 38歳

12月　「**岩手郡昔話**」が、『日本土俗資料』7輯に掲載。

12月4日（誤記で5日の記事）　「本山君、中山氏等から葉書あり、また中山氏から**柳田先生の御論文**のある雑誌を送られる。」日278

12月5日　「**先生**から郷土研究社の炉辺叢書解題が三冊おくられる。」日278

12月7日　(出)：「フランスの松本君、**柳田先生**、中山氏に手紙を出す。」日278

12月8日　「**時々気紛れな心を起こして文学に迷さる。**」この頃もその病気にとらはれていたが、「**今夜又専心学問に進まうという様な心になる。**」日278
(来)：岡村千秋から炉辺叢書解題が来る。

12月10日　(来)：三田評論、本山桂川の著書が3冊（喜善の「岩手郡昔話」収載）来る。

12月19日　(出)：「キングに「蛇捕りの話」十四枚を出す。」日279

12月22日　「老媼夜譚」の原稿（12枚）を脱稿する。3回目27枚余。

12月23日　(来)：伊能先生から仏書の小包が来た。小笠原君からも葉書くる。

12月29日　(出)：「紫波の小笠原謙吉に炉辺叢書解題と葉書を出す。」日279

大正14（1925）年　満39歳

大正14（1925）年 1月 38歳

1月　「アイヌ説話 ペナンペ・パナンペの話」が、『童話研究』4—1に掲載。

1月1日　「**柳田先生**と中山太郎にだけ出したのに、年始状多く来る。」日280

1月10日　「**先生の論文**が朝日に出はじめた。」日281

1月30日　「役場に行って信用組合の勘定をする。午後は小学校で電気の問題につき協議、遂に自営とすることに決める。」日282

大正14（1925）年 2月 38歳

2月4日　「斎藤昌三氏から葉書あり。小笠原君に郷土研究四冊出した。」日283

2月10日　(来)：フランスの松本信広から書物が送られる。一つの雑誌には炉辺叢書や喜善などの評論が載っており嬉しかった。

2月20日　(出)：「久しぶりで**柳田先生**に手紙を出」す。日284

2月23日　土淵村耕地整理組合設立総会があり、組合長に喜善、副には田尻、他評議員12名選定される。だが、耕地整理組合は借金問題を抱えていた。

2月25日　(来)：松本信広からパリの便り（フランスのフォクロールの傾向など）。

大正14（1925）年 3月 38歳

3月　『三田評論』331号に喜善の「老媼夜話」が掲載。

3月　「陸中遠野地方」（喜善）が、『なら』32号に掲載。

3月1日　「終日耕地整理の方の仕事をしてしまふ。」(出)：「**柳田先生**に手紙及び報告原稿、(来)：「岡村君から琉球の人形芝居一冊が送られて来た。」日285

3月4日　(来) 秋田雨雀に戯曲注文の手紙、**先生**から書物が2冊送られて来る。
3月6日　(来):「**先生**、中島、仏蘭西語研究者などから葉書来る。」[日285]
3月11日　(出):「**先生**、本山桂川……岡村千秋に為替5円封入、葉書等出す。」[日285]
3月12日付　(秋田)雨雀発葉書 ↓ 喜善宛
「本は今明日中署名してお送りします。ほんとに御好意ありがとう。」
3月18日　(来):**先生**から「青年」3冊、本山桂川から例の薬についての葉書が来る。
3月19日　「**先生**へ雑誌の礼状、本山君に薬についての書面……出す。高田君の「なら」来る。余の報告も出ている。」[日287]
3月22日　(来):「秋田君から、「骸骨の舞踏」が来た。戯曲はやっぱりいい。」[日287]
3月31日　(来):「週刊朝日二月十五日号が来た。私の研究が掲載されてある号。」[日288]

大正14(1925)年4月　38歳

4月6日　「大岡山書店から「郷土会記録」が送られて来る。**先生**の編纂である。……**先生**に五戸の神隠しの報告を一つ送る。」[日289]
4月8日　「三田評論に余の老媼夜譚がのっていた。」[日289]（※『三田評論』332号）
4月9日　(出):**先生**に「神隠しの話」の資料4を送る。蘆谷重常に原稿と葉書出す。
4月19日　「余も幸に当選せり」[日290]　村会議員**三期目**。[誠144]
4月28日　村会改選初の村会あり。会計監査委員になる。

大正14(1925)年5月　38歳

5月　「神隠の例」が、『青年』10—5に掲載。
5月4日　「**先生**から「海南説話」が立派な本になって送られてくる。」[日292]
5月7日　(出):大岡山書店から「海南小記」が来る。**柳田先生**に書の礼状を出す。
5月8日　(来):エスペラント雑誌5月号。紫波郡昔話の巻の精書を仕上げた。
5月12日　早川孝太郎(池袋)より葉書 ↓ 佐々木喜善様宛書簡(土淵村)
「柳田先生とよもやまの話を致してをります内あなた様が雑誌「青年」の四、五月号がまだ手に入らぬとの事……大変汚れて居りますが別封送ります。」
5月20日　(出):中山太郎、小笠原謙吉、伊能嘉矩、岡村千秋等に書論及葉書を出す。
5月24日　(出):「**柳田先生**、早川孝太郎君、伊能先生……に郵便を出した。／**先生**への手紙には、中に油取りの話を二つばかり書いて入れた。」[日294]
5月26日　(来):東北評論の1月号来。伊能、中道の小論文あり、中道のもの面白い。

大正14(1925)年6月　38歳

6月　「神隠の例」が、『青年』10—6に掲載。
6月5日　耕地整理工事一期落成。(来):三田評論、グラフの臨時増刊など来る。
6月9日　「**柳田先生**に、福士君申し越しのこと、福士君に返事と共に出す。」[日295]
6月15日　「県庁と小笠原君へ手紙を出した。耕地整理の認可が今日も来ぬ。」[日296]
(来):高田十郎から「なら」34、35の両号送られる。
6月23日　「紫波郡昔話は完成したからこれから訂正する。」[日297]

大正14(1925)年7月　38歳

7月6日　(来):「岡村君に紫波郡昔話が来たといふ葉書。」[日298]
7月15日　午前、山万が来訪、喜善に村長に立ってくれるように懇談。考えてみるよう返答する。
◆15日　「奥冬夜譚」(喜善)が、『童話研究』4—4に掲載。
7月18～23日《遠野、花巻、黒沢尻、盛岡の病院へ》—腹水を取りに
◆18日　町の佐々木医者では取れず。花巻の平沢医者にいく。途中「民俗」、中山太郎から葉書。◆19日　平沢医者でも水が出ず。そこで黒沢尻の鈴木へ行く。◆20日　県庁へ行く。夜盛岡に住む鈴木重男へ初めて行く。◆22日　腹水をとる。(出):**柳田先生**に手紙を出す。◆23日　午後帰る。家着10時。
7月29日　(出):中山太郎に社会学雑誌のお願い。小笠原謙吉へ「童話研究」等出す。

大正14(1925)年8月　38歳

8月　北方文明研究会が設立される。柳田国男、中山太郎、金田一京助、折口信夫をはじめ、多数が参加。
8月3日　「紫波郡昔話集が大方完成。」[日301]　(来):中山太郎から通信があった。
8月5日　(出):高田十郎へ礼状。(来):「民俗」から葉書、中山太郎から雑誌2冊来る。
8月9日　「若し村長などになったら体の方が続かぬだらう。」[日302]
8月10日　「フランスの松本君から長い手紙が来た。なほ中山氏から東北研究会の趣意書他が来た。」「宮古文化大学宛に**柳田先生**手紙を出す。」[日302]
8月11日　村会で**村長に当選**。前職・安部亨太郎を破る。6代目村長(在職期間は、大正14年9月6日から4年)(cf.『土淵村村史』46・47頁には「京太郎」)
8月12～15日　長女若の容態が悪く花巻の星病院に入院する。喜善も一緒に泊ま

る。土淵村に不在中、村長不認可運動が起こる。

8月14日 **柳田発**一一八 柳田(宮古)より絵葉書 ↓ 佐々木喜善様(土淵村)

「一七日帰途小国から今一度遠野に入つてみようかとも思つています、たしかなことハ其日遠野の警察にきいて下さい」

8月15日 (出):「遠野へ着く。松田君へ行く。而して村に反対運動が起きてゐしことを聞く。／**柳田先生**に葉書を出す。」[日302]

8月17日 (来):**先生**他から手紙。 ◆20日 (来):**先生**より花巻の温泉から手紙。

8月22日 朝一番で花巻へ着き、若の病院を訪ふ。

8月23日 雨のため花巻に泊まる。(出):「**柳田先生**に手紙を出す。」[日303]

8月24日 3時半に立ち村へ帰る。(来):通信5通ばかり来ている。

8月27日 (来):盛岡銀行の太田孝太郎より、南部叢書のことで懇切なる手紙を受く。

太田著「盛岡案内記」が送られて来る。中山太郎より社会学雑誌を受く。

8月29日 **紫波郡昔話**の原稿が完成した。(出):関壮二、小笠原謙吉、中山太郎、太田孝太郎へ「盛岡案内記」の礼状を出す。

8月30日 「紫波郡昔話」を小包で先生に送る。(来):**柳田先生**、松田亀太郎から。

8月31日 (出):関壮二に手紙(**柳田先生**からの名刺を入れ)を出す。

大正14(1925)年9月 38歳

9月5日 **柳田発**一一九 柳田より絵葉書 ↓ 佐々木喜善様(土淵村)

「紫波郡昔話の稿たしかに落手、口碑の部は続篇をなす覚悟で先づ此分を出版の仕度を致候に付序文を半月位のうちにお遣し被下候」

9月6日 11時の汽車で立つ。「夜十時頃帰へると村の人達が家に来て待つてゐたが、向かひの家へ行つてゐたと云ふので行つて会つて十二時頃別れた。」[日305]

9月7日 組合の総会(耕地整理第1回総会を開いた)。(来):**先生**から葉書来る。

9月12日 (出):「関壮二と**柳田先生**へ断状を出す。」[日306]

9月13日 **柳田発**一二〇 柳田(牛込区)より封書 ↓ 佐々木喜善様(土淵)

「紫波郡昔話を全部見て本日活版所へ渡す……江刺郡昔話よりまとまりよく、かつ、半分ほどはほとんど蒐集の模範ともいえる完全なもの……会話を土地の詞にせられしは非常にうれしいこと……「何々である」という演説口調がまじりをり気になつてたまらず……其様な干渉はあまりに越権のやうなれとも……」

(欄外)「決して気のまゝの沙汰に非ず **実ハ多忙中非常に迷惑な仕事に候**」

9月16日 (来):「**柳田先生**から紫波郡昔話について其他」[日306]

9月18日 花巻は朝から雨で、終日病院にいる。紫波郡昔話などを書く。

9月20日 盛岡泊。 ◆21日 関壮二を訪ねる。帰りに太田孝太郎を訪う。

9月22日 今日、『**紫波郡昔話**』の原稿が全部済む。若が入院している花巻星病院で「序」を書いた。6時の汽車で立ち、12時頃家に帰る。

9月26日 「役場の小使いが村長認可が来たから郡役所へ印をもつて来いと言つて来たと言ふ。」[日307] (出):**柳田先生**に通信を出す。

◆26日 **柳田発**一二一 柳田(牛込)より封書 ↓ 佐々木喜善様(花巻町星病院)

「御難儀御察し申候「民族」の準備にて夜もおそく迄働きをり候 紫波郡昔話ハ愉快な著作として永く残り可申うれしく候」[た486]

9月28日 郡役所へ行き**村長指令**を受け取る。誓書を書かせられる。(出):太田孝太郎から「清悦物語」来る。フランスの松本信広手紙あり。

9月29日 初めて役場へ行き、吏員に挨拶する。花巻へ行こうと旅行申請を出す。

【9月30日 遠野町の伊能嘉矩が病死。】

大正14(1925)年10月 39歳

10月 「仙人峠の不思議」が、『中学世界』10月号に掲載。

10月1日 花巻へ行く。若とてもよい。新聞で伊能先生の死去を知り大いに驚く。

10月3日 花巻を立つ。遠野で家を探し、瑞応院門前へ引越すことにする。

10月4日 **《遠野の町場に滞在》**—いろいろ用事を足すため

10月5日 「役場に行く。やつと落着いたやうな気がした。」[日308] (来):中山太郎から四郎神について資料を得た。

10月7日 若竹に夜集まり、第一の宣戦布告の内相談をした。愉快な集まりになる。

10月9日 「若を退院させ家に帰る。」[グ89]

10月10日 役場へ行く。(来):小沢愛圀から三田評論の原稿のことで手紙来る。

10月11日 **《県庁出頭》**盛岡本町の旅館に泊まる。 ◆12日 朝、県庁に出頭し、土木課長に会う。耕地整理課へ行き、話大いによし。 ◆13日 帰村の途次、江刺郡の黒石へ電気の視察へ行く。

10月14日 「一人正法寺を見に行く。…… 花巻に立ち寄り六時半に遠野へ着く。」[日308]

10月16日 土淵村外三ヶ村組合道路の相談のため役場に召集する。

10月23日　四ヶ村組合道路の協議会を開く。県への報告の相談をする。
10月24日　附馬牛村長、松崎村長、荒川祐助と県庁へ行き、土木課の話を聞く。
10月28日　「役場に出庁、土木課長から電報あり、明日出県せねばならず早くかへる。」日309　夜は耕地整理組合の協議会で正一宅に集まる。
10月29日　県庁へ行く。話は先日の通りである。
10月30日　「三時頃に遠野に着く。而して郡役所の協議会へ出席す。」日310
10月31日　宝物館の式に出席。のち宴会に出る。(来):太田、小笠原他。

大正14（1925）年　11月　39歳

11月1日　「鮭を食はぬ家」が、『民族』1―1に掲載。
◆　1日　(来):太田孝太郎から校訂本3冊、二郡見聞書2冊、和賀稗貫奇談等来る。
11月5日　「早川孝太郎から「老媼夜譚」の出版のことで葉書」日310
11月9日　役場で小国の島津に会い、彼の村の口碑伝説を聞く。
11月11日　(来):上閉伊郡の産馬組合から区長の件と佐々木勇からと通信あり。
◆　11日　早川孝太郎（池袋）より封書 ↓ 佐々木喜善様宛（土淵村）
「老媼夜譚は……又写真を入れます事は至極結構かと存じます。……紫波郡昔話も今日あたり出来るかと岡村様も言って居られました。」
11月12日　(来):本山桂川から「与那国図誌」が来る。明日の議案作製に忙しい。
11月14日　(来):早川孝太郎から「羽後飛鳥図誌」と手紙、新里拓他通信あり。今日も会議は遂にまとまらない。
11月16日　(来):「**柳田先生**、近代社より葉書が来る。」日311
11月18日　「役場に行く。……朝長畑君が来て電気の話をする。夜集まることにして行く。」日311　(出):関壮二、小沢愛圀、**先生**、早川孝太郎氏らへ通信。
11月20日　山万が来て話す。終日手紙書き。(来):岡村千秋から葉書が来る。(出):**先生**、小沢愛圀、関壮二に百合を送る。
11月21日　今日も末次、荒川、山万などで組合の話しあい。(出):**先生**、関壮二、小沢愛圀、岡村千秋、松田亀太郎等に手紙を出す。岡村千秋に写真用を出す。
11月22日　(来):「太田孝太郎、耕地整理の用件の葉書など来る。すぐに田尻正一郎へ耕地整理の用件を通知依頼する。」日312
11月24日　腰痛で役場休み。**柳田先生**から話のあった橋浦（口碑の研究調査）が来る。

大正14（1925）年　12月　39歳

12月24日　午後、武田来訪（助役になってよい）。明日にも村会を召集する。
12月28日　助役推薦村会がある。村会は議長問題などで大混乱の様子である。
12月29日　「長畑来て話し、山万来る。退職を思い止まれといふ。午後組合の評議員会あり不寄りで、流会となる。」日312

大正15・昭和元（1926）年　満40歳

大正15（1926）年　1月　39歳

1月　「老媼夜話（続稿）」が、『三田評論』341号に掲載。
1月2日　「朝耕地整理組合の負担金割当計上のため瀬川君、田尻君が来てゐた。」日313　松田亀来て、二郡見聞記校訂、其他口碑伝説の方いろいろ頼む。
1月7日　「午後荒川祐助が来て話す。役場へ入ることを。」日313
1月9日　「福士君がやって来る。…それから夜の四時まで話す。」日313
1月10日　福士幸次郎が10時20分発の汽車で立つので8時過ぎに出る。水野葉舟からも久しぶりに葉書。(来):早川孝太郎から手紙（「老媼夜譚」のこと）。
1月15日　「村会、助役推薦会なる故に行く。満場一致にて長畑君を認定してくれる。」日314　(来):本山桂川から書物出版のことで書面がくる。
◆　15日　「伊能先生記念郷土学会」が設立される。**柳田先生**が顧問に推戴される。
1月17日　「郡長に寄り長畑君のこと其他をたのむ。」日314　盛岡へ行く。
1月18日～4月17日　**《病気治療のため仙台滞在》**
1月18日　盛岡病院に行くが竹内博士不在で、仙台まで行き芭蕉庵に泊まる。
1月20日　本櫓町の井上日徳医師へ行く。井上という医者の話は大いによい。
1月21日　朝、横山病院に行き診察。仙台の松田へ行き当分下宿することにする。
1月23日　(出):「**柳田先生**、岡村千秋、小笠原謙吉……に手紙を出す。」日315
1月30日　**『紫波郡昔話』**（115話）が、郷土研究社の炉端叢書第31として刊行される。紫波郡煙山村の小笠原謙吉の資料に全面的に依拠して成立したもので、資料提供は、大正3年10月から同13年8月までの約10年間に亘る労作である。
1月31日　医者に行き丸善に寄る。(来):中山太郎から葉書に見舞いの講談本4冊来る。「朝岡村君と**柳田先生**から「紫波郡昔話」が来た。」日315　(出):松田亀太郎に紫波郡昔話を、小笠原謙吉に葉書をおくる。

大正15（1926）年　2月　39歳

2月　**柳田**が吉衛門会という昔話研究の会を発足させる。『紫波郡昔話』刊行の半月後、**柳田**は、次第に昔話研究の表舞台に立って論じ始めるようになる。次第に、研究の主導権は柳田に移り、二人の関係性は悪化していく。

2月1日　(来)：「本山桂川君から東奥異聞のことについて」[日316]　(出)：**柳田先生**、中山太郎、本山、岡村千秋らに葉書他を出す。

2月2日　(来)：**柳田先生**から状来る。俚謡5つを書いた。(出)：原稿を出す。

2月3日　(来)：胆沢郡昔話の資料が、妻タマ（同郡金ヶ崎村生まれ）から届く。

2月4日　(来)：「中山さんから手紙。……岡村君から紫波郡昔話の小包が二つ来た。(出)：本山に3篇（ひよつとこ、飛んだ神の話、ばんじばん三郎の話）を出す。小笠原謙吉君から葉書あり」[日316]

2月5日　「朝から『紫波郡昔話』を郵送するために包む。中道等、太田孝太郎、小笠原君（九冊）、鈴木重男、松田亀太郎、本山君、早川君、中山さん、ネフスキー、本山桂川氏」に出す。[日316]　(来)：小笠原、本山、中山から葉書来る。

2月6日　(来)：「松田君から二郡見聞書校訂原稿が来たから直ぐに太田君の方へ送る。中山太郎氏から薬草が来た。／**柳田先生**に原稿。」〔夢〕「昨夜**柳田先生**に手拭いを被って応対してひどく怒られた。」[日316]

2月7日　小笠原謙吉から紫波郡誌くる。(出)：小笠原謙吉、中山太郎に礼状。蘆谷蘆村に書と葉書。本山にを原稿（赤子抱きの話等）と手紙を出す。

2月10日　(来)：本山から書誌……宮本君から手紙と写真。」[日316]

◆10日　4男喜広出生。

2月11日　(出)：「水野葉君に書物と葉書、中道等君に、本山君に各葉書。」「中道君から**喜田貞吉《きたさだきち》博士**が私に会いたいと云つて来たのでその返事。」[日31]

2月12日　(来)：本山桂川、鈴木重男、松田亀太郎から葉書と民謡の原稿などが来る。

2月13日　(来)：**柳田先生**、中山太郎から雑誌「月曜」（ザシキ童のはなしが載る）[※]　(出)：民謡は早速**柳田先生**に送った。　(出)：中山太郎にお礼状を出す。など送られる。」[日317]

※『月曜』（大正15年2月）に、宮沢賢治の「ざしき童子《ぼっこ》のはなし」が掲載。

◆13日　早川孝太郎（池袋）より封書 ↓ 佐々木喜善様宛（仙台市本櫓町）「今まで出ました叢書の中で最も柳田先生の趣旨に叶つたものとして、何処に出しても恥かしくないものと思います。」（※ 文から喜善が病気静養中と分かる。）

2月14日　(来)：「田尻君から葉書、早川君から手紙、**柳田先生**から絵葉書」[日317]

2月16日　(出)：「斎藤昌三氏、小沢愛圀氏へ紫波郡昔話と葉書とを出した。野尻正英君にも出す。」[日317]　(来)：小笠原謙吉、中道等から通信がくる。

2月18日　(来)：長畑から手紙が来た。予算案などのことを細々かいてよこす。

2月22日　(来)：小笠原謙吉から手紙が来る。(出)：長畑らに雑誌を出す。「小笠原に葉書を訂正して貰う。紫波郡昔話を出す。正誤表を作るため」[日318]

2月24日　(来)：「本山君から南方閑話が来る。ひどくいゝ本である。…森口君の「黄金の馬」が来ている。」(出)：「本山君へ手紙を出す。」[日318]

大正15（1926）年3月　39歳

3月1日　大学の山川内科で診て貰う。自動車で見物して回り、体を損ねてしまう。

◆1日　『紫波郡昔話』を10冊小笠原に届ける。その1冊に喜善の自筆で、
「小笠原御文庫に献呈す。誤植誤字だらけで真にあなたに御申訳御座いません。いかにして御わび申上げてよいか分かりません。涙が流れまして御座います
大正十五年三月一日　　佐々木喜善」

3月3日　「井上医院に行つて見て貰つた。腹膜はナヲルが腎臓は根治六ヶ敷いと云ふ。／斎藤昌三氏から葉書来る。」[日318]

3月5日　(来)：山万、小笠原謙吉、松田亀太郎から葉書を貰う。(出)：今淵小三郎、山万、松田らに葉書出す。

3月6日　(出)：「農民童話の蒐集を本山君に出す。（胆沢郡昔話資料である）」[日319]

3月10日　(来)：民俗、東北評論、愛書趣味、学鐙など家から廻送されて来る。

3月13日　医者に行き良いと言われる。(来)：三田評論、なら、本山桂川等くる。

3月15日　(出)：「本山桂川に本の数と仕事について手紙を出す。」[日319]　鈴木重男、小沢愛圀へ三田評論1冊申込む。(来)：高田十郎より葉書あり。

3月16日　(出)：**柳田先生**に手紙を書く。「遠野雑信」の1回分（30枚）を書き送る。

3月18日　[**柳田発**]　一二一　柳田より絵葉書 ↓ 佐々木喜善様（仙台本櫓町松田方）
「御手紙及原稿拝読おもしろき材料多く候……又気のむひた折に書いて御遣わしなさるべく……小笠原謙吉の正誤表を至急よこしてほしい」

3月19日　医者は（病気が）かたまる兆候があると言う。(来)：太田から「十和田譚」とダンブリ長者各1冊くる。**柳田先生**からも葉書来て遠野雑信を褒めている。

3月20日　**『東奥異聞』**（13章）編集本山桂川。坂本書店出版部発刊。「閑話

叢書」の第2冊目。喜善の残した唯一の昔話研究の理論書といえる。単なる昔話の蒐集家（報告者）から、民話の研究者になった書とも言える。

3月21日　(来):「本山君と小笠原君から葉書来る。東奥異聞が出来上がりて十冊送出したといふ。」日320

3月24日　(来):やっと本山から本10冊がくる。他中山太郎の1冊。

3月27日　(出):「**先生**と太田孝太郎君に通信を出した。」日321

大正15（1926）年4月　39歳

4月6日　(来):「岡村君から「老媼夜譚」の出版のことで書面が来た。それから「江刺昔話」が再版になるから誤植を訂正してくれと云うて来た。」日322

4月9日　江刺郡昔話の校正に一日かかる。(来):北川真澄、斎藤昌三より状来。」日322

4月13日　(来):岡村千秋、本山桂川から手紙。(出):岡村千秋、本山桂川に返事。

4月16日　仙台発、花巻着。久しぶりに若と会う。星医者に行って診て貰う。

4月17日　星医者で若を診て貰う。喜善も診て貰うと大分悪いといわれる。

4月26日　(出):太田孝太郎、小笠原謙吉、本山桂川らに手紙。朝日新聞の松村武雄博士の批評文で東奥異聞を称賛している。(来):閑話叢書二冊、本山他来る。

◆26日　当時、小田原に住む北川真澄宛の「至急々々」と記した手紙。

「いまだにお帰り無之ニ付ては到底役場の方は猶予出来ずに廿八九日頃書記を任命いたすべきにつき何卒あしからず御承引被下候……。小生も村長などということ真平いやになりしゆへ近日辞職いたすべく候……」

4月27日　(出):**柳田先生**、中山太郎、岡村千秋、早川孝太郎、小笠原謙吉に出す。

4月28日　「北川真澄に書記任命せし旨通知する。／午前、長畑君来り、明日の村会の相談をして行く。」日323

大正15（1926）年5月　39歳

5月　「農民童話の聚集」「陸中胆沢郡昔話」が、『人文』1―1に掲載。

5月1日　「鷦鷯《しょうりょう》と鷹の話」が、『民族』1―4に掲載。

5月2日　遠野の開町三百年祭が催される。「土淵村長の喜善も招かれたが、喜善は欠席した。……（この頃）喜善は月に二、三度役場に顔を出すだけで、助役が喜善の家に来て打合せをした。」山220　◆5日　(来):**柳田先生**らから通信あり。

5月7日　(来):「**柳田先生**からキチョム話の印刷物が来状。」日324

5月11日　(来):早川孝太郎、斎藤昌三から葉書あり。伊能先生の遠野史叢を頂く。

5月12日　夜長畑来て村政の相談。(来):「岡村千秋から炉辺叢書新刊来る。三田評論五号来る。」日325

5月14日　山万、平次郎が来て、夜の4時まで話される。主に村長留任のことで。

5月15日　「午後から評議員会があつて寄る。大部波瀾があるやうである。私に対する不平などもあるやうだけれども私はふれぬ。夜は早く寝る。」日325

5月17日　基本財産に諸利子を記入する。(来):野尻抱影から手紙（著書の批評）。

5月20日　明日の会に向け買い物を田尻に見立て貰うよう買いに行ってもらう。

5月21日　「村長就任披露会をやる。午後7時頃解散す。」日325

(出):**先生**、岡村千秋、沢田四郎作らに出状、太田孝太郎に写本5冊返戻す。

5月22日　耕地整理組合の評議員呼ぶ。夜にかかる。12時頃までいた。

5月25日　「長畑君村会の打合せ、田尻君は組合のこと。」(来):「北川真澄から又金のことで手紙来る。」日326

5月30日　(来):「松田亀太郎君から来状。其他北川真澄から葉書と電報あり。……耕地整理の反別計算をする。」日326

5月31日　履歴書のことにつき役場へ行く。（50円、5月分報酬受取る）

大正15（1926）年6月　39歳

6月1日　耕地整理のことで多勢人が来る。北川は家に帰ったと聞く。

6月2日　(来):小笠原謙吉から葉書来る。(出):北川に挨拶の手紙をやる。農会の件で**安部亨太郎**から宣戦をされる。6月3日　朝、北川真澄の来訪に、常に優位の立場で話しうる。役場に行って、受付のことで長畑から注意された。(来):**先生**から民族の切り抜き（喜善のミソサザイのことを書いた文）、本山桂川から雑誌を出すという通知がくる。

6月9日　山万が来て、北川に来て貰い三人で協議（電気問題）する。

6月12日　北川来談の処に組合幹部連中来て、終日暮らす。(来):「南部随筆」来る。喜善のこと二、三出ている。「ことに山女のニムフと云う小説につき創見争いをしているところなど、**先生**の面目出ておもしろし。」日327

6月18日　(出):「今日からやっと老媼夜譚の原稿を書き始める。」日328　南方随筆の中山太郎の文章について、南方、**柳田氏**らより異議有りし由。

6月22日　「何しろ水不足で騒ぎである。」日328　(来):中山太郎から先日の返事、小笠原謙吉から葉書、本山桂川から「土俗叢話」来る。

6月24日　午前、下部落旧田所有者60、70人に家に集合される。安良衛の処で水を等分することにした。夜、北川のことで長畑のところに行って来る。

6月25日　「戸数割賦課税のことで役場へ行く。」日329

◆6月25日　**『江刺郡昔話』再版**。炉辺叢書、郷土研究社から再刊。伊能嘉矩遺稿集『遠野方言誌』に合わせた再刊と見られる。

6月29日　県税戸数割賦課の村会で役場へ。(来):本山桂川から親しい手紙あり。

大正15（1926）年7月　39歳

7月　「老媼夜話」が、『三田評論』347号に掲載。

7月1日　今日から郡制廃止となる。

7月2日　北川真澄の問題で考える。鈴木校長に会う。(出):本山桂川に手紙を出す。(来):「民俗」7月号来る。「**柳田先生**今月末に来られる話などする。」日329

7月5日　「今日は真澄殿を役場に入れる日なのですぐなからず緊張して行つた。処が武田の処でいきなり大反対をうけた。……これで武田と開戦したわけである。／伊能先生の「遠野方言集」が来た。／**柳田先生**其他に手紙を出した。」日330

7月8日　(来):三田評論がきて、「老媼夜話」がでているのをみる。

7月10日　青年訓練所の開所式で式辞を述べる。(出):**金田一京助**に葉書を出す。

7月15日　「種子の成長と伝播」が、「伊能先生の略伝とその業績」に掲載。

7月20日　(来):「岡村千秋から北方文明研究会のことに就いて手紙が来る。」日330

7月21日　(出):折口信夫へ久しぶりで書状。(来):仙台の松田から葉書来る。

7月22日　(出):中山太郎、水野葉舟、小笠原謙吉等に通信。(来):金田一京助から葉書。

7月25日　柳田発一二三　柳田(牛込)より封書↓佐々木喜善様（土淵村）「廿九日には遠野高善へ可参存居候　但しひまあり次第見物旁御近所へ参るべく候ニ付無理には御出かけ被成ぬやう願候也」

7月27日　イエツの民譚集を読んでひどく感心した。」日332　(来):小笠原謙吉から葉書、近代社から童話大系及び江刺昔話の再版ものが来る。

◆27日　柳田発一二四　柳田(牛込)より絵葉書↓佐々木喜善様（土淵村）「二十九日午後には遠野に着すべく自働車さへあれば見物かたぐ此方より御訪可申ニ付無理には御出かけなされぬやうねがひ候」

7月28日　(出):「明日**柳田先生**らが遠野へお出でになるので町へゆく。」日332

7月29日　伊能嘉矩一周忌に出席のため、柳田国男、金田一京助、松村瞭来遠する。**柳田**は遠野に到着して、高善旅館で松村、金田一と落ち合う。喜善は**柳田**らを迎えるために前日から遠野町に泊まる。

午前、**柳田**を迎えに行き新町で逢う。高善に着き、のち、伊能家を弔問する。更に、郷土館へ行き、鈴木吉十郎・重男親子の郷土史研究の熱意を評価した。

夜は梅園で晩餐会が催され、金田一京助と松村博士に初めて会う。帰り、また高善に寄り**先生**から遠野物語他の話があり、11時頃にお暇した。

7月30日　大慈寺での伊能嘉矩一周忌と講演会に出席。柳田は午後5時に遠野立つ。

7月31日　松村博士を見送る。金田一京助を引止め、巫女のオシラ下りをみて、伊能嘉矩の話を聞く。金田一にとても喜ばれた。午後1時に盛岡へ立つ。

大正15（1926）年8月　39歳

8月4日　「ネフスキー、太田孝太郎、附馬牛村長川上十蔵氏より先日の工事入札についての抗議が来る。」日332

8月5日　「**柳田先生**、金田一京助、川上十蔵氏に手紙出す。役場へいき、組合道路の入札の件につきひどく問題が起きてゐる。」日332

8月9日　(出):「県庁の一戸技手に、葛巻村長に道路組合の件につき、関壮二氏に江刺郡昔話の二版を送つた。」日333

8月11日　青年訓練所で午後エスペラントとは何ぞやと謂ふ話をする。

8月15日　「今日の新聞から**柳田先生**の「松島の狐」という論文がのりだす。」日333

8月18日　アイルランドの童話集などを読む。夜、北川真澄が電気の問題で来る。

8月23日　(来):石田収蔵、婦女新聞社、童話大系等から葉書。(出):「耕地整理追加予算書を県に提出す。……帰へりに学校で電気の事で寄合あり。」日334

8月24日　午後電気の株のことで寄合。不寄でいけなかった。(来):本山桂川から手紙、婦女新聞来る。「**柳田先生**の論文やっぱり面白い。」日334

8月26日　役場へゆく。(出):「耕地整理組合資金のことで盛岡銀行支店へ手紙出す。道路合決算のことを相談したく、末継に手紙を出す。」日334

8月27日　「午後岩手日日新聞某といふ記者が道路組合入札のことにて来る。いよ〳〵問題になるらしい。(来):蘆谷蘆村より葉書。」日335

8月30日「昨夜、末継、武田が横暴だと北川真澄から聞き不快でたまらない。㊍:久しぶりで松本信広から葉書が来る。」日335
8月31日 役場の途次、武田に様々いう。㊉:パリの松本信広に手紙を出す。

大正15（1926）年9月 39歳

9月1日「へら渡しの式」が、『民族』1―6に掲載。
9月3日「今年初の喜善が議長の道路組合決算会議があり、武田弘に手酷くやり込められた。面白くなし。」日335
9月5日 ㊉:「**柳田先生**と岡村千秋に手紙を出す。県から道又の事件で検査官が明日来ると通知あり。」「村長をしてゐることは余にとりては大笑ひなり。」日335
9月6日「県から庶務係来る。道又の件につき協議する。武田弘も辞職届を出す。けれども一度返す。耕地整理組合に、一千三百円盛銀から借りた。
9月8日 ㊉:金田一京助に出状。㊍:三田評論、変態心理の雑誌来る。
9月9日「耕地整理組合の決算評議員会があるので家に居ると、役場から使者が来る。／庶務財務の臨検に来た。㊍:岡村千秋、末継から葉書、㊉:岡村へ。」日336
9月12日 松田から帰村。役場に寄る。北川より武田が喜善の悪口を言う事を聞く。㊍:〔留守中の書画〕**柳田先生**など。◆13日 ㊉:**柳田先生**等に出す。
9月15日 午前、田尻らきて組合の会計の事をする。㊍:婦女新聞から**柳田先生**の和泉式部の論文来る。
9月16日「**柳田先生**の和泉式部の話を読む。暗示にとむ話なり。」日336
9月17日 役場へゆく。葛巻村長来訪し、道路組合のことでいろいろ相談する。道路組合の決算の時の御馳走の勘定をする。喜善の賞与から出してやる。
9月18日 ㊉:川上十蔵、岡村千秋等に通信する。鈴木重男に炉辺叢書4冊、松田にも遠野方言誌と筆写物依頼す。「
9月19日 整理組合の評議員会あり。今日から北川真澄を専任書記として頼む。
9月22日 12時頃小使が、道又来るので来るように言われる。今淵小三郎も来て一緒に下り、道又に会う。結局村会の意向を訊いて回答することにして別れた。
9月23日 ㊍:小笠原謙吉から碇草について返事。また藤原相之助（非想庵）より「ハバ」という地名について質問あり、そのことも小笠原謙吉の方へ依頼する。
9月24日「耕地整理組合の寄り合い、帳簿作製など夜までかかる。」日337
9月25日 村会、道又事件、決算。夜、電気のことで若竹に寄る。
9月27日 今日も耕地整理の決算のことで、北川、田尻、竹次郎、竹蔵等くる。
9月28日 田尻、竹次郎、竹蔵らが来て決算に携わる。県から長畑が帰る。
9月29日「北川真澄が来る。長畑が帰村して談判が悉く失敗したと言い怒り嘆いた。」日337 ㊉:**柳田先生**へ手紙を出す。

大正15（1926）年10月 40歳

10月2日「役場へ行く。……而して退職することに態度をきめる。」日338
10月3日 電気問題で山口分教場に寄合。電燈をつけることに協議する。
10月4日 山万、田尻、長畑等に来て貰い午前2時まで話す。妻に村長辞職の決意を告げる。いよいよ単独で退任すべきと決意する。
10月6日 役場へいき北川に雇用の辞令、長畑に戸籍主任の命を出す。
10月7日 ㊍:金田一京助から葉書。同日でアイヌ研究を読みおえる。
10月8日 ㊍:「荒川祐助から突然愚状が来る。」日338
10月9日 荒川の件で北川に相談。全て任せておけといわれる。武田にも話す。
10月11日 ㊉:金田一に「アイヌ研究」のお礼。本山桂川に久しぶりの挨拶。
10月13日 ㊍:「小笠原君から手紙、変態心理、いもづるなども来た。」日339 ㊉:大槌の道又に手紙、北川真澄から来翰、荒川祐助の用件などもある。
10月18日 神官になって見ようと妻に話し、そうすることに決める。
10月19日「役場へ行く。組合道路の出来形検査立会人に廿二日検査立合を通知する。（荒川と会見す。学校で、北川氏立会い）。」日339
10月21日「夕方、妻に村長辞職のことを話してやっと納得させる。」日340
10月22日 ㊉:助役に道又事件に関する村会を開くようにと手紙出す。
10月23日 ㊍:荒川の事で手紙が来る。道又徳弥に会い懸案について話をした。
10月25日 役場へ行く。**先生**の論文を見やうと、中央公論をとる。
10月31日 夜、菊池先生を訪ねて神職に関してよく話を聞いた。

大正15（1926）年11月 40歳

11月「七月七日の事」が、『民族』2―1に掲載。
11月2日 朝、山万を訪ねると、道又が来ていると聞き方々を訪ねる。
11月6日 朝役場へ。「明日の町村会議出席で花巻温泉へ行くべく遠野へ行く。」日341

11月9日「朝県庁へ行く。耕地整理課へ行つて用をたす。」日342
11月10日「九時半に立つて花巻に来る。そこで同汽車で来る長畑君にあふ。それから内容証明が行つてゐるといふ事を聞く。」日342 遠野に着いて山万を訪う。
11月12日 (出):内容証明にして荒川へ拒絶書を出す。(来):民族、三田評論他。
11月13日 北川真澄が村の不穏な空気について話す。「いやな気がするけれど大凡慣れてしまった。」日342
11月17日 風邪で酷く衰弱。(出):「沢田四郎作、**柳田先生**に手紙を書く。
11月18日「坂本書店から東奥異聞のことで、印税のことで桂川君の不徳をならして来た。」(出):**柳田先生**、沢田四郎作、本山桂川等に手紙。」日342
11月22日 昨夜、長畑が来て村政について話す。(来):岡村千秋から**柳田先生**の「山の人生」と早川の「鹿猪狸」とが送られて来る。
11月27日「三陸銀行から断り状が来た。**柳田先生**の「山の人生」が面白い。」日343
11月28日 **柳田先生**の「山の人生」を読みおわる。(来):九十銀行からも断り状。
11月29日 役場へ行くはずが田尻ら来て午後まで話す。田尻から話二つ聞いた。

大正15・昭和元（1926）年12月 40歳

12月1日 除隊兵が帰る日で役場へ行く。近日中に荒川祐助と会見することと思う。
12月2日 夜、長畑が来て武田の問題など話す。荒川の態度がこの頃酷く変わった。
12月7日 (出):「猪鹿狸」を早川孝太郎に出す。(来):三陸銀行から督促状がくる。
12月24日 (来):「改造」新年号きて、金田一京助の啄木に関する論文興味深い。
【12月25日 「大正天皇没し、「昭和」と改元される。】
12月29日「老媼夜譚の原稿など書いてみたりする。」日346

昭和2（1927）年 満41歳

昭和2（1927）年1月 40歳

1月2日「やっと「老媼夜譚」の原稿第2冊目を書き終わる。まだ1冊ある」日347
1月12日 (出):沢田四郎作君に長い手紙。「老媼夜譚の原稿十枚ばかり書いた。」日348
1月22日 (来):「ラレヴォオリンタは新装して来た。**柳田先生**の巻頭論文あり。」日349
1月24日 朝9時頃、すぐ家の上を飛行機が飛んで行き、皆大騒ぎをした。
1月31日 (来):「**柳田先生**から民俗と民謡についての論文がきてゐた。」日350

昭和2（1927）年2月 40歳

2月2日 (来):「岡村君から手紙。婦女新聞の**柳田先生**の和泉式部の話面白し。」日350
2月5日 (出):「**柳田先生**に先日の民謡の御礼、岡村君に葉書。」日350
2月14日 学務委員会、荒川祐助が喜善の不信任を唱え、村会に出すという。
2月22日《出県》盛岡へ。◆23日 町村長会議。◆24日 遠野着。松田に泊まる。

昭和2（1927）年3月 40歳

3月1日 (出):「**柳田先生**、岡村千秋君、小笠原謙吉君、松田亀太郎君に出状。」日352
3月6日「余の寿年祝ひをする。会する者八十余人を呼んだ。」日352
3月7日 妻の39の年祝い。鈴木校長の郷土館など全焼。夕方助役が辞職届持参。
3月11～13日《出県》◆11日 遠野発、盛岡泊。◆12日 県庁出頭。花巻泊。
3月13日 遠野着、役場に寄り長畑宅に寄る。(来):真山孝治（大連）より通信。
3月23日 更正予算作成のために役場へ行き、鈴木重男校長が来て削減する。
3月27日 (出):山万に明日の村会に関し出状。(来):長畑から辞職届に添書して来る。
3月30日「鈴木重男から県史編纂の方へ行くと知らされ、胸を打たれた。」日355

昭和2（1927）年4月 40歳

4月2日「大槌町の道又勇助が夕方来て会見、小作問題につき申込み」日355
4月5日 夜、道又勇助と会見のうえ、契約書を取り交わす。
4月18日 夜、不意に心臓が止って意識が朦朧となり不安を感じる。
4月20日 秀婆から昔話三つ聞く。「何れもかなりよい種である。」日356
4月22～6月11日《仙台滞在》若と、通院加療のため東北帝大病院へ。◆22日 自動車で遠野へ。仙台6時着。◆23日 休み。◆24日 岡村千秋に手紙。◆26日 村人達に葉書。◆28日 宿探しに散歩。◆29日 宿探し旁々藤原相之助を訪問す。◆30日 北三番町に下宿を見付け、午後移転する。

昭和2（1927）年5月 40歳

5月 「五月節句のスキー餅」が、『民族』2—4に掲載。
《続・仙台滞在》（4月22日～6月10日）
◆6日「「老媼夜譚」の序文を書く。」日356 (出):北川真澄、岡村千秋に出す。
◆8日 木村毅「農民の文学」に、喜善の著書から多くを引用している。

◆9日「岡村千秋より『遠野物語』について手紙が来る。」[日356]
◆10日 (来):北川から来状。難題の荒川祐助から内容証明入りの手紙くる。
◆13日 藤原相之助を訪う。荒川に出状するために、午前4時までかかる。
◆14日 朝、荒川に内容証明を出す。(来):松田亀太郎、北川真澄から来信。
◆21日 (出):若の協力で「老媼夜譚」の原稿を完成し、岡村千秋に出す。
◆22日 (出) 岡村に遠野物語の原稿のこと。松田、鈴木重男に遠野物語拾遺の資料について。◆23日 荒川に延期の件で内容証明郵便を出す。◆24日 遠野物語補原稿を書く。◆25日 若、遠野へ帰る。
◆26日 **喜田博士**が来る。(来):鈴木からカード6枚送られる。
◆27日 玩具屋（天江富弥の店）に立ち寄り、天江と三原良吉に知り合う。二人とも喜善の著書の読者だった。夜三原たちとの話で興奮して眠られなかった。
◆29日 (来):**柳田先生**、鈴木重男からカード。(出):**柳田**へ印刷物の返事。

5月29日 [柳田発] 一二五 柳田(牛込)より封書 ↓ 佐々木喜善様御返事（仙台市北三番町大山方）

「其後御病状如何に哉 今度は十分御静養所希に候 **遠野物語は前刊の形を保存しそれに新たなる自分の部分を追加する考に候** 故に残部の材料も一切早く御見せ給はり度 之によりて自分執筆の興味を刺激し度候」

5月30日 (来):**柳田先生**から農民史研究の一部とダイタ坊子の刷物が来る。(出):**柳田先生**に鉄道局の方のことを書いてやる。青狐第二の巻も送る。

昭和2（1927）年6月 40歳

《続・仙台滞在》（4月22日～6月10日）――通院加療のため

6月2日 夜、天江や三原、石川善助等にあう。(来):「**柳田先生**から蝸牛考が送られる。(出):**柳田先生**に蝸牛方言のことに就いて出信。」[日360]

6月6日 (出):柳田国男に遠野物語補の第2回の原稿68話分、前回47話と合わせて115話を送る。鈴木重男に拝借のカードを返却した。

6月7日 [柳田発] 一二六 柳田(牛込)より絵葉書 ↓ 佐々木喜善様（仙台市）

「二度目の原稿もたしかに御預り申候 近々旅行に持つて出で一日も早く整理いたすへく候……」

6月8日 朝、山崎万之助に突然訪問される。(来):「**柳田先生から葉書来る。訊き合わせの問題には少しもふれぬずるい人である。**」[日361]

6月11日《仙台から帰郷》 6時遠野着、自動車を頼む。(来):荒川祐助と裁判所から来ている。岡村千秋から本2冊来ている。

6月13日「武田と村会決議不履行問題で話合いするが、宣戦布告を受ける。」[日362]

6月16日 朝、耕地整理組合長辞職届を提出。(出):三原良吉、岡村千秋らに出状。

昭和2（1927）年7月 40歳

7月1日 北郷教育会の会合で、「指切と血染」の話をする。

7月3日 岡村千秋へ「老媼夜譚」の口絵用の辷石谷江の写真を出す。

7月6日「荒川対抗事件のために相墨氏を訪問し依頼す。」[日363]

7月31日 (出):「人類学雑誌6冊来た。**柳田先生**の蝸牛に関する論文」掲載。」[日366]

昭和2（1927）年8月 40歳

8月5日 午後3時頃大雨の中を低く飛行機が飛び去る（2回目の飛行）。

8月7日《出県》遠野発盛岡へ。夜、盛岡加賀野の鈴木重男宅を訪問する 役場は助役に就いた北川真澄に託す。◆8日 午前9時より町村長会議。

8月9日～27日**《神職講習会3週間》**――於盛岡。（大本教に帰依）**柳田**にも知らせた。◆9日 午前で町村長会議終了。午後から神職講習会に出席。◆10日 終日講習。(出):小笠原謙吉、鈴木重男に葉書。◆11日 講習。(出):長畑へ手紙。◆12日 役場に旅行届。◆13日 (来):小笠原謙吉から手紙。◆14日 (出):**柳田先生**に久しぶりの手紙。岡村千秋、本山桂川に葉書。◆17日 大坊直治からオシラ、山椒祖母様など有益な資料を聞く。◆18日 (来):本山桂川から手紙。**柳田先生**から雑誌の抜粋がくる。◆22日 報恩の辞を依頼される。◆24日 小笠原、岩手郡誌の原稿を持参。(来):**柳田先生**他から手紙が来る。

8月24日 [柳田発] 一二七 柳田(牛込区)より封書 ↓ 佐々木喜善様（盛岡市大澤川原玉盛館方）

「講習に御出かけが出来る程ならば結構のこと……此秋は講演集を一冊出すつもりに候……「小さき者の聲」明日より書斎を郊外砧村にうつし申候」

◆25日 初めて田中喜多美に会う。◆27日 講習を終え、代表で証書を貰い、**神職**の資格を得る。9時遠野に着き、松田に泊まる。

8月28日「佐々木喜善氏、宮沢賢治氏は健在なりや」と『日報』に載る。

昭和2（1927）年9月 40歳

9月1日 (来)：「ライオン歯磨から歯に関する原稿を書いてくれとの書状来る。」日369

9月12日 **柳田発** 一二八 柳田（新居・多摩郡砧村喜多見原）より封書 ↓ 佐々木喜善様（土淵村）

「昨夜ハ郊外の新居に岡村、折口、中山太郎、早川等の諸君集まり来りて月を賞し新刊の老媼夜譚を会読いたし候……**遠野物語はあまりつゞくも如何なれは半年位の後にまとめ可申**諸君に意見ありて完全に前書の体裁を保存し後篇も亦略順序を逐ひて配列することゝいたし候……」

9月14日 「**柳田先生**から「老媼夜譚」を読んだといふことなどの手紙があった。もう出版になりたりと見える。其他コクワ、アケビの苗をほしいといふて来た。」日370

9月15日 「柳田先生に昨日の返事出す。」日370

9月16日 (来)：老媼夜譚3冊（1冊特製、並2冊）くる。小笠原謙吉に1冊送る。

9月17日 佐々木勘助から収入役承諾書をとる。(来)：中山太郎から老媼夜譚のことで長い手紙が来る。(出)：岡村千秋へ老媼夜譚につき手紙を出す。

9月19日 ※**柳田発** 一二九 柳田（砧村）より絵葉書 ↓ 佐々木喜善様（土淵村）

「〇〇君は色々よくないことをしたので在京の仲間から見放されて居る人なるに何故そんな人と協同せられ候や」（(来)：9月21日来信）

9月20日 収入役（佐々木勘助）推薦の村会、難なく認定された。

◆20日 『老媼夜譚《ろうおうやたん》』（103話）第二叢書、郷土研究社から発刊。画期的な昔話集で、この書は喜善の仕事の頂点をなす一冊ともされ、昔話研究者の手本と評された。口絵写真の辷石《はねいし》谷江は、昔話の語り手を撮った日本初のもの。

9月21日 **柳田先生**から、本山君と協同するのがいけないと云ふ意味の葉書がくる。今日も役場へ行き、新収入役に呼出状を出す。」日371

9月29日 「耕地整理組合の決算書を県庁へ持参。」(出)：「本山桂川に原稿が出来ない旨を返事出した。**柳田先生**らの関係は別として。」日372

昭和2（1927）年 10月 41歳

10月2日 (来)：岡村千秋から来た荷物（老媼夜譚18冊）を持ってくる。

10月5日 「**柳田先生**の「民事些事」を読んでひどく考へさせられた。」日372

10月9日 「老媼夜譚を寄贈すべき人々に包装などして暮す。／山哉、愛囲、盈太郎、芦村、亀太郎、昌三、桂川、孤羊などの人達である。」日372

10月10日 (出)：老媼夜譚6冊、郵便局に出す。

10月18日 「役場は休む。…柳田先生に遠野物語補遺の原稿の一部を出す。」日373

10月21日 「役場へ行く。／中山太郎氏から中央史談が来る。…軍蔵にコカを山から採つて貰う。**柳田先生**へ送るべきものである。」日374

10月24日 (来)：**柳田先生**から「土の香」及び「小さき物の研究」等来る。

10月27日 「**柳田先生**に数年来約束のコウカの実と手紙を送る。」日374

10月29日 **柳田発** 一三〇 柳田（砧村）より封書 ↓ 佐々木喜善様御返（土淵村）

「コクワの実をけふ始めて味わつて見て再び乙寺の猿の物語をおもひ出しました……年内御上京が六かしくて残念です」

昭和2（1927）年 11月 41歳

11月2日 (来)：**柳田先生**、農工銀行から支払命令など来ている。

11月7日 中山太郎「民間稗田阿礼「老媼夜譚」を読む」が『帝国大学新聞』に掲載。集4

中山が大学新聞の批評で、過分なくらいほめている。

11月10日 (来)：中山太郎、小笠原四郎……**柳田先生**から鹿の耳の印刷等来ている。

11月11日 夜、武田、山万、長畑と共に村税問題を話す。その後初めて学校移転問題を提起し、皆に賛同を得る。(出)：吉田孤羊に手紙と老媼夜譚を出す。

11月13日 「夜はじめて**柳田先生**の一目小五郎の話を読む。」日376

11月18日 **柳田先生**の民族の論文ようやく読みおえる。

11月20日 (来)：「童話研究来る。老媼夜譚の批評がある。大凡よい」日377

11月22日 (来)：フランスの松本信広からゲネップの本が送られて来る。

11月27日 (出)：**柳田先生**へコカの根を鉄道便で出したので手紙を書く。

11月30日 上京の途中、志賀氏に紹介状を貰うため金ヶ崎泊。

昭和2（1927）年 12月 41歳

12月 松本芳夫「老媼夜譚（佐々木喜善著／郷土研究社発行）」が『史学』6―4に掲載。集4

12月1日～6日《上京―高田、川井間鉄道速成運動 及び柳田等訪問》

◆2日 午前上野着。鉄道大臣等訪問。◆3日 志賀訪問。◆4日 鉄道局訪問後、中山太郎を訪ね柳田国男を訪う。早川孝太郎と晩餐。**柳田**と中山に胡果を持参。◆5日 中山の案内で岡村千秋を訪問。夜水野葉舟と18年ぶりで会う。◆6日 山万と浅草見物。鉄道運動大いに有望。夜10時半上野発。◆7日 帰

郷。11時花巻着。5時50分遠野着。(来):**柳田先生**、中山太郎、蘆谷蘆村ら。

12月10日(十?)日 **柳田発** 一三一 佐々木喜善様（虫くい）**柳田**…絵葉書
「コクワノケビ本日無事到着　四たび迄御求め被下候よし殊にありがたく存候　今日ハ雨やみ候により明朝栽ゑしめ可申候…（虫くい）」

12月11日 (来):三田評論。(出):東京へ挨拶状。中山、**柳田先生**、水野、岡村、早川。

12月14日 (来):荒川事件多少本題に入った模様である。(出):金田一京助に出状。

12月16・19日 村会、協議会で初めて学校移転の問題に協賛を得、殆ど満場一致で調査会を開く。「然し世評は大に予期でせざるべからず。」日379

12月20日 (来):岡書店から広告雑誌新刊くる。喜善の老媼夜譚の広告も載ってゐる。**柳田先生**の文も初項に載る。

昭和3（1928）年　満42歳

昭和3（1928）年 1月　41歳

1月7日 役場に寄ると、昨日、助役に暴行を加えて来たという。首謀者は荒川ら。

1月9日 「役場行き、先日の村民暴行事件のことについて吏員にひどく小言を云ふ。……夜分教場に電気加入問題につき部落会あり」日382

1月13日 朝、田尻が来て、電気は物にならない様なことをいう。(来):三木露風等。

1月17日 学校統一問題反対で、村民約200名役場に押寄せ、喜善を罵り口撃する。

1月23日 童話研究に伝説の遊行と題し、老媼夜譚の中の文章のことを書く。

1月29日 (来):小沢愛圀から「史学」がくる。喜善の著書の批評が出てゐる。」日384

1月31日 福松の話で資料2、3聞く。(出):**柳田先生**に「遠野物語」の原稿を送る。

昭和3（1928）年 2月　41歳

2月2日 「役場行き、……余は**柳田先生**へ送るべき原稿を書き封ず。」日384

2月3日 相墨龍弁護士死亡。(出):**柳田先生**に原稿を出す。

2月4日 役場行き。(出):**柳田先生**、中山太郎には喜善の近状と神職のこと。

2月5日 「今日から千字宛原稿を書かうと思つて書き出した。……尠なくとも千字をかければよいと思ふ。」日385（後『聴耳草紙』として刊行。）

2月7日 学務委員会を招集。夜、学校統一問題は未解決のまま別れる。(出):金田一京助、水野葉舟に、主に神職のことで出状。（11枚書く）

2月9日 (来):三田評論来て、老媼夜譚の批評が載る。

2月10日 道路組合で時間がかかる。「今淵が山万、長畑、武田等として余を退職させる計画を立てているということを話す。……余は決して辞職などしないということを言明す。いゝ気味である。」日385

2月11日 **柳田発** 一三二 佐々木喜善様 ↑東京（虫くい）**柳田**…絵葉書
「静かに休養せられる折が無いのを御気の毒におもひます……神職の練習に東京に来る方がよいという意見ハ誤りです。」――（前文の行間）「今淵氏のこと……あの條の固有名詞を××にしたゞけでハ如何」「昔話に付てハ何といつても君の功労ハ大きい　やはり生まれてきてよかつたと考へなければいけません。」山235

2月12日 人類学教室に老媼夜譚を送ろうとして包む。（15枚）。

2月13日 荒川との弁論の日である。(来):「**柳田先生**から情のこもった手紙が来る。」日386 妻子に仙台移住の準備をしようと相談する。（11枚書く）

2月14日 選挙で無理に行く。松田亀太郎に弁論のことを訊く。(来):**柳田先生著**「雪国の春」、金田一京助から葉書。(出):天江富弥に老媼夜譚と手紙送る。

2月15日 昨夜からフランス語の勉強を始めとても疲れた。原稿書き（17枚書く）。

2月16日 役場休む。(来):本山桂川から「土俗研究」創刊号、相墨龍雄弁護士。農工銀行からも耕地整理の方へ催促状。（20枚書く）

2月17日 田尻来て話し、11時出かける。(来):水野葉舟、人類学教室来状。（狐と獺の話6枚半を、55分で書いた）。

2月18日 （5枚書く）◆19日 (来):天江富弥の「コケシ這子の話」という立派な著述が届く。◆20日 選挙済む。◆21日 (来):吉田孤羊から初めての手紙。（14枚半）◆22日 (出):本山桂川、天江富弥らへ出状。（5枚）。◆23日（6枚）。◆25日 (出):相墨龍雄弁護士に手紙を出す。

2月26日 役場で、歳入予算編成で徹宵する。「昔話の「ドンドハライ」という語の考察。昨夜、**柳田先生**の子供の眼を読みとても感心する。◆27日 5枚)。

昭和3（1928）年 3月　41歳

3月 「誕生及び命名」「カマコヤキ」（喜善）が、『民族』3―3に掲載。その付記に、**柳田**が「二十年前の遠野物語に増補する為に、此頃自分の手で整頓している材料の中から、試みに此数項を抄出し」グ38 15項目を載せている。◆2日（6枚）。

3月3日 真澄遊覧記を読むが、探している**柳田先生**の本とは違う。金田一京助が、朝日新聞の「新刊良書推奨」（3月2日）で、老媼夜譚を評して、「この上もな

く喜悦と驚嘆の中に読みました。」日388（12枚）◆4日（16枚）
3月5日 真澄遊覧記を読む。猿の聟を書きながら昔の人情に思いを馳せた。（21枚）
3月6日（5枚）◆12日（21枚）◆13日（13枚）◆14日（5枚）◆15日（7枚）
3月16日 (来):朝、相墨龍雄の手紙で、「事件が頗る有利になつたことを知る。」日389
3月17日 耕地整理組合定期総会で、田尻を組合長、喜善は副長になる。
3月18日（10枚かく）。◆19日（7枚）◆20日（5枚）。◆21日（14枚）。
◆22日（5枚）。◆23日 今日で昔話が70になる。（6枚半）。
3月24日 役場行き。(出):**柳田先生、**岡村千秋に出状。（5枚）
3月25日 (来):松崎村長、エスペラント語雑誌、**柳田先生**から民族の別刷。（16枚半）。
3月26日（28枚書く。今日までの分403枚）。◆27日（6枚）
3月28日 役場行き。宮本から話を2つ、田尻から1つ聞いた。(来):民俗芸術、童話研究。(出):**柳田先生**に原稿の誤字訂正の分を出す。（6枚半）。
3月29日（20枚書く）。◆30日（7枚書く）◆31日 原稿これまで442枚。
3月29〜30日 吉田孤羊『老媼夜譚』を読みて上・中・下」が『日報』に掲載。集4

昭和3（1928）年 4月 41歳

4月1日 今日で話数百になる。（30枚かく。）
4月2日 (来):吉田の「老媼夜譚」の批評を切り抜いて持ち帰る。◆3日 21枚
4月5日 相墨龍雄弁護士の所で話す。役場で話を1つきく。（21枚
4月7日（27枚）。◆8日（11枚半）。◆9日（10枚半）。◆10日（5枚）
4月13日 古舘要の「老媼夜譚」の批評が岩手毎日に載る。
4月15日 (来):人類学雑誌4月号が来る。新刊批評に**柳田先生**の「雪国の春」の記事がある。（11枚半）。
4月16日 宮本から蝋燭の火穂の中に青い芯のない時には火災あるということを色々な事例を引いてきく。**遠野物語補遺**に追加すべし。◆17日（15枚）。
4月19日 アサヒグラフに**柳田先生**の「オシラ遊び」の文章あり。（6枚書く）。
4月22日（10枚）。◆23日（10枚）。
4月26日 基本財産漸く帳簿と現金と合致。学校統一問題比較表を武田に頼む。
4月27日 裁判所から和解に関する呼出状が来る。(出):仙台の喜田博士から東北文化研究という雑誌を出すので何か書くようにとの手紙。（10枚）。
4月30日 (出):喜田博士、織田らに返事。（5枚、今月205枚、計647枚）。

昭和3（1928）年 5月 41歳

5月1日 「先日の村会のことから吏員を集めて注意する。(来):民俗芸術5月号、鈴木重男から葉書来る。東京日日に猿の童話に関する考証があつた。」日393
5月2日 (来):「民俗」来る。**柳田先生**の一寸法師に関する面白い論文が載る。
5月4日 (来):喜田博士、エスペラント語雑誌から来る。(出):日露協会内日本童児展覧会に「老媼夜譚」と手紙を出す。（6枚書く、古舘の序文7枚）。
5月5日（4枚昔話、1枚物語補遺）。◆6日（22枚半書く）。
5月8日 裁判所に行く。「荒川の計画的な言立が却而彼を哀れにさせる。」日394
5月13日 (出):本山桂川宛手紙。「遠野も変わりました。……鈴木の郷土館は火事で全焼けで、鈴木は教員を止め県庁に行きました」山237
5月20日〜22日《出県》◆20日 遠野小学校で郡の町村会議員会。午後の汽車で盛岡へ。◆21日 鈴木重男を訪問。旅と伝説5月号買うとキンチヨン噺あり。
5月22日 遠野着。明日は町村会総会で村千代旅館泊。**「やつぱり民俗学では我が柳田先生でなくてはならぬと沁み〱思つた。」**日395
5月24日 「朝帰村。武田の問題で夕方までゐる。……こちらは態度をきめたので動じない。」日396
5月30日 特別税戸数割の会議は、思いの外平穏である。明日の議題となる今淵小三郎の訴願に関する弁明書の作製のため12時までいる。日396

昭和3（1928）年 6月 41歳

6月 「陸中遠野地方の俗言」が、『民族』3―6に掲載。
6月4日 原稿（27枚）書く。(出):森口多里に「老媼夜譚」を出す。
6月9日 (出):「役場で永らく宿願の手紙を、**柳田先生ら**」日397 に書いた。
6月10日 (来):岡万常より愛書趣味。(出):**柳田先生**へ出状。
6月11日 (出):**柳田先生**に原稿を出す。（遠野物語補遺原稿十五枚かく）。」日397
6月14日（7枚天邪鬼、5枚半昔話）。
6月15日 (出):喜田博士、天江に出状。森口多里に「紫波郡昔話」と葉書、相墨龍雄に封書出す。
6月16日 (来):農工銀行、**柳田先生**から来状。**「先生からは散々な手紙が来た。今後先生への考へを改めねばならぬ。……先生も老い且あまりに神経衰弱である。……午後気分あしく話も出来ぬ程であつた。」**日398

6月20日 遠野町へ行き、山万、町長に会い鉄道の件を打ち合わせる。
6月23日 議員達が何やら画策している様相である。
6月24日 農林省の助成金千八百円が届き、すぐ持参し渡して皆んなで喜んだ。
6月25日 「学校問題の共閣にて、自分は阿部力太郎、留場長次、北川真澄の三書記を退職させるため、若し三人の首を切ることが出来なかったなら村長は責任をもってやめるべし。そのためであると云った」日398 と、山万と笑う。
6月28日 「県学務課では郷土読本の企て……**柳田先生**が指導のよし。」日399
6月29日 久しぶりに役場へ。午後、山万来談。夜、若竹で、武田、山万、助役、喜善と四人で相談。武田は申立書を取り戻すという。(出)：**柳田先生と**鈴木重男に出状。

昭和3（1928）年 7月 41歳

7月1日 「雨窓閑話」が、『天邪鬼』5号に掲載。（宮沢賢治との関連に触れる。）
7月1～3日《盛岡》 ◆1日 鉄道の件で武田と盛岡へ。◆2日 朝、熊谷代議士を訪う。武田と県庁で別れる。鈴木重男を訪ね、郷土読本の打合せ。◆3日 2時半遠野着。(来)：北原白秋、本山桂川、鈴木から来状。
7月7日 (出)：岡村千秋、小笠原謙吉（老媼夜譚の批評）、中道等、北原白秋、鈴木重男らへ。◆8日 （10枚書く、昔話の方）。
7月11日 「武田君より提出された異議の申立につき……役場としての態度をも決定協議せり。」日401 (来)：中道等から書面。(出)：小笠原謙吉、織田秀雄。
7月16日 (来)：三原良吉（河北新報学芸部長）から、ラジオで講演してくれるよう手紙が来る。伊藤稔二より葉書、旅と伝説2冊、農村教育2冊など来る。
7月18日 (来)：人類学雑誌4冊来る。「主婦の友八月号（**柳田先生**の化ものについての座談会）を取り寄せる。」日401
7月19日 「仙台のラジオ講演準備のため役場休む。……宮本君来て五時まで話す。……講演のことで三原君から葉書来る。」日402
7月26日 「県教育会長から郷土読本編纂委員に嘱託」。日402 講演原稿を書く。ダイダラボッチの方にも手を入れ、早池峯山の原稿も作成する。
7月28日 県庁へ行き、学務課の鈴木重男と話す。(出)：仙台の講演の方へも三原良吉あてに電報をうつ。今日の日付で今淵小三郎から村会議員辞任届が出される。
7月29日 「第一回郷土読本の総会に出席」日403
7月30日 花巻温泉に鉄道大臣の歓迎会で行く。余興であの辺りの田植踊りを見る。
7月31日 宮守経由で夜帰宅。(来)：吉田孤羊、三木露風から手紙、民俗芸術も来る。

昭和3（1928）年 8月 41歳

8月2日 「役場から戻る。午前北川真澄来談。(来)：**柳田先生**から「昔話解説」「ウツキ不朽」等の抜書が送られて来る。やはり先生はありがたい。」日403
8月3日 今淵小三郎を呼び、辞任届の受理を宣言した。(来)：旅と伝説に、めずらしく**柳田先生**の論文が載る。今月は**先生**のものを3篇拝読する。
8月6日 「役場行き、武田君また阿部孫四郎翁と二人で来り、戸数割の異議申立書を提出した。」日403 (来)：村上恭助から黒石正法寺について。
8月7日 「武田君へ異議申立書を協議の上返戻した。」日404 (来)：ライオン歯磨から俗言伝承第1集が来る。(出)：道又勇助に滞納督促の手紙を出す。
8月10日 出県事務打合せ、村会招集の関係上、午後3時で遠野へ帰る。
8月11日 朝7時に役場へ。村会で当局が不利ならば総辞職と決める。夜、山万、長畑ら来て遅くまで話す。(出)：講演の梗概を2回分原稿作り三原良吉に送る。
◆11日 宮沢賢治より書簡※（8月8日付）が届く。（※二人の初めての交流）
稗貫郡下根子 **宮沢賢治** → 上閉伊郡土淵村 佐々木喜善様 侍史
「旧稿ご入用の趣まことに光栄の至りです。……どうぞどうなりとお使ひください。……この機会を以てはじめて透明な尊敬を送りあげます」賢380
8月14日 (来)：**柳田先生**から宮崎道郎のことで葉書来る。(出)：「盛岡八幡の宮崎道郎氏にも手紙を出す。**柳田先生**の石神問答についてのことである。」日404
8月18日 講演の原稿を作りのため、武田弘に先日の条件を断る。(来)：午後助役から来状。三原良吉、川上十蔵、知事から来状。
8月19～23日《仙台でのラジオ放送のため滞在》
◆19日 仙台・芭蕉庵泊。◆20日 三原良吉を訪問。「東北の山と水の口碑」第1回目を放送。夜、刈田、石川等きて12時迄話す。◆21日 **柳田先生**のオシラ話など読む。◆22日 「東北の山と水の口碑」第2回目放送。夜三原、石川、放送局の篠崎勝治等と、土俗講座設置の相談。◆23日 藤原相之助の病気見舞。12時仙台発、6時花巻温泉泊。
8月20・22日 「東北の山と水の口碑」第1・2回目が、『河北新報』に掲載。
8月24日《帰郷》 夜遠野着。宮本に宿る。町は放送の話で一杯である。(出)：三原良吉、放送局の篠原勝治、及川五三郎らに放送のことで手紙を出す。

８月25日 (来):岡村千秋から（老媼夜譚の批評文）、森口多里、喜田博士から。
８月31日 「役場行き。選挙のうわさで持ちきる。」日406

昭和３（1928）年 ９月 41歳

９月１日 「オシラ神に就ての小報告」（喜善）が、『東北文化研究』（東北帝大法文学部内奥羽資料調査部編）１―１に掲載。研究を再開した喜善が発表の場にしたのが、歴史学者喜田貞吉を中心とした『東北文化研究』である。
９月３日 (来):旅と伝説９月号。**柳田先生**のがいい。中山、早川達も書いている。
◆３日 研究「陸中遠野地方俗信」（喜善）が、『民族』３―６に掲載。
９月４日 「喜田博士からオシラ神の手紙来る。仲々評判よいとのこと」日406 喜善を中心に斯学を広めたいという。(出):**柳田先生**に遠野物語の原稿４種書き送る。
９月５日 (出):「仙台の三原良吉に老媼夜譚、紫波郡昔話、八重山民謡集、南海説話を送る。喜田博士、天江富弥、岡村千秋に葉書を出す。」日406
９月９日 (出):吉田孤羊から頼まれていた原稿**「石川君の記臆《ママ》」**と手紙を出す。
９月10日 今淵（武田弘の師匠）が来て不信任案を出すという。(出):三原良吉等。
９月13日 加藤巡査、宮本、北川、田尻丸吉等から話を聴く。頗る有益な資料である。
９月14日 「昨日聞きし話を忘れぬ中に書きて**先生**に送らんと思ふて今日は役場を休みたり。話五つばかり書く。」日407 山万来りて話す。(出):篠崎、三原、出状、中道に手紙。
９月15日 「**先生**に送るべき原稿を三篇書く。」(出):**柳田先生**に原稿二通」日407
９月17日 今淵来て青笹村の話をする。また原稿を作り**先生**に出せる。(出):**先生**に葉書。農村文化教育研究に菊池儀三郎の麦に関する原稿と葉書等出す。
９月18日 (来):菊池福雄から手紙でオシラ神の報告。中道等から葉書２枚。人類学雑誌９月号来る。(出):**柳田先生**に原稿を出す。さらにオシラ神の続きを書く。
９月20日 (出):東北文化研究の原稿、オシラ神続篇48枚、喜田博士等に出状する。
９月21日 学校で時事問題につき話す。それで態度をきめようと思う。(来):朝日新聞、仙台放送局、**柳田先生**等から来信。
９月29日 菊池福雄が来る。(来):民俗芸術（折口の論文、中道の論文など）

昭和３（1928）年 10月 42歳

10月１日 小学校の創立五十年記念式で、追懐談をする。荒川祐助から戸数割賦課異議申立書が来ていた。
10月２日 (来):「菊池福雄から資料二十ばかり来る。(出):直ちに**柳田先生**に出す。」日409
10月３日 (来):旅と伝説、中道等、菊池福雄から。
10月３日 「二代目田村三代目田村を読む。三代目田村立鳥恒子姫の物語にて甚だ面白し。これにて立鳥恒子の譚も解けたる次第なり。」日409 (来):中道、菊池福雄等。
10月５日 「荒川祐助からの戸数割の異議申立決定の村会で夜になつても決定を見ず散会」日409 山万、長畑らと会合。武田弘の夢を全て暴露させると話し合う。
10月８日 荒川に村会決定書を交付した。(来):大西から葉書、読書趣味来る。
10月12日 午後から、「三ヶ村連合の長舌沢溜池測量の報告他協議事項が小学校であった。」「荒川から訴願書が提出された。」日410
10月15日 (出):「喜田博士に東北文化資料を送られる様にとの葉書を出す。」日410
10月17日 荒川提起の訴願経由の村会は、異論なく通過する。
10月20日 朝10時、自動車で早池峯神社へ行く。早池峯山神社の荘厳さに驚いた。(出):**柳田先生**にコクワを少々出す。日411
10月25日 (来):東北文化研究の山本枡蔵から、喜善の評判は上々であるという葉書。
10月26日 (来):**柳田先生**から葉書、コクワ全部潰れた由。(出):東北大の山本枡蔵に返事等を出す。**柳田先生**、鈴木重男に出す。日411

昭和３（1928）年 11月 42歳

11月１日 「オシラ神の家に憑きし由来とその動機（オシラ神に就いての小報告其の二）」が、『東北文化研究』１―３（東北帝大法文学部内奥羽資料調査部編）に掲載される。
11月３日 研究「山オコゼ」が、『民族』４―１に掲載。
11月４日 「**柳田先生**の石恩木考など読む。」日412
11月６日 宮守村長から大本教の新聞を借りて読む。惹かれるところがあった。
11月７日 郷土読本の原稿を書く。(出):鈴木重男、斎藤松次郎等に出状。

11月8日　郷土読本の原稿6篇終える。(出)：山本枡蔵、菊池盛一郎等に出状。

11月13日　(求)：宮守へ行く。「菊池氏の邸宅に行き、始めて自らの鎮魂の行事をして貰つた。十時半辞して宿へ」［日413］

11月15日　盛岡での町村長会議あり。夜、鈴木重男に会って郷土読本のことを話す。

11月17～20日《仙台行》　◆17日　桜井村長訪問。午後仙台へ。南町旅館泊。◆18日　三番丁大山へ。◆19日　一関泊。◆20日　3時半の軽便で花巻発、6時に遠野着。8時に帰宅。(来)：大西伍一、山本枡蔵、民俗研究等が来ている。

11月25日　「花巻の宮沢賢治氏に原稿のことで出状した。」［賢381］

11月27日　(出)：「東北文化研究にザシキワラシの四十一枚おくる。」［日414］　山本枡蔵氏にも手紙。石の挽臼の話を5、6枚書き出す。(来)：大西伍一から葉書。

11月30日　役場行き。「山本枡蔵氏から原稿受取の来状、旅と伝説に黄金の挽臼三十枚出す。荻原正徳といふ人にも葉書を出す。」［日414］

昭和3（1928）年　12月　42歳

12月1日　(来)：また荒川の訴訟事件で県から通達くる。(出)：菊池盛一郎らに出状。

12月5日　(来)：旅と伝説くる。(出)：「**柳田先生**に手紙と原稿。」［日415］

12月7日　「今淵小三郎来て金庫のことで不正な話をする。」［日415］　(出)：裁判資料として相墨龍雄弁護士に大正12年の日記と日記抄を書留小包で出す。

12月9日　(来)：三原良吉他に出状。「夜妻子に大本教の話を読んで聞かせる。」［日415］

12月12日　佐比内の菊池一雄を朝訪ね、2時頃まで話す。それから、菊池を連れて桑畑といふ大本の人に会う。話すゝみ遂其の家に泊つてしまつた。」［日416］

12月13日　朝9時、自動車で遠野に来る。盛岡銀行、町村自治講習会へ。相墨龍雄にも寄りその後の成り行きを聞く。

12月15～19日《盛岡へ》　◆15日　盛岡へ。夜、鈴木重男を訪ね「郷土読本」の原稿を渡す。(来)：橘正一から手紙。テテポツポの話が一つ面白いものがあり。雫似内旅館泊。◆16日　耕地協会の発会式出席。◆17日　県庁に行き陳情。雫石の田中喜多美を訪ね、共に佐々木旅館泊。(出)：菊池福雄、鈴木重男に葉書。◆18日　夜、花巻温泉泊。(来)：田中喜多美から「山の神」に関する原稿が来る。(出)：菊池福雄、伊藤稔二に葉書をだす。◆19日　2時遠野着。自動車で帰る。

12月22日　「菊池福雄君が夕方来てくれる。昔話の材料も三つばかり持参す。」［日416］　(来)：天江富弥、岡万常、大西伍一。

12月23日　朝から菊池一雄がオシラ神の写真その他吾が家等の写真をとる。

12月28日　「午前中村順に行つて債務の整理書替えをする。」(来)：「田中喜多美から「山ノ神」に関する原稿が来ていた。」［日417］

12月29日　午前中から武田弘が学校の設計書など持参し300円要求される。相談の上返事すると告げる。(来)：菊池一雄から手紙及び写真などが来る。

12月30日《盛岡へ》　役場の書類をもち日詰の富山へ行くが留守で、置き手紙を書く。夜、盛岡泊。岩波文庫のグリム童話集第1冊を買う。(来)：田中喜多美から葉書来る。(出)：天江富弥に返事。◆31日　盛岡発、夕6時に遠野着。

昭和4（1929）年　満43歳

昭和4（1929）年　1月　42歳

1月1日　「遠野郷土館のことなど」が、『農村教育研究』2―1に掲載。

◆1日　「黄金の挽臼」（喜善）が、『旅と伝説《ママ》』2―1に掲載。

◆1日　「長畑君と山万君とが来た。**始めて余の辞任のことを話した。**」［日417］

1月5～12日《仙台滞在》――家探し

◆5日　夕6時仙台着。南町の旅館泊。◆7日　天江に電話、夜来て話す。◆8日　藤原相之助を訪問方々貸家探し。大本の分所訪問。夜一力五郎に会えず名刺を貰う。◆9日　貸家探し。夕方大本本部へ。芭蕉庵泊。◆10日　家見付からず。◆11日　川内大工町、小野寺良平の貸家と契約（家賃20円）。◆12日　一力に手紙を出し帰る。午後3時の汽車。花巻温泉泊。(出)：藤原、三原良吉に出状。

1月13日　3時に遠野に着く。夜、家族に大本の神様の話をして感心させる。

1月15日　(出)：**柳田先生**へ紹介状（川上三郎）をかく。菊池盛一郎、仙台に2通。

1月16日　(来)：「体が大変わるくなつた様に思ふ。」(来)：「本山桂川君の雑誌が来た。ホタタキ棒考である。」「北川から出勤を促す手紙が来た。」［日419］

1月17日　久しぶりに役場へ。夜は電気問題の寄合があった。荒川との戸数割の訴願事件は村の勝ちということになった。
1月18日 (出)：「宮守の菊池氏に支部長断状を出した。」[日420]
1月19日 基本財産の帳簿打合せをするため夕方下る。宮本の家に泊る。
1月20日 「ザシキワラシの話」（喜善）が、『東北文化研究』1—5（東北帝大法文学部内奥羽資料調査部編）に掲載。
◆20日 盛岡銀行支店に行き預金を精査して貰う。宮本の家に連泊。隣りの菊池来て、人相の話、怪談、奇談を多く聞く。(来)：世界童話全集のグリム来る。
1月21日 朝、宮本と基本財産の調査。夕方北川真澄と共に帰り仙台の話、夜、長畑が来て、喜善の辞職のことなど種々話しあう。
1月22日 妻子に移転の話をする。夜初めて義母イチにも仙台移転の話をし、同行を承知する。(来)：村順から200円の書換落ちがあるという書面がくる。
1月23日 「**柳田先生**にだす原稿を書き出す。また聴耳草紙の原稿も十五枚ばかり書く。」[日420]
1月27日 (出)：**柳田先生**に原稿、菊池一雄に沓掛の窟の口碑に関し尋ねる。移転計画は周囲に知られている様子。朝、武田が来て学校設計図のことで話す。安部亭《ママ》太郎との組合の取引きをすます。山万とも会う。
1月29日 基本財産と種馬区の金の計算をする。神職のことを北川に頼む。
1月30日 「基本財産の整理をして夜やっと合致させる。これで完成」[日421]
1月31日 朝、母は仙台へ移転しないと言う。役場で山万と長畑に話し、承諾を得る。夜、母に再び話すが、頑なに同道しないと言い悲観する。

昭和4（1929）年 2月 42歳

2月1日 「夜、親類に来て貰い、仙台移転を話して頼む。明後日立つ。」[日421]
2月3日 夜2時、家を出る。町に着いても夜が明けず、12時までぐっすり寝た。
2月4日《仙台へ転居》 朝遠野発、夕方仙台川内大工町の借家に入る。
2月8日 (出)「今日東京方面や諸方に移転の通知を出す。……**柳田先生**には別に封書で出す。」(来)：「農村文化研究、旅と伝説など来る。」[日422]
2月12日 藤原相之助を訪ねると、すごく喜ばれる。(来)：北川から来状。大西伍一からも葉書。丸善にフランス語訳のグリムがあり買い求める。
2月16日 「元小路の大本支部に行き、新宅の幸栄を祈って貰う。喜田博士にも会っていろ〳〵話した。……三原君を訪問してラジオの放送など頼まれてきた。」[日423]
2月17日 「夜、役場から帰へれとの電報が来る。」[日423] (来)：童話資料、人類学雑誌、北川から手紙など来る。(出)：北川へ返事、岡村千秋。
2月19日 「責任を明かにし……退職届を同封し、事情を詳細に書いて助役に出した。……また大本に参詣すべく東京へ立つ為に七千円を引き出した。」[日423]
2月20～3月1日《**京都府亀岡・大本教本部へ修行**》
◆2月20日 朝、仙台発、夜11時半京都行き。◆21日 午後京都着、3時半亀岡着。◆22日 大本の天恩郷へ修業の申込み。◆23日 同じ旗手行。宮守の菊池盛一郎に葉書を出す。◆25日 寿賀丸に会う。◆27日 中村先生から、大本の真相をきく。◆28日 聖師様に御面会。

昭和4（1929）年 3月 42歳

◆3月1日 大神様を奉斎。朝綾部へ。ミロク殿に参詣し大神様を受ける。夕方京都へ、7時20分で東京へ向かう。
3月2日 東京に朝6時着。松本信広を訪ねたが留守。9時に仙台へ向かう。
3月3日 6時に仙台着。近くの大本支部を訪い大神様を一時あずけ家に帰った。
3月6日 (来)：「喜田博士から史談会にて講演のこと依頼状。」天江、菊池一雄から来状。(出)：島田忠夫に原稿（「産土神の話」14枚）と葉書を出す。」[日426]
3月7日 大神様を家に奉斎。此日を喜善の家の月次《なみ》祭とする。(出)：三原良吉、岡村千秋、天恩郷の中村先生。(来)：今日も今淵小三郎から葉書が来る。
3月9日 (来)：朝、岡村千秋から「山原の土俗」という炉辺叢書1冊。島田から「うぶすな」5冊来る。(出)：それを天江、三原、菊池一雄、田中喜多美に出す。明日の講演原稿が、**柳田先生**他の説を取り入れているがやはり自分の原稿である。
3月10日 仙台上杉山通り文化講座で「昔話の発生と伝播に就いて」を講演する。
3月12日 **柳田先生**の「都市と農村」を買った。朝日新聞が今日から来る。
3月13日 柳田の「都市と農村」を読み、「**益々先生の偉いことを痛感した。**」[日427]
3月14～4月19日《**遠野・土淵に滞在**》
◆14日 仙台発、3時、宮守の菊池盛一郎から大本教支部相談役許可書を受ける。8時半に遠野着、松田亀太郎へ。◆15日 終日松田と話す。◆16日 山万と会見。◆17日 大槌の道又と会見の必要起き、自動車で笛吹峠越え。談判は不調に終わるが、土淵に移転の件は話まとまる。◆18日 釜石の山本茗次郎を訪問。◆19日 遠野着4時。また松田へ行く。◆20日 朝、山万と村へ帰り、役場に寄るが助役不在。自宅まで行き、大槌の報告など話す。北川を村長に推薦することにする。帰宅し母喜ぶ。山万、助役、北川と4人で徹宵。◆24日　役場行き。帰りに長畑と相談の上、北川に寄り計画を話す。◆26日　役場行き。退職を吏員に話す。(来):旅と伝説社、仙台放送局。◆27日　役場行き。村長の辞表を受理させる。帰りは北川で夕飯。相墨龍雄から25日に弁論があった旨知らされる。◆31日　北川擁立不成功に終わる。夜、北川に行き報告し善後策を協議。山万、長畑、喜善、菊池永作、亀太郎ら。

※　大正14年、村長の喜善が発起人となった耕地整理組合は、岩手県農工銀行から借金していた。組合が返済困難に陥り、喜善は容易に辞められない状態になった。この借金は、村長で耕地整理組合長である喜善個人の負債とされた。

昭和4（1929）年 4月　42歳

［3月14〜］4月19日《続・遠野に滞在》

4月1日　村長選挙の村会が流会。(来):斎藤昌三「いもづる」来る。◆2日　長畑と山万が来て、竹次郎の立候補を促す。◆3日　竹次郎が受諾。◆4日　役場行き。事務引継。◆5日　村会で役場行き。村長選挙延期。(来):村順から当選礼状の葉書。(来):三田評論等。◆10日　仙台の放送局から写真を送るよう電報届く。◆11日　(出):**柳田先生**へ手紙出す。長畑で夕食をとり北川へ。◆18日　早く仙台へ帰り医者に診てもらう必要あり。◆19日　選挙の日。竹次郎を書く。

4月20日《仙台へ帰る》「朝の十時三十分で遠野発、六時に仙台着、…七時頃家に着く。」日431　(来):森口多里、岡村千秋、東北文化研究、旅と伝説他来ている。

4月22日　井上医師にいき、肋膜が悪いという。民俗芸術4月号を買い、**柳田先生**の論文を読む。昨夜「信達民譚集」1冊を読む。(出):森口多里、三原良吉、長畑平次郎、北川真澄、菊池源吾、宮本勢助へ。(来):長畑から来状。

4月25日　(出):三田評論の原稿と添状を、小沢愛圀に出す。三原良吉、天江富弥、藤原相之助先生らへ。(来):長畑、喜田博士から葉書くる。

4月26日　井上医師へ行く。篠崎勝治に逢う。(来):山万、前川、北川、菊池源吾らから通信あり。(出):萩原正徳、山本枡蔵等へ葉書。

昭和4（1929）年 5月　42歳

5月1日「夜原稿を書くべく……材料の関係で**柳田先生**の人形とオシラ神の論文を読み、多くの暗示と教えを受く。」日432

5月7日　篠崎勝治から放送講座（1週1回程度）を依頼される。

5月8日　俄に原稿を替え慌ただしい放送となる。夜雨の中をフランス語の講習に出る。(来):高橋勝利、木村修三、北川真澄等から来状。

5月8〜11日「オシラ神緒論（1〜6）」が『河北新報』に掲載。

5月9日　(来):刈田、三原等から通信に預かっていた巨人伝説の原稿が来る。

5月11日　7時25分から「オシラ神の話」を放送。終了後、三原良吉、刈田、篠崎勝治と東北土俗講座を設ける相談をし、7月初めから開講することにする。

5月12日　史誌出版社の人が来て、本の出版を依頼され引受ける。(来):中村純也、三田評論、中道等から葉書、(出):篠崎勝治へ土俗講座のことで出状。

5月13日　(来):山本岩次郎、本山桂川の雑誌来る。(出):松田へ手紙、中道等へ葉書。

5月15日　山万が来て村の話を一杯聞く。(来):フランス語、宮本から葉書来る。

5月18日「夜放送局に東北土俗講座相談会の案内があつて、三原、刈田、余と篠崎と四人で晩餐を共にする。」日434

5月20日　(来):高橋勝利から猥談集11冊来る。(出):織田秀雄、菊池一雄、松田亀太郎、三原良吉、天江富弥らに猥談集分配する。夕方刈田仁にも猥談集出す。

◆20日『JOHK講演集』（日本放送協会東北支部編）発行。仙台放送局放送開局（昭和3年6月）以降の講演集。喜善の「東北の山と水の口碑」が収載される。

5月22日　(出):『河北新報』にNHKの土俗講座について大々的に載って来る。

5月23日　(出):「**柳田先生**、中道等君へ放送のことで手紙を出す。」日435

5月27日　(来):「朝に仙台放送局から講演集が五冊届いた。／長畑へ手紙を出す。」日436

5月29日　(来):**柳田先生**から放送の断わりがきた。(出):**柳田先生**へすぐ返事を出す。

5月30日「神経衰弱の気味で仕事が少しも出来ぬのには閉口である。」(出):「北川真澄に講演集と手紙を出した／東北文化研究二の一号が来た。」日436

昭和4（1929）年 6月　42歳

6月1日　喜善の歓迎会（政岡屋楼上）に出席する。喜田博士、阿刀田、学院の教授、他26、27人で盛会であった。オシラ神の話で持ち切りであった。「思ふに、**名誉的には余は今は絶頂だかも知れぬ。なかなか光栄である。**今夜はオシラ神の話、余と喜田博士で持ちきつていた。」日436

◆　1日　土淵村々社倭文神社の社掌に就くが、無給に等しい。

6月2日　「喜田博士や山本枡蔵から依頼された原稿を書くためカードを整理した。」[日436] ㊊:三原良吉（仙台風物記の原稿）。山本に葉書。㊋:北川真澄から手紙。

6月3日　夕方刈田仁が来て雑誌発刊計画を言い出す。夜、三原ら4人で会合した。

6月5日　今夜はフランス語の日。㊊:オシラ神の原稿と山の神の原稿を、田中喜多美の原稿と一緒に山本枡蔵へ手渡した。㊋:史誌出版社、三田評論（6月号）。

6月6日　「妻は涙を流して家計のことを言ふのである。なぐさめ様もない。」[日437] ㊋:橘正一、菊池一雄、岡万常から手紙、新田貞雄、**柳田先生**から来る。

6月8日　㊊:山本枡蔵（東北文化研究の原稿）、菊池一雄へ葉書、篠崎勝治へ放送の件、北川真澄へ辞令の清書等。㊋:県庁から村社倭文神社社掌の辞令来る。

6月9日　㊋:「午前**柳田国男先生**から日本の伝説四冊来る。」[日437]

6月10日　㊋:山本枡蔵が写真師を伴いオシラサマの写真を撮っていく。コンセイサマも写して貰う。㊊:菊池一雄に土偶の写真の件で葉書を出す。

6月11日　今日も原稿14枚書く。（蓑が池の怪）

6月15日　篠崎勝治がきて放送についてとても親切な話がある。㊋:農村教育研究と地平書房から通信あり。㊊:**柳田先生**に本の礼状。

6月16日　夜、公会堂で新渡戸博士の講演をきき感心した。㊋:人類学雑誌。㊊:**柳田先生**、松本信広に手紙。篠崎勝治に土俗講座の梗概を出す。

6月17日　㊋:東北の旅から原稿のこと、菊池一雄から。㊊:愛書趣味6月号に**柳田先生**の論文がある。見たい所があり**先生**に手紙を出す。

6月18日　終日、童話研究へやる原稿（牛飼長者他1篇13枚半）を書く。

6月19日　夜、フランス語講座に行く。㊊:蘆谷重常に童話の原稿と葉書を出す。㊋:岡村千秋から老媼夜譚20冊来る。手紙をつけ添えて一力五郎へ呈上。

6月20日　刈田仁を訪問し老媼夜譚を送る。小倉に謹呈。㊋:岡万常から葉書、北川真澄から。㊊:篠崎勝治へ放送梗概7篇、岡村千秋、北川真澄等に出状。

6月21日　井上医師に行き、脚気といわれ注射を打つ。㊋:一力五郎、**柳田先生**、共に良い手紙で、感謝の外はない。

6月22日　脚気で両脚とも腫れる。㊋:蘆谷重常の原稿受取の葉書、「民俗学」発刊の趣意書、日本音声学協会雑誌などが来る。

6月23日　「余程病気快し。……二十五日の講演の原稿を書き出した。**柳田先生**からの着本を待つていては埒が明かぬからである。」[日439]

6月24日　「放送局の篠崎君から、第一回講座を二十六日にしたと云ふ使ひがあつた。」㊋:「岡村千秋君から**柳田先生**の「青年と学問」といふ本が送られて来る。北川真澄からも来状、[日439]

6月25日　㊊:**柳田先生**、岡村千秋に書物の御礼。

6月26日　山本枡蔵がきて、東北文化研究2号と写真を置いていく。喜田博士にカード14枚を貸す。夜、「東北土俗講座※」（7時25分～57分まで）が始まり、「講座の開講の辞」「屋内の神の話」を放送する。帰りにフランス語に寄ってきた。

※「東北土俗講座」は昭和5年1月まで続く。三原良吉と喜田博士の口利きで、仙台中央放送局長の篠崎勝治が喜善を起用してくれた。

6月27日　河北新報に喜善の文が出る。ラジオ新聞から掲載文をとり寄せ、スクラップブックに貼る。㊊:小倉博、鈴木重男に出信した。

6月27・28日　「農事手伝い神の話（1～4）」が掲載（『河北新報』）

6月28日　㊊:中道に返事。夜一力にも手紙と小説の梗概を出す。三原良吉、刈田仁に手紙を出す。㊋:「**柳田先生**から青年と学問が送られて来た」[日440]（既に見た書なので小包にする）。小倉博から手紙、中道等から放送の件で手紙。

◆28日　[柳田発]一三六「放送ハ少し気進まず候……ことわつた為に貴兄が非常に困らるゝなら致し方無此」[た492]

※「東北土俗講座」は**柳田**の参加があって意義ある放送となる。喜善は、疎遠になっていた柳田に依頼状を出し、不請ながらも柳田の返事をえる。

※[柳田発]一三六は「昭和八年」とあるが、内容からこの項とする。[鈴32]

6月29日　「終日**柳田先生**の論文を読む。㊊:**先生**へ「青年と学問」のお返しと手紙。㊋:山万から手紙が来る。」[日440]

6月30日　㊋:一力五郎（面談の上で）、鈴木重男、**柳田先生**から通信あり。

昭和4（1929）年7月　42歳

7月　研究「若崎の山」（喜善）が、『遖友』7に掲載。

7月　「聴耳草紙」が、『三田評論』385号に掲載。

【7月　「民俗学会が設立。雑誌『民俗学』が発刊される。『民族』に関係していた者ほぼ全てが『民俗学』に参加した。だが、柳田は参加しなかった。】

7月4日　朝から夜9時までかけ、原稿を仕上げる。「三十分の話すべきものを二日も三日もかかると云ふのははばかしい。」「初めての都会生活が便所臭くてどうもならん。」[日 440] (来):三田評論4冊来る。

7月5日　脚が痛み注射をして貰う。篠崎勝治が来て8、9日に家庭講座の講演をすることにする。妻は大層機嫌よい。

7月8日　「家庭と昔話」という講演（9時55分から）をNHKから放送。今日は局の佐藤吾一が「わざわざ挨拶に出て玄関まで見送ってくれた。」[日 441]

7月9日　「家庭と昔話」（終講）で放送局に行く。(出):「**柳田先生**、金田一氏、今の三氏に講演交渉のこと依頼する。」[日 441]

7月11日　「東北土俗講座」で、三原良吉の「網地島《あぢしま》の山猫」があり放送局へ行く。(来):高橋勝利の「栗山の話」など。(出):高橋へ老嫗夜譚及び葉書を出す。

7月12日　隣家に行き東京の連中の講演をきく。折口、金田一らの話。何れも面白かった。(出):梗概2つ篠崎勝治にやる。中道に葉書、本山桂川に長い手紙を出す。(来):中道から放送の件で葉書、鈴木重男と岡万常から葉書来る。

7月15日　原稿（600字18枚）を書く。夕方篠崎が来て、ラジオを持って来てくれた。(出):三田評論へ出す。小沢愛圀、松本信広、鈴木重男（葉書と老嫗夜譚）等。(来):中道等から葉書、本山桂川からいい手紙等くる。一力からも来る。

7月19日　講演原稿を作る。「九時半頃突然に**柳田先生**が来られる。駅へ行き話す。……九月中講演に来てくれるとの事、安心した。」[日 442]

7月20日　山万来て村の話を次々にする。「東北土俗講座」（午後7時20分から）では、「二老人の話」を放送する。(来):鈴木重男から葉書が来る。

7月21日　山万午前に立つ。夜、山本枡蔵と三原良吉訪問。(出):森口多里と金田一京助にラジオの事で出状。本山桂川、松本信広、中道等、菊輝、松亀等に手紙。(来):本山から原稿のこと、**柳田先生**からパンフレツトと岡山方言集とが来る。

7月22日　「グロテスクの原稿を書きかけて偶然に刈田君が来た。先日の余の放送をひどくほめて居た。」[日 442]　刈田に柳田先生のパンフレツトをやる。

7月24日　「原稿書く。夜はフランス語の講座に行く。今夜でこの講座は終りである。」[日 442]

7月26日　昨夜は徹夜で原稿50枚余書き、午前10時に出す。午前に北川伯父夫婦が来て終日話した。(出):斎藤昌三、本山桂川に封書。(来):高橋勝利から葉書。

7月31日　中道等が「東北土俗講座」で、「南部恐山の話」を放送する。喜田貞吉も来る。(来):旅と伝説8月号が来る。

昭和4（1929）年 8月　42歳

8月7日　「篠崎氏から使者が来て講演の梗概を書いてやる。ラジオ新聞の福田も来る。」(来):「民俗芸術八月号、松亀君から、篠崎君から来信。」[日 444]

8月8日　講演の原稿（17枚余）できる。三原良吉が学芸欄の原稿の件で来る。**柳田先生**の雪国の春と海南小記とをもつて行つた。」[日 444]

8月9日　「東北土俗講座」で、喜善の「巨人伝説・改題秋田三吉さんの話」（7時25分～）」を講演。刈田仁が来ていた。(来):北川真澄らから通信あり。

8月10日　東奥昔話（牛飼長者［其の一］）」が、『童話研究』8—5に掲載。

8月16日　「夜は天江の送別会があり強いて行く。織田秀雄に初めて会う。」[日 445]

8月17～22日《土渕村へ帰郷》——お盆の墓参で滞在

◆17日　故郷へ。◆18日　昼頃墓詣り。◆20日　午後松田へ。◆21日　役場で、安部村長へ事務引継。◆22日　10時頃自動車で遠野へ。菊輝と話しやっと100円受領。山万で昼食。宮本訪問。相墨に行き、松田泊。

8月23日　午後9時仙台に着く。(来):留守中の来翰は、**柳田先生**、武田源助、斎藤昌三、慶応義塾、雑誌は人類学雑誌、北岩手等である。

8月24日　三田評論の校正増補の原稿を書く。(出):松田、本山桂川ら12通出す。

8月26日　「小説の原稿を書く。二回分清書する。午前篠崎君が来て**柳田先生**に依頼したことなど告げる。」(出):「**柳田先生**へ手紙を出す。」[日 446]

8月27日　小説の原稿を書く。『毎日』の恵贈を受ける。(来):村上順平等から通信。

8月29日　原稿の続き。夜、山本枡蔵のへ行き、民族学という雑誌をかりて来る。

8月30日　(来):松田から来状（相墨龍雄の立替金）。今はどうにもならない。

8月31日　「東北土俗講座」で、中道等の「下北半島の鹿と猿」を放送する。刈田仁も来る。(来):山本枡蔵から今昔物語のことで葉書が来る。

昭和4（1929）年 9月　42歳

9月　「聴耳草紙」が、『三田評論』385号に掲載。

9月1日　「**柳田先生**の講演のことで放送局の篠崎に話してくる。中山太郎、金田一の講演も頼むことにする。」[日 446] (来):**柳田先生**、北川、天江富弥から来る。

9月2日　原稿を3回分書く。(出):中道、中山（以上封書）、荻原正徳（葉書）。

9月3・4日　「本邦にもニムフ在りや（1～4）」が、『河北新報』に掲載。

9月6日　篠崎勝治のところへ行き、12日に田植え踊歌の放送を決める。

9月8日　2回分原稿を欲しいと福田が来る。(来):北川から来状。(出):北川に返事。

9月9日　「東北土俗講座」で、刈田仁の「誘拐民譚」をラジオ放送。「田植踊の解説を七枚福田へ持って行く。」日447

9月10日　5時頃に村の田植踊の友蔵ら7人来る。「東北土俗講座」では、喜善の「ひよつとこの話」を放送。(来):織田秀雄、本山桂川の雑誌も来る。

9月12日　村の連中による「土淵村山口田植踊り」（8時半〜）を放送する。

9月16日　(出):三原良吉に「夫婦岩のはなし」を手紙と共に送る。

9月19日　残した小説の原稿を書き終わる（30回分）。(来):北川真澄から依頼の件で手紙が来る。(出):篠崎勝治から来状、**柳田先生**へも出す。

9月20日　「刈田君に寄つて**柳田先生**の来たときのことを相談する。」日448

9月20・21日　「夫婦岩の話（1〜3）」が河北新報に載る。

9月21日　小説原稿30回分と手紙を一力五郎の処へ届ける。一力は旅行中。

9月24日　朝、ラジオ新聞の福田へ手紙を届ける。**柳田先生**の着仙の時間が分からないと言う。そこへ11時頃、**柳田**が喜善の借家を訪ねてきた。午後3時頃、針久本店に**先生**を訪う。その後、**先生**は「東北と郷土研究」（1回目）を放送。中川教授、刈田仁など来る。帰りはまた針久に行き、9時半頃帰る。

9月25日　午後、針久を訪ねる。中川教授も来る。夕方、**先生**は「東北と郷土研究」（2回目）を放送する。帰りには三原も来て、伊東信雄らと11時まで話す。**先生**から原稿を預かる。喜善の昔話の原稿3篇（田螺長者、蛇の聟、猿の聟）をもっていく。(出):北川真澄、山万などへ葉書を出す。

9月26日　朝、**柳田先生**を見送りに行くと、もう立った後であった。中道等から先日の返事が来る。**柳田先生**へ葉書を出す。

9月29日　(来):「岡殿より葉書来たり、どうしても遠野へ帰つて来ねばならぬと決心する。山万からも葉書が来た。」日449　(出):三原良吉と篠崎勝治にも手紙（「杓子の話」の梗概）を書く。岡村千秋へも久しぶりに手紙を出す。

9月30日　「農業手伝神（オシラ神に関する小報告）」が『東北文化研究』第2—3（東北帝大法文学部内奥羽資料調査部編）に掲載。この号は、「オシラ号」の特集で、図版は佐々木家のオシラ神の写真2枚入りで、喜田博士の説明がつく。

9月30日〜10月7日　《帰郷・遠野滞在》——穀物代金請求のため

◆30日　朝10時汽車で岩手へ。平泉下車、黒沢尻の村田幸之助に行き泊る。

昭和4（1929）年　10月　43歳

10月1日　2時半遠野着。◆2日　夜、菊輝宅へ行き話す。昨夜聞いた話を書き**柳田先生**に出す。◆3日　講演の原稿書き。(出):北川真澄と菊輝に手紙。◆4日　昨夜12時頃六日市の人が神隠しに会う。◆5日　午前中北川来てくれる。相墨へ行く。菊輝に行くが埒あかず。◆6日　約束の菊輝来ず。11、12日に講演の由。◆7日　5時半に遠野発、花巻温泉に寄り、仙台へ夜2時頃着く。村順が来られなかった由、会わなければならないと思う。

10月8日　「タマと二人で財産整理よりも破産の話で暮らした。村順が来たらさういうことにしやうと思う。」日450　放送の梗概のことで、福田が夕方来る。

10月10日　「家庭趣味講座」第1講「家に祀られる神々の話」（午前10時〜）放送。

10月11日　「家庭趣味講座」第2講「人類と畜類の話」を放送。

10月13日　「昨日から原稿を十枚づつ書くことにきめたので書く。」日451　(来):北川真澄。(出):松田、高橋勝利（逆川村土俗資料の礼）らへ出状。

10月14日　原稿書き。「夜伊東君が来て**柳田先生**の神を助けた話、其他山立て由来記などを持つて行つた。」(来):、北川真澄、ネフスキーから手紙来る。

10月15日　(出):三田評論の小沢愛圀へ手紙と原稿（馬鹿聟の話）を出す。(来):三元社の荻原正徳より。

10月16日　(出):旅と伝説の原稿（16枚）を、荻原正徳へ手紙と共に出す。「夜七時からフランス語講習会へ行く。」日451

10月24日　(出):朝、刈田仁が来て長談。東北文化研究10月号をやり、**柳田先生**の著書を返す。(来):童話研究、蘆谷重常、中村純也、北川などから通信あり。

10月27日　鈴木碧へ新宅祝いに老媼夜譚をもっていく。

10月29日　(来):「栃木の高橋勝利の猥談集が来る。奥南新報が来る。」日453

10月31日　(出):『毎日』に「仙台だより」1回掲載。放送局へ講演2回分梗概。

昭和4（1929）年　11月　43歳

11月　「東奥昔話」が、『童話研究』8—8に掲載。

11月　「縁女綺譚　魔性異族へ婚嫁する女性の群れ」が、『グロテスク』2—11に掲載。

11月1日　講演原稿11枚程書く。(来):菊池盛一郎、松田亀太郎、奥南新報等。

11月4日　(出):「荻原正徳、大西伍一へ農村教育研究の礼状と原稿「冬夜炉話」十二枚などを送る。三原君にも昨夜云い残したことを云つてやる。」日453

11月5日　山万に出会う。刈田仁へ行く。江刺郡を訪ねて来た小田内通久がくる。東京の学会の消息を興味深く聞く。(来):田口謙蔵、鈴木重男らから便り。
11月6日　伊東信雄が宮戸島のオシラ神を持って来てくれる。(来):逆川村土俗資料、北川真澄、真如の光来る。
11月7日　(来):「北川氏から納税しろといふ通知があつた。」[日454]
11月10日　貸家探し。(来):本山桂川から土俗資料。北川真澄から手紙が来る。
11月15日　「朝三原良吉が河北の小説の原稿料五十回分百円もつて来てくれた。」[日454]　(来):北川真澄、本山桂川、三田評論の原稿の校正など来る。
11月16日　ラジオを直し、久しぶりで家で講演をきく。(出):「三田評論の原稿を校正して出す。篠崎勝治へも出す。」[日455]　(来):相墨龍雄から来信。
11月17日　(出):「午後篠崎氏が来て余の講演の変更を承知してくれた。」[日455]　原稿は9時半までかけ15枚分脱稿した。
11月18日　夕方、放送局で中山太郎に会う。中山は「東北土俗講座」で、「東北は土俗学の宝庫」(1回目)を講演。(出):一力へ原稿のことで手紙を出す。
11月19日　午前「家庭趣味講座」で「子供遊戯神の話」(1回目)を講演。夜、中山太郎の「東北は土俗学の宝庫」(2回目)を放送。境屋へ行き、今までの経緯や喜善の境遇も話し理解し合う。帰りは12時で、興奮してよく眠れなかった。」[日455]　(出):金田一、森口へ手紙。(来):一力から書面と小説原稿とが来る。
11月20日　「朝中山さんを送って停車場へ行く。喜善は、「家庭趣味講座」で「子供遊戯神の話」(2回目)を講演。(出):折口信夫、中道等らに通信を出す。
11月21日　(出):**柳田先生**、山中太郎に出信す。(来):本山桂川から葉書が来る。
11月22日　小説「赤松庫吉」を書き始める。原稿(4回分)を書く。(来):荻原正徳、三田評論(12月号に掲載出来ずという通知)、北岩手来る。
11月23日　小説5回書いてやっと15回になった。(来):北川真澄、奥南新報、北岩手、岡書院から来る。(出):岡書院、北川へ返事。
11月26日　(来):「**柳田先生**から「聟入考」岡書院、奥南新報など来る。」[日456]
11月27日　(来):北川真澄、橘正一等から通信あり、**柳田先生**から「ジギリコツコ考」と「農業と婦女児童」とが送られる。原稿3回分書く。
11月29日　(出):三原良吉らへ手紙と**柳田先生**の抜刷1冊。小説やっと30回にした。
11月30日　(来):篠崎勝治から手紙が来る。(出):北川、村上順吉、相墨龍雄、蘆谷重常等に手紙を出す。篠崎のところに梗概2回分やる。

昭和4(1929)年　12月　43歳

12月　「東奥昔話(2)」が、『童話研究』8巻9号に掲載。
12月1日　篠崎勝治に**柳田先生**の原稿をもたせる。(来):本山桂川から葉書が来る。
12月4日　(出):高橋勝利、斎藤昌三にお礼。織田秀雄には葉書と「童話研究」出す。(来):高橋から芳賀郡土俗資料3号、蘆谷重常から童話研究3冊各々来る。
12月4〜6日　「鳥類説話」が掲載(『河北新報』)
12月8日　(来):「荻原正徳から手紙、奥南新報、三田評論……農村教育研究も来る。(出):**柳田先生**へ抜刷の御礼。
12月9日　「東北土俗講座」放送のため仙台に来た森口多里と初めて会う。森口は「民族芸術家としての東北人」(1回目)を放送。
12月10日　「東北土俗講座」で、森口多里の「民族芸術家としての東北人」(2回目)を放送する。[日457]　(来):北川殿、織田君から来状。
12月12日　「庭趣味講座の講演で「十二月中の年中行事」をやる。」[日458]
12月13日　家庭趣味講座で「正月の年中行事」を話す。
12月15日　「夜政岡屋にエスペラントの会があつたので行く。東大総長など十二、三人の会合であった。」[日458]　(来):中山太郎、岡、菊池一雄、北川真澄から来状。
12月16日　夕方、折口信夫が「東北土俗講座」で「東北文学と民俗学の交渉」(1回目)を講演する。放送局へ行き、十数年ぶりで再会する。
12月17日　「東北土俗講座」折口信夫の「東北文学と民俗学の交渉」(2回目)を講演。(来):北川真澄からは村順の件について手紙が来る。
12月18日　朝10時で折口を見送る。原稿を直して、午後一力五郎宅に持参。
12月19日　「終日財産整理のことで頭を悩まして不機嫌でいる。やつぱり遠野に帰ることにきめる。」[日458]　遅く松田亀太郎が来る。
12月20日　「東北土俗講座」で、中道等の「平内《ヒラナイ》半島の民俗と伝説」を放送する。
12月23〜28日《帰郷—遠野町に滞在》——財産整理のため
◆23日　午前仙台発。遠野へ。松田家泊。◆24日　北川伯父来る。松田家泊。売買契約が得策と決める。◆25日　北川と村順に行き話す。◆26日　北川は書類確認。村順来る。◆27日　終日書類仕度、北川は寝食忘れ準備。村順は好意的に運んでくれる。◆28日 午前10時書類出来、11時提出。夜、村順に行き契約し交渉完結。北川に御礼。帰り松田に泊る。

12月29日《仙台へ》 午前10時40分の汽車で遠野立つ。6時仙台着。帰宅。(来):童話研究、東北の旅、読書趣味他。**宮沢賢治**等からきている。

12月31日 神棚を掃除し、大神様の神床をも綺麗にする。(来):農村教育研究、人類愛新聞、岩手毎日新聞、民俗研究の新年号、民俗学1月号。

昭和5（1930）年　満44歳

昭和5（1930）年1月　43歳

1月 「鳥虫木石傳（1〜12）」が、『旅と伝説』3—1に掲載。

1月2・3日 「東北土俗講座」中川善之助「村の家・上・下」が放送される。

1月8日 東京の帰りに織田秀雄が立ち寄る。夜、鈴木碧へ行く。(来):「**北原白秋**、萩原正徳、篠崎勝治、佐藤吾一から手紙と雑誌、旅と伝説など。」日460

1月10日 「東北土俗講座」講演に来た金田一京助と幾年振りかで会う。金田一は「言語と土俗」を放送。境屋へ行き語り合う。(来):中村協平（台北市）からザシキワラシに関する手紙。

1月11日 今日も金田一京助の「東北土俗講座」で、「巫女と座頭」を放送。午後9時、駅で金田一を見送る。(来):童話研究、松田亀太郎から登記済書入手紙、織田秀雄から手紙、(出):三原、中山、**柳田先生**にも手紙。

1月13日 「午前十時から家庭趣味講座の第七講、正月の文学を放送。」(来):三原良吉より通信、(出):三原に**柳田**の「魚王遊行乞譚」をおくる。

1月14日 「家庭趣味講座」で、午前10時から「杓子の話」の講演。」日461

1月15日 「鳥虫木石伝」（200字詰・25枚）を書く。(来):村田幸之助ら。

1月18日 今日で小説50回にした。(出):北川真澄、新田次郎、村上順吉、松田。

◆18日 「東北土俗講座」で、天江富弥の「こけし這子に就て」を放送。

1月19日 二時頃から原稿書き（珍しく四回書く）五十五回にした。(来):松亀、藤原。(出):北川に出状（委任状入り）。

1月21日 篠崎勝治のところに福田の会の会費と同時に梗概を持って行く。(来):橘正一、北川真澄から通信。(出):『奥南新報』に鳥のことで、松田に葉書。

1月23日 「東北土俗講座」で、藤原非想庵（相之助）の「書かない手紙」を放送。

1月28日 「東北土俗講座」は、喜善の「農民の文学」を放送し終講。「今夜家庭趣味講座をあと二回で終ると云はれ終夜ふさいだ」日463 帰り、山万に立ち寄って話をする。◆28日 「巫女が語り残した文学」が、奥南新報に掲載。

1月29日 (出):桂又三郎へ返事、「女の腰湯のことを問合わせの往復ハガキ十枚出す。今日は昔話の原稿、四百字十五枚書く。」日463

1月30日 山万来訪。村の話や助役の改選の話を聞いて興奮する。

昭和5（1930）年2月　43歳

2月 「鳥虫木石傳（13-21）」が、『旅と伝説』3—2に掲載。

2月2日 (来):北川真澄、東北の旅、中村協平ら。(出):野崎姉弟（下閉伊郡民譚の蒐集者）を夜訪問。「余の本をことごとく読んでゐるのには驚いた。」日463

2月4日 (来):橘正一、及川与惣治、庄内史談会、小糸川など、腰湯のことでいい報告が届く。(出):野崎君子にオシラ神の抜刷をあげる。

2月5日 小説を4回分書き80回になる。(来):北川真澄から悲痛な手紙、小田内通久から手紙が来た。(出):北川へ手紙（相墨の手紙を同封）。

2月7日 「家庭趣味講座」「二月の文学」を放送。(来):「三元社から**柳田先生**の「諺の話」が来る。大西から報告書来る。」日464

2月8日 「家庭趣味講座」で「猫の話」を放送。篠崎勝治と一緒に帰り、福田が転任なので挨拶する。(来):三田評論等、藤原相之助先生から葉書。

2月9日 「朝から小説の校正で夜になる。三十五回分である。(来):高橋君の逆川村の資料来る。……小説は八十回分まで書き上げた。」日464

2月10日 「原稿を直したりなどして、一時頃一力氏のところに三十五回分持って行く。」日464 (来):北川真澄、小井川他から申込書2通。

2月11日 来客、刈田、鈴木、山本（喜田博士の日向の歴史持参）、伊東くる。中道の「奥隅奇譚」を読む。(来):北川、小井川、松田から葉書。童話研究来る。

2月12日 河北新報から原稿料30回分60円来る。(来):民俗学、一力五郎。

2月14日 「今日は旧暦の小正月の十六日でオシラ遊びの日也。」日465 (来):奥南新報、本山。(出):本山に原稿（400字23枚）と手紙、小井川など。

2月15日 **柳田先生**の論文を清書で閉口する。どうにか7、8枚書いたが心許ない。

2月18日 「篠崎君へ手紙を書いた。ところが放送してくれといふ手紙が来た。篠

／「**柳田先生**の原稿を清書してみたが何が何だか分からぬ。閉口である。

崎君へ三月の文学梗概を送る。」日465

2月20日　原稿（19枚）書き仕上げる。(来):奥南新報（オシラサマの記事）が来る。

2月22日　(出):「**柳田先生**のところへ講演の原稿を出す。手紙と共に。やっとこれで責任を逃れた気持になる。」日465　(来):岡山文化資料、「なら」など。

2月26日　(来):「**先生**から家名小記、其他原稿の訂正等来る。ノートを送らぬことで原稿に付記をした。／**先生も随分神経衰弱である。併し送らぬ自分もわるい。**」日466　(出):北川真澄へ昨日の返事を出す。（講演原稿第2回分15枚作る）。

2月28日　「家庭趣味講座」第一講「三月の文学」を講演する。(来):萩原から葉書。

昭和5（1930）年3月　43歳

3月　「縁女綺聞」が、『民俗文芸特輯』に掲載。

3月1日　講演後、井上医者に寄り脚気といわれ注射をする。「放送局常務と篠崎勝治と三人で講演集編纂の協議。」日466　(来):本山桂川から「紙魚回録」が来る。

3月3日　放送局へ原稿6篇を渡す。萩原へ鳥虫木石伝、葉書2枚篠崎勝治へ出す。

3月7日　(出):**柳田先生**へ先日の御礼。(来):一力五郎から近々小説が載ると報知。

3月11日　喜善の小説が河北新報朝刊に載り始める。三原良吉来訪。

3月11～14日　馬首飛行譚（1～4）が、『河北新報』に掲載。

3月12日　「早く小説を書いて生活費を稼がなければと思うが、なかなか書けぬので閉口である。」日467　放送局から講演の原稿が来たので、手入れをして夜出す。(来):高橋勝利の土俗資料、小笠原四郎から来信。

3月14日　「今日はやっと作の糸口が出て三回分程書いた。」日467　(出):篠崎勝治へ梗概などを出す。

3月15日　1時から元寺小路の大本分所で宮城県信者総会があるので行く。

◆15日　**柳田発**　一三三　柳田（多摩郡砧村）より絵葉書　↓　佐々木喜善様（仙台市川内大工町）（※「五年」と推定される書簡）

「大正八九年の「話の世界」合本御手元にあるなら御貸し被下候」

3月16日　「**柳田先生**から葉書が来た。**先生**は「話の世界」を貸してくれという。」日468

3月20日　(来):野尻抱影から手紙、(出):**柳田先生**に「話の世界」を出す。

3月23日　今日で小説原稿（30回分）書いて、夜一力五郎まで届ける。

3月24日　(来):一力から小説「赤松庫吉」を150回とする旨の手紙。北川真澄（見舞金3円）、田中喜多美、一力から書留（稿料60円と学芸欄の分10円来る）。

3月26日　11時頃から原稿書き。(来):田中喜多美から葉書、篠崎勝治、**柳田先生**から先日貸した「話の世界」が来る。コント　エ　レゲンドドウ　ランナン　1冊。(出):夜8時、足を洗う話の原稿でき送付。竹内道之助へ原稿と葉書を出す。

3月27日　東北大学法文科に立ち寄り、初めて武藤鉄城と会う。

3月28日　(来):橘正一、野尻抱影から書面。(出):武藤、**柳田先生**へ本の礼状。

3月30日　「朝篠崎君来り、中継故障ある故、十一時二十分に講演せよと云ふ。急に古い原稿を出してやる。」日469　(来):土佐郷土趣味4号が来る。

3月31日　午前中、「家庭趣味講座」で「四月の文学」を放送。

昭和5（1930）年4月　43歳

4月　「鳥虫木石傳（22―32）」が、『旅と伝説』3―4に掲載。

4月1日　「家庭趣味講座」終講の放送をした。(出):小井川潤次郎に荷物を出す。

4月3日　『河北新報』朝刊連載小説「赤松庫吉（1～27）」の掲載開始。」日470

◆3日　タマは家探しに出たが、やはりなかった。(来):中山先生から葉書2枚続き（田中の山神信仰について批評）を寄こす。

4月4日　旅と伝説（**柳田先生の昔話**のこと）が来る。

4月10日　田螺の娘（34枚）を脱稿、長畑が夕方までいる。(来):芳賀郡土俗資料及び風俗資料来る。(来):青柳秀雄の佐渡資料の御礼、高橋勝利、橘正一にも同様。

◆10日　「足を洗ふ話」（喜善）が、『風俗資料』第1冊に掲載。

4月11日　(来):河北へ原稿をやる。「**柳田先生**から百円の為替が来る。三元社から**先生**の「日本昔話集」が送られてくる。」日470　田中喜多美から原稿が来る。

4月13日　16日の私の誕生日をくり上げ今日にする。11人の客をとる。

4月14日　(出):やっと阿部《ママ》亭《ママ》へ武田弘についての返事を出す。北川真澄へも返事出す。(来):世界童話集が3冊来る。千田安治から葉書来る。

4月16日　「**今日は余の四十五回目の誕生日である。**」日471　(来):北川真澄から14日の模様等の手紙が来る。（※本年10月で満44歳となる。数え年なら45。）

4月18日　午後に突然井上医師が来る。(来):本山桂川、北川真澄から通信あり。

4月19日　(来):「中山先生から親切なる書状、竹内からも原稿のこと」日471

民俗学が来る。(出):北川へ返事、田中喜多美へ彼の本の件の手紙。

4月21日　(出):中山先生、竹内道之助へ出状。「夕方から「旅と伝説」にやる「鳥虫木石伝」を十枚書いて出す。」[日471]　ＮＨＫの中継で阿部次郎の文芸講座をきく。

4月23日　(来):胡桃沢甚内、長畑平次郎、田中喜多美から来信、(出):「**柳田先生**の「桃太郎譚根元記」を見たくて「文学時代」という雑誌」[日472]を買う。

4月25日　(来):朝、岡村千秋から「奥隅奇譚」と「津軽口碑集」とが送られて来る。

4月29日　(出):原稿12枚書く。(来):桂川から葉書。北川から手紙（荒川との事件、どちらも不起訴）来て、足かけ4年の訴訟事件が解決して漸く安堵する。

4月30日　「「善良悪徒譚」六十枚半を田中直樹氏のもとへ送る。」三元社から「東北の土俗」の初稿刷が来る。真澄殿に先日からの返事を出す。」[日472]

昭和5（1930）年5月　43歳

5月1日　(来):「事件勝つたといふ電報が相墨君から。」「旅と伝説の村松博士の「**柳田先生**への公開状」が面白し。瓜子姫譚の解説やつぱり**先生**独得の境地である。」[日472]

◆1日　「聴耳草紙」が、『三田評論』393号に掲載。

5月1日～31日　「赤松庫吉」（28－58）」が、『河北新報』に掲載。

5月5日　(来):「北川・相墨から訴訟正本、岡書院、愛書趣味の終刊号等。」[日473]

5月6日　(出):「見世物の追憶」と葉書とを竹内へ、三原良吉へ葉書（玩具の論文）、大西伍一等に葉書。(来):岡村千秋、中山先生、芳賀郡土俗資料など来る。

5月8日　一力五郎から40円前借りする。また小説について手紙をうけとる。

5月17日　(来):本山桂川から縁女綺聞3冊、佐々木源蔵から手紙雑誌2冊、相墨龍雄、武藤鉄城等から通信。(出):蘆谷蘆村に出信。「番丁の方へ廻つて騒人の**先生**の「行行子《ヨシキリ》」を見てきた。」[日474]

5月18日　(出):「法文科の武藤鉄城君のところに「角城」のことで葉書を出す。／喜善の小説は鈴木の話では仲々評判で、佐々木の自叙伝だという。」[日474]

5月19日　一力に「田螺の民譚」（20枚）を河北へ送る。(出):北川へ出状、佐々木源蔵へ。篠崎を通じて。本山桂川へ原稿と葉書。(来):萩原から来信。

5月22日　新聞小説のことで、一力五郎に手紙をやる。午後井上医師が来る。(来):松田亀太郎、相墨龍雄から（訴訟事件のこと）。

5月24日　「朝、佐藤吾一から明日の午餐の招待状が来る。」[日475]　(出):蘆谷蘆村へ原稿を出す。東奥古伝として**柳田先生**へ上げた昔話の原稿を書き直して2篇出す。田螺の長者（14枚）、嫁の聟（8枚少々）である。

5月26日　「妻と貧乏の話をして一日気すゝまずぐずぐずする。……金一文も無いさうである。神よ助け給へ!!」[日475]

5月27日　(来):北川伯父、郷土趣味社から葉書。(出):佐藤吾一に出状、橘正一の猥談集葉書を出す。

5月29日　「憂鬱なために何事も出来ぬ。」「**夜中に柳田先生へ五十円貸していたゞきたいという書面を出す。**」[日475]

5月30日　「**中山先生に五十円貸してほしいという手紙を出した。**」[日475]

5月31日　夕餉時、**柳田先生**から為替が50円来る。すぐに返済しようと思う。

昭和5（1930）年6月　43歳

6月　「聴耳草紙」が、『三田評論』に掲載。

6月　「東奥古譚（1）」が、『童話研究』9―6に掲載。

6月　「見世物追憶」が、『風俗資料』3に掲載。

6月1日　鳥虫木石傳（33－44）」が、『旅と伝説』3巻6号に掲載。

◆1日　「**柳田先生**へ礼状を出す。」[日475]

6月1日～30日　「赤松庫吉（59―88）」が、『河北新報』に掲載。

6月2日　一日原稿整理。(来):篠崎勝治から通信、萩原から旅と伝説6月号が来る。

6月6日　篠崎、刈田仁に会う。久しぶりで家庭講座講演をする。

6月7日　10時30分から家庭講座の放送。(来):北川から書状。(出):北川に返事出す。「昨日篠崎君に頼まれた農業講座の広告を十二町村に出す。」[日476]

6月9日　(出):原稿（400字詰12枚半）「若葉崎より」を逓友へ送る。佐々木源蔵へ手紙をつけて、橘正一へ三田評論、瀬川竹次郎に放送局の農業講座を送る。

6月10日　**『東北の土俗』**（日本放送協会東北支部編集、東京・三元社から刊行。「東北土俗講座」（12名・20回、昭和4・6～昭和5・1）の講演をまとめたもの。

◆10日　藤原相之助先生のところへ行く。帰りに長畑を見舞う。佐々木源蔵が来る。(来):山万等から書状が来る。(出):一力等へ出状。

6月11日　伊東信雄きて、喜田先生が病気だという。(来):橘正一、北川殿から来状。

6月12日 (来):「昔話の原稿を書く。橘正一君、佐々木源藏君、……芳賀郡土俗資料」来る。……（河北から学芸欄稿料拾五円来る。）」[日476]
6月15日 「見世物追憶」（喜善）が、『風俗資料』3に掲載。
6月16日 午後、井上医師が来て6時まで長話。原稿12、13枚を書く。
6月17日 原稿整理。(来):放送局から「東北の土俗」5冊。(出):北川真澄、松田亀太郎らに送本する。松田に葉書、佐藤吾一に礼状旁々依頼状を出す。
6月18日 原稿を書く。(来):藤原先生からミゾロが沼のことについて通信。(出):犯罪科学の田中、風俗資料の竹内、北川伯父に手紙。
6月20日 「妻はまた月末ヒステリーになつて怒らせる。」[日477] 原稿を整理する。(出):藤原相之助に河北への依頼状を出す。蘆谷蘆村へ童話研究をくれるように手紙出す。(来):童話研究、武田からも手紙。
6月21日 (来):田中直樹から先日の返事（3号から喜善のものを出す）。
6月23日 (来):大学に武藤を訪ね秋田の昔話15貰った。夜、野崎君子を訪問して昔話を5つ貰ってくる。20ばかり収穫があった。(来):福泉寺、佐々木源蔵から。
6月25日 「今日は家でかなり書いた。秋田の方の分を書いた。(来):[日478]
6月27日 伊東信雄へ行った。佐々木伊藏が昔話3つばかり持って来ていた。

昭和5（1930）年 7月 43歳

7月1日～31日 「赤松庫吉（89-119）」が、『河北新報』に掲載。
◆1日 「若葉崎から（1-4）」が、『遁友』105号に掲載。
◆1日 夜初めて一力五郎と会見して、曰の原稿27枚を依頼する。
7月2日 「心悲しき日である。」[日478] 夜、野崎きみ子へ行き、話3つばかり聞く。三原良吉が来たという。「変った実話」をもって来る。
7月3日 「朝から三原君が来て、午后三時から師範学校で講演してくれと云ふ。……三時から「昔話の発生と伝播」といふ題で一時間半ばかり話した。」[日478]
7月4日 (来):「田中喜多美から昔話の原稿が来る。」(出):村田幸之助、木内に手紙す。
7月5日 昔話を大分書いた。佐々木滋寛（福岡市）から絵馬が送られて来る。(来):佐々木源藏君から葉書及び原稿紙など来た。金は来なかつた。」[日479]
7月7日 佐々木から昔話3つ貰い、2つは採用できる話である。
7月10日 夜原稿書く。(来):三田評論、菊池源吾など。(出):竹内道之助に手紙出す。
7月12日 10時半から家庭講座の講演「児童の文学」を放送する。
7月13日 (来):田中喜多美から昔話のことに関して手紙が来る。
7月14日 朝から原稿書き。「それから手紙を書く、風俗資料の原稿を書き出す。」[日479] (出):一力、渡辺宛に小説3回分出す。中山先生、藤原先生へ出す。
7月16日 原稿書き400字20枚。風俗資料へ出す。(来):北川伯父から手紙が来る。
7月18日 (来):田中喜多美から昔話の通知、北川伯父から。(出):盛岡の北川に手紙。
7月19日 小説3回分届ける。(来):郷土研究社・土橋里木から甲斐昔話集来る。松本信広から「史学」と **La legende Kogoro Charbonner** が来る。民俗学も来る。
7月20日 「鈴木碧君と赤松庫吉の愛読者とが来る。鈴木は例によつてテンポが遅くて古いなどと云つてゐた。…一人の人はほめてゐた。」[日480] (出):本山桂川に礼状及び原稿。伊東に群書類従のこと。土橋里木に礼状。(来):奥南新報、童話研究等来る。
7月23日 「家庭趣味講座」で「海と湖沼の神秘」を放送する。
7月24日 (来):田中喜多美の昔話集の原稿が来る。中山、北川他から。
7月26日 三田評論への原稿整理。一力五郎から原稿料40円前借りする。(出):一力に小説10回分の原稿と出状。村田幸之助、田中喜多美、伊東信雄らに出信。
7月27日 三田評論へ「聴耳草紙」を出す。

昭和5（1930）年 8月 43歳

8月 「善良悪徒譚」が、『犯罪科学』1―3に掲載。
8月1日 「若葉崎から（5-7）」が、『遁友』106号に掲載。
◆1日 「東北の旅」「遁友」、松田亀太郎から伊東信雄の消息の葉書が来る。
8月1日～31日 「赤松庫吉（120-150）」が、『河北新報』日に掲載。
8月3日 (来):「春陽堂から山中先生の「若者史」が来た。」[日481]
8月9日 (来):中山太郎、土橋里木、岡山儀七から。(出):岡山、村上順平に手紙。
8月17日 (出):北川伯父に返事出す。(来):民俗学、三田評論来る。
8月20日 (来):鈴木重男から郷土読本の手当8円、放送局、伊藤行人より通信。
◆20日 **柳田発** 一三四 柳田（多摩郡砧村）より絵葉書 ↓ 佐々木喜善様（仙台市）「人類学雑誌二十九巻一号（三百二十一号）の冬期行事には別に誤謬の訂正増補すべきものなきや一度新たに御目を通し被下度候」
8月23日 「夜七時二十五分から放送趣味講座「海と湖沼の神秘」。[日482]
8月24日 (出):赤松庫吉の最終原稿2回分書き郵便で出す。(来):折口信夫から電報（27日立つ）が来る。

8月26日　栗川のところに行く。「柳田先生の民俗学の態度に大きな疑問をおく同君の聡明がなかなかえらひと思ひたり。」[日484]
8月28日　**折口信夫**が来る。折口から200円旅費をあずかる。(来):岡村千秋、伊藤行人、渡辺丙午、岡書院等から通信あり。
8月29日～9月5日《**折口信夫と東北旅行**》
◆29日　松島経由花巻泊。◆30日　折口の憧れの遠野郷へ。土淵の家でさんさ踊りや手踊りをみせる。◆31日　自動車で茂市から刈屋へ。
8月31日　[喜善発] 42　柳田国男様（小田原電車沿砧村）宛封書↑佐々木喜善「この度折口氏のおともをいたしまして下閉伊郡の山中の方へまいり度いと存じて居ります……折口さんは大層お元気ですから……」
◆31日　連載小説「赤松庫吉」は不評極まりなく、150回で無理やり中止した。

昭和5（1930）年9月　43歳

9月　「善良悪徒譚（2）」が、『犯罪科学』1─4に掲載。
9月1日　「若葉崎から（8～10）」が、『遁友』107号に掲載。
◆1日《続・折口と旅行》岩泉に行く。◆2日　足痛み折口と別れ岩泉に戻る。(出):**柳田先生**、北川真澄、篠崎勝治、本山桂川等に葉書出す。◆3日　沼宮内を経て八戸へ。小井川潤次郎と会う。◆4日　久慈から帰り折口と合流。三浦とともに小井川の所のオシラ遊びなどを見る。
9月5日　折口は庄内へ、喜善は別れて帰宅。(来):方言と土俗2号、旅と伝説、童話研究、東北の旅2、3来ている。武藤鉄城、遁友も来ていた。
9月8日　奥南新報に喜善らの八戸のことがいろいろ記されている。
9月12日　郵便一つも来ず。「金が無いのが一番人間にはいけないのである。」[日485]
9月15日　(出):あさみずの里と手紙を一力五郎へ届ける。北川、松田らへ手紙を出す。(来):菊沢季生から葉書が来る。塚沢月報が来る。風俗資料が来る。
9月16日　(出):橘正一の雑誌のために「みぞろが池考」の原稿に葉書を添えて。及川三五郎に手紙、折口信夫へ出す。
9月18日　役場で昔話の整理増補しようと、田中直樹の話を書いてみた。(来):田中からは今日も音沙汰が無かった。「随分貧乏になつたものである。」[日486]
9月19日　昔話4、5書く。それから資料整理、地図整理をやる。(来):「午後**柳田先生**から地理大系の遠野の部の図の解説をせよと言って来た。」[日486]
9月20日　(来):北川、本山から土俗資料が来る。(出):**柳田先生**に葉書。
9月21日　昔話を整理する。午後刈田仁が来て学問的な話をする。夜三原良吉のところに行って同様、昔話を5、6篇かりて来る。
9月22日　「三原君から貰った昔話の資料に筆を入れる。」[日486] (出):中山太郎、岡村千秋に手紙を出す。
9月23日　昔話の資料は打ち切りにする。今日は50枚書き、近来にないことをした。(出):篠崎勝治へ出す。(来):丹野寅之助から原稿をくれと葉書くる。
9月24日　(来):新田福右ェ門、方言と土俗、佐々木源蔵から来信。(出):夜、いよいよ一力五郎に藤原相之助の手紙を同封、願い状を出す。
9月25日　昔話の原稿に手入れをする。夜、初めて丹野寅之助のところを訪問する。
9月27日　期待していた一力からの返事は、断り状である。昔話の整理をする。
9月28日　「今日で昔話に番号をつけた。百八十一番話が二百五十余である。」[日487]
◆30日　「あさみづの里（1）」が、『河北新報』に掲載。

昭和5（1930）年10月　44歳

10月　「遠野地方の昔話（鳥に関する部）」が、『方言と土俗』1─5に掲載。
10月　「若葉崎から（11～15）」が、『遁友』108号に掲載。
10月1日　今日も原稿整理。(来):萩原から真澄遊覧記、蘆谷から童話研究。
10月1～4・7・8日　「あさみづの里（2～7）」が、『河北新報』に掲載。
10月2日　「**先生**の奥様からタマ宛に手紙が来たので何事であらうかと窃かに開封して見ると、金のことを言ってやつたものらしく断り状である。」[日487]
10月3日　今日で昔話の整理を終える。若の御蔭である。(出):昨夜起きて**柳田孝子**、岡村千秋、北川真澄、軍蔵に手紙を書いたのを朝出す。
10月6日　(出):夜、社会及国家の瀬名貞利宛に礼状（「二老人」の批評の御礼）。
10月7日　(来):金澄、三田評論。(出):佐々木源蔵に新聞と葉書、山万、三原良吉に出状（みぞろが池を脱稿し推敲したもの）。
10月8日　昔話を見つけつけ加えた。(来):佐々木悔三翁から髪長神のことで手紙。
10月9日　遁友の原稿を二百字詰め23枚1行書き、野呂さんへ出した。
10月10日　朝、小井川が東京帰りに来る。昼食後、東北大の山本の処に行き話し、三原良吉にあう。心理学教室に行き講演を頼まれる。

10月11日　朝から小井川を連れて三原の処へ行く。(来):松田亀太郎、北川真澄、丹野寅之助氏から通信あり。

10月12日　「日曜日は一番いけない。……米が盡き米代も二カ月ばかり払はずにをる故、妻は泣き出し悲観した。……家にゐたゝまらなかつた」[日488]　(出):北川伯父、萩原へ手紙を出す。

10月13日　(出):「聴耳草紙」の原稿を小包にして萩原正徳へ送る。10年来の仕事が一段落した気がした。夜は佐藤吾一を訪問した。

10月14日　「金が無くて何とも云われなく淋しい日頃である。」[日488]　(来):奥南新報と小井川順次郎から川合の津軽むかしこ集来る。よい話が3、4ほどある。

10月15日　「東奥古譚（2）」が、『童話研究』9—10に掲載。

10月16日　(来):岡村千秋から真澄遊覧記の鄙に一曲が来る。(出):北川伯父と萩原正徳へ出信。夜は商工会館へエスペラント講演会に行く。

10月17日　田中直樹来る。正月号の原稿及び義民伝の約束をする。(来):佐藤吾一から小野小町の資料が秋田から来る。(出):岡村千秋に原稿みぞろヶ池と手紙出す。

10月20日　「一時三十分から「児童文学の趨勢」を放送する。」[日489]　(来):北川伯父から手紙。山万から葉書。藤原から電報。(出):小井川へ礼状。

10月21日　(来):橘正一、田中直樹から犯罪科学1、2号と童話研究10号が来る。

10月22日　鈴木のところに行って10時頃まで話す。(来):北川真澄から収穫についての問い合わせ。「民俗学」「神の国」来る。

10月25日　幸福な日である。(来):田中と竹内から稿料が来る。佐々木源蔵他が来る。

10月28日　(来):田中直樹から来信（2月号にも原稿を）。(出):犯罪科学へ原稿を書留で。北川真澄、田中正樹らへ手紙。萩原へ旅と伝説の礼状。

10月30日　(来):朝、萩原正徳から為替40円に、出版等につきいって来る。岡村千秋へ出版につき了解。(出):**柳田先生**にも同断。萩原、松田へ手紙出す。

10月31日　(来):「麹町の谷口印刷所から校正刷が来た。「聴耳草紙」のである。」[日490]　校正をして、夜12時に萩原にも印刷に関する条件を書いて出した。

昭和5（1930）年　11月　44歳

11月1日　「若葉崎から（16～20）」が、『遁友』110号に掲載。

11月2日　(来):「土俗と方言」「三田評論」、萩原正徳、中山太郎、岡村千秋の雑誌及書面来る。(出):校正刷2回分直ぐに出す。萩原にも出す。岡村に竹内道之助にも原稿「あさみづの里」（200字44枚）を出す。

11月3日　久しぶりに刈田仁が来る。(出):「校正について萩原に出状、岡村君へ「馬首飛行譚」を出した。二百字三十九枚弱。」[日490]　(来):橘正一から方言と土俗。

11月5日　(来):斎藤松次郎から塚沢月報がくる。(出):校正刷465から468分迄。

11月7日　(来):「高田十郎氏から「なら」改造社から日本地理大系、中道仁君からあさみずの里を呉れといふ」[日491]　(出):瀬川竹次郎、中道等に出状。

11月8日　(来):校正刷が2通、葉書、風俗資料の竹内から、遁友2冊来る。校正65からのつづり。(出):再校と葉書、竹内、斎藤松次郎などへ葉書出す。

11月10日　(来):萩原及び印刷屋から文句あり組を中止したという通知。(出):返事及び電報で詫びた。中山先生に手紙を出す。初めて東京移住をほのめかす。

11月11日　(来):「萩原君から電報の返事、北川氏、松田君、瀬川竹次郎氏、竹内道之助氏から原稿返戻と雑誌、丹野氏から関東地方案内記と地図書が来た。」[日491]

11月12日　朝から百姓一揆の原稿（400字30枚余）を書く。(出):田中へ出す。校正刷を2回分見る。(来):萩原から葉書が来る。

11月14日　(出):「河北へやるために鄙の一曲の談のやうなものを書いてみた。……二十枚半である。中村協平氏から十五、六日頃に仙台に行くというはがき」[日491]

11月15日　(来):「校正刷が来た。六四—九七。萩原君から三校から向ふで見ると云ふて来た。野崎君子からも葉書。童話協会から。」[日491]

11月16日　午後、中村協平と野崎君子が来て、8時頃まで話す。(来):高橋勝利から芳賀郡郷土資料が来て、その中に昔話があり、蛇の頭のことを書いてある。

11月17日　(出):岩泉の助役へ馬頭についての問い合わせをする。

11月18日　(来):岡村千秋から葉書。(出):北川、萩原正徳、小井川等へ葉書。

11月19日　「今日はもつとも心淋しい日であった。校正刷は今日も来ない。仕事も出来ぬ。」[日492]　(来):佐々木源蔵、岡村から原稿返る。(出):松田、菊池一雄ら。

11月20日　「創作を大半書いた。(来):萩原君から葉書が来る。(出):萩原君へ葉書及び「みぞろヶ池」を出す。三度目の嫁入りである。」[日492]

11月21日　(出):「幽霊の月経」を、竹内へ葉書をつけて出す。

11月22日　朝から、東北の旅の原稿（「沼の嘉魚」200字詰18枚）を書く。
11月24日　「奥南新報へ寄せる原稿を書いた。」［日492］（「八戸の人情」200字詰14枚）(出):田中直樹と家主に葉書を出す。萩原正徳、三浦利允へ原稿を出す。
11月25日　(来):小井川から講演依頼の手紙。(出):小井川に返事。新渡戸仙岳先生、田中直樹へ出状。『毎日』へ原稿（同新年号へ寄せた「正月の祝詞」200字35枚）。
11月26日　送金がなく気力もない。(来):萩原から葉書が来る。学鐙11月号が来る。
11月28日　(来):盛岡の新渡戸仙岳先生から御内誌という写本及び葉書、萩原から葉書など。(出):新渡戸先生に返事、佐々木源蔵に原稿を送り新聞へ紹介。
11月30日　(来):橘正一から**先生**の九州の鳥が来る。田口からも返事。

昭和5（1930）年12月　44歳

12月　「善良悪徒譚（3）」が、『犯罪科学』1—7に掲載。
12月1日　「若葉崎から（21・22）」が、『逓友』110号に掲載。
◆1日　今日も隠れ念仏に夕方までかかって本文だけは漸く筆写。
12月2日　(来):仙北新報（初めて）、田中喜多美他からも手紙。校正刷が来る。(出):校正刷165—192まで正午書留にて。田口謙蔵へ葉書を出す。
12月3日　「百姓一揆のことを書いて見た。」［日493］校正刷が来ない。(来):小井川から昔話の出所について。(出):有芸の中野充に手紙（岩泉の釣馬頭のこと）を出す。
12月4日　原稿を書いた。(来):朝、犯罪科学正月号、同誌にはとても優遇される。北川伯父から手紙。(出):田中直樹、田中喜多美に通信を出す。
12月6日　原稿脱稿（200字詰36枚余）。(出):松田と八島へ葉書。(来):高田十郎より橘正一のことで葉書来る。
12月7日　(出):「新渡戸先生、田中喜多美君、橘正一君らへ送本する。」［日493］田中直樹へ原稿と手紙を出した。
12月8日　(来):軍蔵から譲渡証書が来る。そこで村順と北川伯父に手紙を書く。
12月9日　逓友の原稿（200字詰20枚弱）を書いた。(来):橘から因伯童話と奄美大島の伝説の本と葉書が2枚くる。
12月11日　困りはて、妻は本を売れと迫る。(来):萩原から葉書、**柳田先生**から短い序文をもらう。(出):岡村千秋にうめぐさ、田尻に3月の耕地などを出す。
12月12日　「夜欠乏したので真澄遊覧記五冊持って行って二円五十銭也に売った。不景気が実に深刻で死を待つばかりだと云ふ。」［日494］
12月15日　馬首とオシラ神（200字29枚）脱稿した。
12月16日　(来):校正刷が来る。午後改造社から地理大系の稿料3円が来る。(出):萩原へ校正刷を正午に出す。田中喜多美へ返事。
12月18日　(来):瀬川竹次郎から耕地整理の決算書くる。(出):丹野寅之助、松田亀太郎らに葉書出す。井上医師が夕方からくる。刈田仁が来て話す。
12月19日　(出):校正刷（273—304）と葉書を萩原へ出す。
12月21日　(来):小井川から手紙。校正3回分、6綴り来る。(出):2綴り出してから、2綴り校正して1時に出す。(出):萩原へも通知する。
12月23日　(来):「仙台郷土研究会から顧問になつてくれとの手紙が来た。／校正刷が五百枚になんなんとして来た。夜郵便局に出しに行つた。」［日495］
12月24日　(来):午後、**柳田先生**の序其他不審。仙北新報他。
12月25日　今日で校了。重荷から解放された気分である。(出):萩原、小野寺良平、田中直樹へ手紙。(来):旅と伝説、青森郷土読本、田中喜多美から来る。
12月26日　(来):北川真澄から米を村順に納めたとの手紙が来る。(出):北川、村順へ手紙、田中喜多美へ出す。今日は表紙の文字を書き送る。
12月29日　萩原から金が届くと思ったが来なかった。夜電報をうつ。却って、本のことでつまらぬ葉書が来る。原稿10枚以上書いた。
12月30日　(来):午後、田中から電為替で45円也が来る。童話研究が来る。
12月31日　(来):犯罪科学くる。喜善の作が載らなくとも、稿料をくれるなど田中はすこぶる親切である。(出):野呂、河北両社長、放送局へ出す。

昭和6（1931）年　満45歳

昭和6（1931）年1月　44歳

1月　「美曾呂ヶ池」（喜善）が、『旅と伝説』4—1に掲載。
1月　「不老長命の話」（喜善）が、『民俗研究』23号に掲載。
1月　「騙り祝言の話」が、『犯罪科学』2—1に掲載。
1月1日　「辛未叢語（1〜4）」（喜善）が、『逓友』111号に掲載。
◆1日　「新年の祝言」と「八戸の人情」が、「東奥日報」に掲載。
1月10日　(来):「仙台郷土研究会創刊号が来た。」［日497］
1月11日　(来):萩原から聴耳草紙の発売予定の知らせ。商売人根性を露して来た。

1月13日 (来):方言と土俗が来る。(出):今日は刈田仁へ葉書、萩原君へ返事、書物十部入用と伝える。案内状も15人に出す。山本弘行へ返事。

1月14日 (来):北海道の箱石澄司から30年振りの便りがあった。待ちに待った中村から台湾の昔話の小包が来る。(出):箱石に返事と「東北の土俗」を送る。

1月15日 松本信広の豊玉姫の研究を読む。(来):大曲新聞等来る。(出):逓友に原稿（「辛未叢話」200字17枚半）を出す。橘正一から方言の質問くる。

1月17日 (来):太田幸太郎、蘆谷重常、田中喜多美等から来る。奥南新報、東奥日報、岩手毎日等来る。青森県の新聞で「八戸在で隠念仏で百五、六十人の男女が検挙されたことが報道されてゐる。民俗学の生きた資料が今日でもある。」[日497]

1月18日 仙台郷土研究会第１回座談会出席のため宮城県教育会館に行く。顧問として紹介される。(来):小井川、松田亀太郎、箱石澄司などから手紙。

1月20日 (来):北海道から「蝦夷往来」、奥南新報が来る。新田三次郎から葉書。

1月21日 (来):北海道の箱石その大伯母より涙が出る手紙。(出):長い返事を書いた。

1月23日 午前中、三原良吉が来て話す。午後刈田仁が来る。(来):三浦栄らから来る。(出):聴耳草紙の注文を萩原へ知らせる。三浦にも返事を出す。

1月25日 **『聴耳草紙』**刊行。本山桂川の世話で東京市・三元社より。中扉に献辞（「本書を柳田国男先生に捧ぐ」）がある。**柳田**も序文を寄せる。(来):岡村千秋、箱石澄司から来状。(出):伊藤行人、岡村千秋へ出状。

1月26日 原稿50枚まで書く。(来):萩原から葉書が来る。(出):萩原へ手紙を書いた。

1月27日 (出):「原稿に手入れをし、手紙を添えて田中君へ出す。」[日499] (来):北海道の大伯母、小笠原謙吉、中山先生、「デカメロン」。(出):萩原、竹内へ礼状。聴耳草紙贈呈者への手紙、**柳田先生**、中山先生、折口信夫、金田一京助、松本信広、早川孝太郎らに手紙を出した。田中直樹に「偽古長者譚」を出す。

1月28日 『聴耳草紙』14冊来る。(出):校正組方が大変劣り落胆する。三原良吉は繰り返し酷いと言う。(来):萩原、小井川潤次郎から葉書が来る。(出):書物を送ったのは森口多里、武藤鉄城、村田幸之助、小井川等である。**柳田先生**へ詫び状を出す。

1月29日 佐藤吾一、野崎君子に聴耳草紙を持参。篠崎勝治を見舞う。(来):本山桂川から手紙が来る。郷土研究の索引、東北文化研究1～3号など貸してやる。(出):「三原君にも批評を頼む手紙。小井川君へ葉書、萩原君へ。」[日499] 三原良吉にも批評のことを頼む手紙。小井川へ葉書。

1月30日 刈田仁へ寄る。夜、一力五郎と藤原相之助に謹呈した。(来):栗川から聴耳草紙の批評が来る。旅と伝説等来る。(出):本山桂川に葉書を出す。

1月31日 (来)「:田中喜多美君から聴耳草紙の礼状。」[日499] 岡村千秋、一力五郎他から。(出):小笠原謙吉、小田島孤舟に放送局の計画を知らせる。

2月1日 恋川潤（小井川潤次郎）「「聴耳草紙」―佐々木喜善氏近著」が奥南新報に掲載。[集4]

昭和6（1931）年 2月 44歳

2月1日 「辛未叢語（5・6）」が、『逓友』112号に掲載。

◆1日 研究「沼の嘉魚」が、『東北の旅』6―2に掲載。

2月2日 「藤原悲想庵氏からきた秘事法門の資料筆記に、其他カードをとる為に一日かゝる。」[日499] (来):菊池源吾、武藤鉄城、幾年振りで石田収蔵等。

2月3日 突然大信田が5円貸せときたが、貸せない今の境遇が悲しい。(来):小井川、蘆谷、本山桂川、小笠原謙吉、犯罪科学、岡書院から雑誌5冊来る。

2月5日 奥南新報に中道等の聴耳草紙についての記事、『毎日』にも短評。

2月6日 妻は今日も困って何か持って出た。夜まで秘事念仏の切り抜き。(来):田中喜多美、松田亀太郎、本山桂川から通信。(出):田中、高橋勝利、竹内へ出す。

2月6・7日 橘正一「佐々木喜善氏著「聴耳草紙」を読む」が『毎日』に掲載。

2月7日 午前三原良吉が来る。橘正一の批評がよかった。(出):蘆谷重常から手紙。

2月8日 (来):本山桂川から広告の刷物が来る。(出):阿刀田、小倉、佐藤吾一、菊沢季生、山本枡蔵、木村修三、村田幸之助等に出す。

2月8日 「逓友の原稿を書いた。本山君から此度の民俗類纂の広告の刷物が来た。」[日500] 阿刀田、小倉、佐藤吾一、菊沢、山本枡蔵、木村修三等に出す。

2月9日 午前に三原良吉が来て「鄙の一曲」を貸す。(来):午後萩原から葉書及び電為替で40円来る。(出):漸く逓友に原稿（200字22枚）を送った。

2月10日 (来):竹内道之助からデカメロンの原稿のこと。(出):折口信夫らに出状。

2月11日 「故郷の方ではかたなめしの破産者が続出する模様、嘆かわしい限りである。」(来):小井川、北川、前川などから来信、菊沢季生から、仙台郷土研究会の2号が来る。(出):小井川、北川、前川、菊沢に返事。」[日501]

2月12日「貧乏もつくづく厭になってしまった。」日501 (出):「狐妻哀話」(200字33枚余)を脱稿し葉書をつけ、デカメロンへ出す。三原、小井川へ出状。

2月13日「貧乏になったために妻といやな心持ちになった。病の娘ばかり可愛想である。」日501 (来):折口信夫、森口多里、本山桂川から来状あり。

2月14日「秘事法門の話」を書き出す。(出):聴耳草紙を渋沢敬三へ献送した。

2月15日 菊沢季生が来訪。ローマ字世界への寄稿と、ローマ字例会で話をしてくれという用件、両方とも受け合う。(来):小井川、藤原相之助、竹内道之助等より来状、伊藤行人から『日報』のザシキワラシの話のある新聞が来る。

2月17日「朝、急に八戸へ行くことになり、名刺を作った。」日501
2月18～21日《青森県で講演等で滞在》
◆18日 朝7時で八戸へ。小井川潤次郎宅で、夜初めて「エンブリ」を見た。
◆19日 町のエンブリを眺め、午後、八戸高女で「児童の文学」を講演。夜、小井川宅で雑談。◆20日 青森市図書館で講演「民俗学より見たる秘事法門」。
◆21日 八戸市尋常高等小学校で講演。午後1時仙台着。
2月22日「あまりの労れのために今日の講演は断った。」日502 (来):小井川、菊池福雄、武藤、豊前民話集等。(出):丹野清之助、伊藤行人、小井川等に発信。
2月24日 夜「狩猟の今昔」を放送。(来):佐々木源蔵から葉書が来る。
2月25日 (出):三原君の昔話の原稿を清書したので終日かゝつた。40枚書いた。」日502 (来):沢田重蔵から葉書来る。(出):佐々木源蔵に葉書。
2月27日 (来):土橋里木、橘正一等来る。(出):土橋、小岩井に手紙と松本信広の手帖、橘正一、松田亀太郎に礼状など出す。
2月28日「原稿は大凡完了に近づいたが明日に残した。」日502 (来):「旅と伝説」「学鐙」が来る。松田からも葉書が来る。小野寺の男が家賃を取りに来る。

昭和6(1931)年 3月 44歳

3月「聴耳草紙」が、『三田評論』403号に掲載。
◆ 橘正一「『聴耳草紙』を読む」が『旅と伝説』4—3に掲載。集4
3月1日「辛未叢語」(7～9)」が、『逓友』113に掲載。
◆ 1日 (来):「デカメロン三号が来た。角舘時報、箱石澄司等から来状。その他温泉、佐々木源蔵から東奥日報の喜善の記事のある分を送って来る。(出):「幽霊妻の話」をデカメロンに出す。荻原にも旅と伝説の礼状。」日501
3月2日 午後、突然に長畑平次郎が来る。村々の話をいろいろ聞いて嬉しかった。夜泊まる。(来):小野田、中村協平、橘正一に来状。奥南新報が来る。
3月3日 長畑は夕方帰る。中道が来る。夜、明日のオシラ遊びのための買い物に出た。(出):中村協平から支那茶が届く。日本温泉協会へ「山の出湯」11枚出す。
3月4日 (来):小井川等から通信。本山の雑誌。(出):中村協平等に通信出す。
3月5日 (来):「長畑平次郎君から村の様子が報じられて来た。」日503 荻原正徳から水木そのという人の葉書を封入手紙。(出):荻原、長畑へともに返事。
3月6日 (来):沢田四郎作から近著「ふるさと」「温泉」「犯罪科学」などが来る。(出):逓友4月号の原稿を出す。木内へ放送の梗概などを出す。
3月9日 (出):一力五郎へ手紙を添え「秘事法門の話」(200字60枚)を送った。奥南新報へ「ゑんぶり」(10枚)を出す。
3月11日「山万から依頼された願書を県庁へ持つ行った。」日504
3月12日 (出):犯罪科学へ原稿(「泊客殺害譚」200字詰50枚)を出す。(来):荻原から葉書が来ていた。
3月13日 (来):長畑平次郎から葉書。(出):中山先生に久しぶりで出す。
3月15日「馬首飛行譚」「ヤスコ」が、復刊『郷土研究』5—1に転載される。(来):東北の旅などが来る。(出):岡村千秋に手紙と葉書。丹野寅之助らに出す。
3月16日「藤原さんのところに行く。……手はらみの里といふのがありしといふ。」(来):前川、鈴木らから来信。(出):荻原正徳、田中直樹、岡村千秋に手紙。
3月19日 風邪で返事も出せない。(来):岡村千秋、本山桂川の民族資料類聚が来る。
3月21日 風邪で終日寝る。(来):森口の批評が載る朝日新聞をよこした。
3月22日 上杉山通りの安部が来て聴耳草紙と郷土研究を売る。無一文舘から35円もって来る。(来):岡村千秋から葉書。(出):岡村、荻原、東山へ葉書を出す。
3月23日「奥南新報」に喜善の「村の話」が掲載。伊東信雄が久しぶりに来る。(出):奥南新聞を送ってほしいと三浦に出す。岡村千秋に渡辺勝の原稿と葉書。
3月24日 山木(宣)に若の「お取次ぎ」※をして貰う。〔※ **大本教で宣伝使が行う。**
◆25日 朝から山木(宣)にお取次ぎをして貰う。 **宣伝使に「(宣)」と付す。**〕
3月26日 午後山木(宣)がお取次ぎに来る。(来):本山桂川、奥南新報、角舘新報、長畑から通信。(出):蘆谷重常、荻原正徳に手紙を出す。
3月27日「若は昨夜から胸が痛み熱が下がらない。」(来):学鐙、仙北新報。(出):

山崎万之助に県庁の返事を出す。[日505]

3月29日　山木[宣]、井上医師が来る。(来):後藤捷一から喜善の「馬首飛行譚」について注意が来る。喜善を仙台の大本信者は不信仰者という。

昭和6(1931)年　4月　44歳

4月　柳田は『旅と民俗』4—4の「柳田国男特輯　昔話号」を編集する。

※『聴耳草紙』刊行僅か3カ月後の発行。『聴耳草紙』と「昔話号」は、鋭く対立している。全国から昔話が集められたが、喜善の採集した昔話は見られない。

4月1日　「辛未叢語（10～13）」が、『遁友』114号に掲載。心臓が苦しくて終日寝る。(来):久しぶりに北川伯父からの手紙。本山桂川の雑誌など来る。

4月2日　「花咲爺のことを見るため図書館へ」[日506]　(来):旅と伝説、東北の旅、山崎万之助から郵便、(出):中道等などへ葉書。

4月4日　大学の図書館に常盤雄五郎を訪ねる。燕石雑誌を借りる。(出):村田幸之助、北川伯父へ手紙。小井川、荻原、土俗趣味社に葉書。(来):荻原から葉書。

4月5日　午前中、刈田仁が来て大問題が生じたという。三原良吉と喜善との原稿のいきさつを、大げさにいう。(来):本山桂川、奥南新報が来る。

4月9日　(来):森口多里、北川伯父から来る。(出):北川、荻原へ。遁友の高橋へ原稿（10枚余）を書いて夜出す。

4月10日　「朝食時に山万と七番丁の及川さんが来た。山万から村の話を聞いて大笑をした。」(来):風俗資料から稿料。鈴木重男、橘正一、本山桂川から葉書。

4月11日　朝から山万が来て話す。(来):木内、奥南新報、村田幸之助から通信。

4月14日　八巻[宣]にお取次を頼む。(来):宮守の菊池より綾部からの宣伝使御内命の通知書が来る。仙台郷土研究会他来る。(出):風俗資料、小井川。

4月16日　「昼は原稿を書く。夜西公園へ行つて相馬の民謡を見た。」[日508]帰ると、鈴木碧が来たというので行くと、女子師範の人が書を買いたいとの話。(出):木内に梗概4通出す。八巻[宣]が今日も来てくれた。

4月18日　終日「郷土研究のプラン」を書いてみた。北川、長畑から通報があった。

4月20日　朝から原稿（28枚ばかり）を書く。「今月は大層貧乏になってしまった。変にそれが悲しかった。」[日508]　(来):童話研究。(出):耕地整理の手続き。

4月21日　「原稿紙がなくてたゞ暮した。」[日508]　夜大家のところへ行くと師範学校の方はどうかと言われる。(出):放送局の木内へまた葉書を出してみた。

4月22日　午後3時頃本山桂川が来る。8時半で立つので駅まで送る。

4月23日　(出):デカメロンへ「難婚世間譚」（60枚）を出す。本部へ玉串料出す。菊池盛一郎、岡村千秋、そして土の香へ原稿（土の呪詛7枚）を出す。

4月24日　妻が原稿用紙を買ってくる。(来):本山桂川安着の葉書。仙北新報来る。

4月27日　(出):犯罪科学へ「親子相殺譚」（61枚）を出す。武藤鉄城に昔話のこと。

4月29日　「大本本部へ履歴書及び受書（辞令）転籍届など出すために午前中」[日509]かかる。(来):中山先生、母から手紙来る。

昭和6(1931)年　5月　44歳

5月1日　「辛未叢語（14・15）」「夜行さんに就て」が、『遁友』115号に掲載。

◆1日　「妻と例の陰惨な暮らしの話をする。」[日509]　(出):松本信広他に手紙を書く。

5月2日　みろく祭に玉串料がないため行けなかった。(来):中山先生（喜善の仕事の心配）、佐々木源蔵、旅と伝説くる。

5月3日　午前中に八巻[宣]が来る。(来):中山先生から「日本巫女史」が来る。

5月4日　井上医師が来て「世界媚薬史」をかす。夜、分所へ行き宣伝使の挨拶をする。

5月5日　「原稿を書くにも力なし。……下駄がなくて歩かれぬのが一番閉口である。」[日510]　(来):相墨龍逝去の通知がある。(出):**柳田先生**に手紙を出す。

5月6日　「妻との感情が貧乏の為にお先真っ暗であった。」[日510]

5月7日　犯罪科学に作が載る。(出):放送局の篠崎宄に梗概を送る。荻原らへ出す。

5月8日　(出):遁友に原稿を出す。(来):三田評論（英国のフォークロアの記事）他。

5月10日　文化堂が来て「老媼夜譚」を持っていく。男子師範の附属の石川が去年の講演の謝礼5円持参。(来):中村純也、京大の方言研究会等から通信。

5月13日　「朝から家主が来るかと思へて居られなかった。」[日511]　(来):午後荻原から葉書が来て無一文舘に行くと6冊あり落胆する。佐々木源蔵から葉書切り抜きが来る。(出):篠崎勝治、荻原に葉書。

5月14日　鈴木碧へ行くと、石川善助がいた。北川伯父より祖母からだと10円届くが、妻の言葉で直ぐ返した。(来):東北の旅及び仙台郷土研究がきた。

◆14日　「夜行さんに就て」が、『郷土研究』5—2に掲載。

5月15日　鈴木碧とNHKの三周年記念東北民謡大会（公会堂）を見に行き、佐藤吾一の手配で入場する。(来):郷土研究2号、菊沢季生他から手紙。

5月16日 (出):岡村千秋、本山桂川、竹内には雑誌催促、諸雑誌に原稿を買うか問合せる。(来):武藤鉄城から手紙。日向郷土資料が来る。
5月17日 (来):武藤から「角舘むかしこ」3冊270、280篇のもので、いい話もある。
5月19日 人獣闘殺譚脱稿する。(出):グロテスクに、手紙をつけ2篇（愛憎殺害譚60枚、夜遊悪戯譚49枚）送る。(来):北川真澄から来状。
5月20日 若の貯金を使うことを話す。「何もかにも余の意気地がないためである。」[日512] (出):中山先生、岡村千秋らへ手紙。(来):デカメロン5月号くる。
5月25日 朝、伊東信雄が「日本風俗誌」を持参し貸してくれる。午前中に放送の原稿を書き終える。午後井上医師が来る。(来):角舘時報が来る。
5月26日 菊沢季生が来訪。(来):奥南新報と菊池盛一郎から葉書。(出):胡桃沢甚内、荻原正徳、本山桂川、菊池盛一郎、菊池一雄、武藤鉄城他。
5月27日 「自分の意気地なし不甲斐なさをこの頃つくづく感じて来た。」[日512]
5月28日 午前10時30分に「東北に発生したる童話」について講演。篠崎にあう。
◆28日 「十の呪詛」「佐々木喜善先生より」（喜善）が、『土の香』23号に掲載。
5月29日 差し迫った原稿（40枚位）を書く。(来):本山桂川、奥南新報くる。
5月30日 史学にやる原稿（50枚位）を書く。夜は元小路の大本教の分所で若い人達にエスペラントを教え始める。(来):本山桂川から資料が届いた。
5月31日 明日長畑たちが帰るという。(来):旅と伝説、武藤、吉田孤羊に通信。(出):犯罪科学、松本信広、荻原へ出信。

昭和6（1931）年 6月 44歳

6月 「泊客殺害譚」が、『犯罪科学』2—6に掲載。
◆ 高橋勝利『聴耳草紙』の法螺の貝」が『旅と伝説』4—6に掲載。[集4]
6月1日 「辛未叢語（16～18）」が、『遁友』116号に掲載。
6月3日 「奥州地方における特殊信仰」（200字165枚余）脱稿。
6月4日 (出):放送の梗概を書いて木内へ3通出す。伊東信雄、刈田仁。
6月5日 「朝、年中行事の本を見度くて大学へ行く。」3冊かりる。伊東信雄へ本山桂川の類聚を届ける。(出):本山、武藤、小時田に葉書を出す。
6月6日 久しぶりで三原良吉が来訪。中道等が来ていると思って来たという。(来):ローマ字の方から本山の類聚のことで葉書。大曲新報来る。(出):中道等、本山に山本の葉書を同封して出す。
6月7日 田中舘博士他のローマ字講演に行く。菊沢季生の講演が一番よかった。
6月8日 早川孝太郎が突然来訪。渋沢敬三の博物館へ遠野辺りの農芸物を集めるため立ち寄る。喜善のあまりの窮状ぶりに驚く。夕方まで歩き、夜まで話した。(出):夜、早川の葉書の傍らに**柳田先生**、折口信夫、岡村千秋等へ便りした。(来):北川真澄、奥南新報、蝦夷往来、本山桂川から来状。
6月9日 朝10時で早川孝太郎は立つ。(出):松本信広、犯罪科学、本山桂川、三浦ら。(来):夜三原良吉へ行ってみる。「帰りは明日の日をどうしようという悲しみにあった。僕も堕ちたものだと思った。」[日514]
6月10日 遁友の原稿を書く。(出):早川、鈴木重男、田口松圃他に手紙を出す。
6月11日 (出):遁友の高橋へ手紙と原稿を出す。中山太郎へ返事を出す。(来):温泉、仙台郷土研究等来る。中村先生、中村協平から手紙が来る。
6月12日 (来):田口謙藏、中道、早川孝太郎らから来状。夜、河北新報で「骸骨が実母に逢って口をかぎかぎくめかした話を読んで感激した。」[日514]
6月15日 (来):鈴木重男、早川孝太郎から葉書。角舘新報来る。(出):武藤、早川、鈴木に返事。手の子の話（16枚）を東北の旅の丹野に届ける。
6月17日 三原良吉が来て、8月から河北の付録が出るので原稿を書けといわれる。
6月18日 夜公会堂へ婦人公論の講演に行く。(出):本山桂川に返事、伊東に葉書。
6月19日 今日も仕事が出来ず。元寺小路の若先生が来て若にお取次をしてもらう。朝に井上医師きて、高橋（栃木）から来た「さけのんべ草」をやる。夜はエスペラント第2回目の講習を2時間やった。(来):民俗学が来る。
6月20日 河北の原稿を書こうとして閉口する。(来):ＪＯＨＫから25日講演のこと。
6月23日 図書館に行き藤原先生に逢う。帰ると井上医師が来る、夜、原稿10枚をかく。(来):本山桂川から郷土研究等が返戻される。
6月24日 「夜刈田君が来て聴耳草紙を語るの原稿をもつて行った。」[日516] (出):村田幸之助、早川孝太郎等に手紙。(来):村田から講演の件で手紙。**柳田先生**の「行商と農村」が送られて来る。6月25日 講演は「手拭とハンカチ」で、25分で15枚読むのは容易でない。
6月26日 夜、エスペラントの青年会（元寺小路分所）で相談があった。
6月29日 今日も東京から来ない。エスペラントの講習は一番大勢で活気がある。(来):丹野から東北の旅に書くよう原稿用紙届く。(出):本山、丹野に手紙を出す。

6月30日 「朝電報が来る。今日母らが来るといふ。」[日516] 若はとても元気である。3時半頃、祖母、丸子立の祖母らが来る。夕方井上医師が来る。(来):北野博美、仙台郷土研究会から通信。(出):北野へ直ぐ返事。

昭和6(1931)年 7月 44歳

7月 「泊客殺害譚」が、『犯罪科学』2―7に掲載。

7月1日 「辛未叢語(19〜21)」が、『遁友』117号に掲載。

◆ 1日 (来):「三田史学から二十円の原稿料が来る。人を馬鹿にしてゐる。」[日517] 風俗資料から手紙。旅と伝説7月号。(出):安良衛と北川へ葉書。丸小立の祖母たちを伴い竹駒神社へ参詣。

7月2日 朝から祖母等を連れて市内見物。直ぐにエスペラントの講習に出かけた。(来):松本信広から校正刷が来る。風俗資料から原稿のことで来状。

7月3日 「今朝十時で祖母たちがかへつた。あまり早くかへしたので皆は口惜しんでゐた。」[日517] (出):新田太郎、厚楽安良衛、早川孝太郎に葉書。

7月4日 (出):松本信広に手紙と原稿校正刷。デカメロンに原稿と葉書を出す。(来):犯罪科学、温泉、グロテスク編集者などから来る。

7月6日 三原良吉が来る。夜エスペラントのことで行く。(出):「渋沢家のアチックミユーゼアムへ荷物を出した。」[日517]

7月9日 (来):沢田四郎作から風俗資料、盛岡の「詩芸術」、早川孝太郎などから来状。午後、遁友2冊と稿料が届く。「耕地」田尻へ。

7月12日 「奥州地方に於ける特殊信仰―隠し念仏に就て―」※(喜善)が、『史学』10―2に掲載。(※喜善の労作は広く注目された。)

7月13日 午後、井上医師が来る。村から利右ェ門が来る。夜、エスペラントに行った。(来):武藤鉄城、一力五郎、丹野、佐々木勇から書状が来る。

7月14日 (来):丹野、高橋六郎、松田亀太郎、永作、瑞祥新聞より通信。(出):丹野宛に原稿(「山のエロチック」24枚)などを出す。

7月15日 「馬首農神譚」が、『郷土研究』5―3に掲載。

7月16日 「金がないので憂鬱で暗くてたまらぬ。」[日518] 夜一力に行き、原稿を書き直すと話す。(来):三田史学から雑誌2冊、民俗学、角舘新報来る。

7月17日 河北へやる原稿(6枚)を書いた。(来):瀬川竹次郎から耕地整理のことで、奥南新報、早川孝太郎から便りくる。

7月19日 (来):渋沢家から品物の礼として送金される。」[日518] 松本、早川、本山等から来る。(出):史学の刷物を出す。佐藤吾一、藤原相之助、菅野義之助、新渡戸仙岳、小井川潤次郎、中村協平、村田幸之助、松田亀太郎らへ。

7月21日 若の容態が悪化。(来):藤原相之助、菅野義之助から手紙くる。(出):刈田仁に依頼する。神職講習会に関するもの他を北川真澄へ回送する。

7月22日 河北へやる原稿を書く。刈田仁来て、「文学の発生」をもって行く。鈴木碧に行き、岩手の民謡集をよんで貰い田植唄の節には大いに感心して帰る。

7月23日 (出):「丹野寅之助氏へローマ字、奥南新報、一力五郎氏へ原稿と写真入れを出す。」[日518] (来):早川、福泉寺からも葉書来る。

7月26日 原稿やっと10枚書く。(来):喜善の文がグロテスクの巻頭に載る。童話研究、学鐙、**柳田先生**から刷物2冊、奥南新報、中村協平から来る。

7月27日 山万が来て、利右ェ門から10円かりて渡した。若は日増しに悪化する。(出):明日の児童に、葉書をつけて原稿(38枚)を送る。

7月28日 (出):手紙を書く、**柳田先生**へ別刷の礼状からオシラに関してのこと。

7月31日 「若いよいよ脳膜炎と決まり、座敷へ移した」。[日519] 八巻[宣]がお取次をしてくれる。井上医師が来る。(来):瀬川竹次郎、田中直樹、土の香来る。

昭和6(1931)年 8月 44歳

8月1日 (来):箱石その老婆、人類愛善新聞、旅と伝説来る。(出):箱石その、荻原、安良衛に若の容態を知らせる。

◆ 1日 「辛未叢語(22・23)」が、『遁友』118号に掲載。

8月2日 八巻[宣]来る。(出):「黄金の鶏」を一力宛に出す。(来):奥南新報他。

8月3日 今日はまた若は酷くなった。「同時に氷を買う金もなくなつたと云われた。」[日520] (出):夜、山田文化堂に画本を持って行き13円に売れる。

8月4日 若が浮言を言い出す。八巻[宣]、井上医師も来てくれる。(来):北川、犯罪科学、温泉来る。(出):松田亀太郎、菊池利文、北川等。

8月6日 「若子は少しも眠らず終夜苦悶し、浮言を云ってゐた。」[日520] 母に電報をうつ。金のことで歩いたが、何所もいけなかった。八巻[宣]がいい様にするというので安堵する。(来):犯罪科学、元寺小路から葉書が来る。

8月8日 若はいよいよいけなくなった。八巻[宣]が来る。(来):村田幸之助他。

8月9日 **長女若死去**(享年21歳)午後5時死亡。

8月11日　若の本葬の日。4時火葬場へ行く。(来):北川真澄から来状。
8月12日　漸く落ち着く。丸善から「民俗の話」を買う。(出):菊池盛一郎へ故郷で埋葬式を依頼する状を出す。(来):三田評論、前川隆三等から来信。
8月13日　保険のことで郵便局へ行く。分所へ行ってお礼をする。
8月14～30日《帰郷・土渕村》——若の納骨のため
◆14日　午前10時に仙台発。◆15日　親類縁者集い葬式準備。◆16日　埋葬祭。午後親類で告別祭。
8月16日　「東北地方の民話蒐集に就いて」が、『河北くらぶ』に掲載。
◆17日　親類縁者集い後始末。◆20日　灯籠木を立てる。◆21日　放送局から25日の講演通知。◆23日　北川の招待で、家族で御馳走になる。(出):放送局の木内等に手紙。(来):北野博美から岩谷堂に来るとの知らせ。◆24日　安良衛、竹次郎、北川が来て話す。(出):北野等に手紙を出す。◆26日　灯籠を灯籠木に上げた。◆27日　今日から盆。墓参り、夜は松火明。◆28日　若の二十日祭で墓参。◆29日　今日家発。丸子立に寄る。北川に寄ると村順のことをいわれ、伯父に伴われ会見。話は結局返事を無くすことに落着。岩谷堂に寄り、南座へ行き、折口信夫らが主催の民俗芸能大会を見る。折口一行は竹屋に泊まり、12時過ぎまで話をする。◆30日　2時の汽車で8時20分着仙。

昭和6（1931）年 9月 44歳

9月　「東北地方の民譚蒐集に就て」が、「河北くらぶ」2に掲載。
9月1日　「辛未叢語（24）」が、『逓友』119に掲載。
9月2日　夜「鳴く虫の話」を放送。帰りに元寺小路に寄り復活祭の件をうける。(出):本山桂川、蘆谷重常、荻原正徳、岡村千秋、箱石澄司へ葉書と反物を出す。
9月4日　夜、井上医師に礼に行く。(来):高橋の芳賀郡資料、犯罪科学、伊藤星司等。
9月5日　「小田原の分院の宮城信者大会に出席した。」(出):田中直樹、高橋勝利、新田貞雄らに葉書。(来):犯罪公論、本山桂川、土橋里木らにも出す。
9月6日　大家から家賃に関しての書面来る。(来):蘆谷蘆村、本山桂川、箱石澄司、仙台郷土研究会から便り。(出):一力五郎、田中直樹、本山桂川等に出状する。
9月7日　朝、郵便局から保険金をうけとる。八巻[宣]も来る。(来):本山桂川、一力五郎、岡村千秋から通信。(出):本山、阿部、菊池盛一郎らに通信した。
9月8日　今日は借金を支払いに歩かせる。八巻[宣]、夜、井上医師に行って薬料を支払う。(出):佐々木松吉、刈田が来る。(来):北川伯父らにも返事。
9月9日　「若子の一周月日である。今日だけ仕事を休む。」[日524]　(来):中道らから。一力から河北くらぶが5冊来る。(出):同上を、武藤、大洞、浅倉に出す。
9月10日　「今夜からエスペラントの講習が始める。」[日524]
9月11日　原稿を書き始める（15枚程）。(来):本山桂川、耕地整理から通知くる。
9月12日　(来):北川から祖霊の返事。(出):高橋へ手紙と逓友の原稿（42枚）を出す。
9月14日　朝から原稿書き。夜分、喜善は眼が見えなくなり、井上医師が来てくれる。(出):グロテスク及びデカメロンに原稿料催促の葉書。金澄が東京からくる。
9月15日　朝から宮城教育の原稿で大いに弱る。夜、八幡様へ行き、舞踏を見る。少女が神前に踊るのが犠牲であることが分かる。3時半脱稿（32枚）。
9月16日　「原稿を師範学校の本郷君のところへ持参届ける。」[日524]
9月17日　夜は第2回のエスペラントの講習で行く。
9月21日　体が変なので井上医師に行き診て貰う。(来):菊池盛一郎、武藤鉄城から葉書。(出):菊池、永作、北川へ手紙を出す。
9月22日　「やっと「花咲爺」を書き出して見る。」[日525]　夜、エスペラントをやってほしいと頼まれ急いでいく。(来):村田幸之助、佐藤吾一から豆腐の話。
9月24日　頭痛して、午前は井上医師へ。門前の梨をとって近所へ配った。
9月25日　(来):山崎万之助から村の便りあり。夜エスペラント（3人きり）でいく。
9月29日　「小室君が来て菊沢君に紹介する。元寺小路へエスペラントがあるので行くと佐沢さんの息子が教えて居たのでよしと思ってかへる。」[日526]
9月30～10月7日《岩手・秋田県地方を旅行》
◆9月30日　12時仙台発。岩手県黒沢尻に村田幸之助を訪ねる。◆10月1日　黒沢尻中学及び女学校で講演。夜村田、沢田来て10時まで話す。◆2日　汽車で秋田県大曲、神代村へ。◆3日　角館に武藤鉄城を訪ねる。◆4日　武藤と渡守の鎌倉を見る。◆5日　生保内へ。◆6日　3時頃田沢湖に着く。◆7日　横手で、巫女の家に行く。丁度追分節であり、追分の起源が分かる。11時の汽車で、夕方6時仙台着。(来):村田幸之助、荻原正徳、菊田寛美、方言学。

昭和6（1931）年 10月 45歳

10月　「東北地方の民話蒐集に就いて（25～28）」が、『河北くらぶ』に掲載。

10月1日　「辛未叢語（25〜28ご」が、『逓友』120に掲載。
10月8日　「金を全部つかって来たというのでタマに泣かれて困る。」日527　一力五郎にやる原稿を書く。(来):郷土科学講座、犯罪科学、犯罪公論、デカメロン。(出):夜一力に原稿と手紙。太田に雑誌、木内に梗概。
10月10日　「民間伝承論」（喜善）が、『郷土の伝承』1に掲載。
◆10日　「一力から断つて来るのに落胆した。」日527
10月11日　3時に聖師様を迎えに行く。(出):犯罪科学、デカメロンへ督促文。(来):北川真澄、山本枡蔵から通信。
10月12日　「聖師様におめにかかり、みろく踊りを拝見し、お送りした。」輔179
10月13日　朝10時、聖師様をお見送りする。なぜか原稿料が来ない。
10月14日　朝から原稿書く。午後漸く竹内から稿料が大枚10円来る。(出):後藤宙外、無一文舘等15通。(来):土俗趣味社、竹内道之助、村上順平から。
10月16日　(出):一力に原稿、本山桂川へ返事、竹内道之助、菊沢季生に出す。
10月17日　喜善が「今春二月から方々で講演してきた民俗学の態度を、今頃、折口、**柳田**の両氏が云つてゐる。或る自負を得た。」日528　(出):北野博美、松本信広等に出状、(来):深沢多市、郷土研究、民俗学ら来る。
10月19日　田中さんが来て、鈴木を連れて参綾してくれといわれ承諾した。
10月20〜28日　**《大本教本部（京都）で修業》**
◆20日　7時仙台発、2時半に東京着。4時半の汽車に乗る。
◆21日　朝7時亀岡着。8時から講義に出る。祭礼。夜はエスペラントの会。
◆22日　午前、上野さんへ行く。夜は大祥殿の月並祭で参拝した。
◆23日　昼食時間、穴生に御聖母様へ面会に行って来る。夜上村氏を訪問。
◆24日　午後の平松氏の講演で眠ってしまう。夜この町の祭礼に出て見た。
◆25日　亀岡町の鎮守小幡神社の神輿、大祥殿、月宮殿に来る。
◆26日　北村夫人の聖祖伝を聞く。天恩郷も空気があやしくなったようだ。
◆27日　修業終わる。手紙を頂く為、夜綾部に立って第六友舎にとまった。
◆28日　綾部で祖霊様を祭って貰う。亀岡で手紙貰えず、第二安生館泊。
◆29日　**《東京に立ち寄る》**　—　亀岡5時発。4時半頃東京着。早川孝太郎宅へ。
◆30日　早川と岡村千秋へ行き、荻原、宮本に行く。
◆31日　早川と中山太郎へ行く。夕方一人**柳田先生宅**へ行き歓待される。7時頃辞し帰る。11時半に上野から帰途につく。

昭和6（1931）年　11月　45歳

11月1日　「辛未叢語（29・30）」が、『逓友』121号に掲載。
◆1日　午前仙台着。(来):留守中の来信。村田、菊池永作、浅倉利蔵2通、東北大学、北川、安部亨《ママ》太郎、新渡戸、本山桂川、武藤（小包）他。
11月2日　(来):大家から内容証明の手紙。沢田四郎作から大和昔話が送られて来る。
11月3日　「今日は移転のことで朝から夫婦は憂鬱になつた。」日529　(出):北川伯父、竹内に草稿と手紙、早川へ手紙、武藤にも手紙を出す。
11月4日　「終日妻と共に不運をかこちて暮した。」日529　(出):木内に梗概。
11月6日　(出):「難婚今昔譚」を中山太郎に依頼。荻原に葉書。(来):犯罪公論が来る。
11月9日　大家から夜に来いと言って来る。(来):本山桂川の雑誌、岡村千秋から。
11月10日　「一力氏に行き原稿をお願いしてくる。」日530　(来):北川伯父から土木の件で来信。土の香、武藤から葉書。(出):北川に出状した。
11月11日　(来):岡村千秋から「老媼夜譚」5冊来る。(出):遠藤幸次郎（グロテスク責任者）、岡村、本山桂川、早川に手紙を書いた。
11月12日　家族で家探し。(出):太田次雄へ「老媼夜譚」、逓友12月号の原稿を出す。
11月13日　タマは家探しに出るが、思わしくない。(出):北川伯父に手紙。
11月17日　「夕方成田町一一六に移転した。」日531　荷馬車2台、荷車1台。
11月20日　夜、多田宣と二人で新宅の鎮座祭を行う。(来):郷土研究が来る。
11月21日　(来):菊池盛一郎、民族学、旅と伝説、大曲新報来る。(出):菊池へ返事。
11月22日　夜の講演の原稿を午前中に出し、頭痛で寝る。講演は無事に終わる。
11月23日　(出):刈田仁に謄写版のこと、遠藤幸次郎にグロテスクの稿料督促、荻原に紙型のこと。(来):北川から請負のことで来信。デカメロン11月号が来る。
11月24日　「夜阿刀田先生の所へ行つて「百合若」の論文の別刷を貰つてくる。」日531　(来):菊田寛美から来状「蝦夷往来」他。
11月25日　逓友の正月号の原稿（20枚）書く。(来):本山桂川の民俗資料類聚9号、大曲新報来る。(出):田中直樹、竹内道之助、本山らに出状。
11月26日　「貧乏ゆへに妻と気分をわるくした。……本を売りに町へ出るのに外套もなく……古本屋へ行つて「老媼夜譚」二軒に三冊売つて、三円二十銭になつた。」「今日いよいよ謄写版の雑誌の計画を立てて見た。金二十円あれば出来ると思ふが、それがないのが悲惨である。」[日531] (来):菊沢季生から葉書。

◆26日 「民間伝承学会の趣意書を作り具体的計画を立てる。」[グ92] 小井川潤次郎、早川孝太郎、三原良吉との話し合いで、雑誌の必要を感じる。『民間伝承』と名称を決め、自宅に民間伝承学会を置く。

11月28日 (来):北川伯父から手紙が来る。「傍若無人の話」（50枚）脱稿した。小川潤次郎から葉書が来る。(出):北川に返事を出す。

11月29日 「ゴボウホリ」を脱稿した。六十一枚半である。」[日532]

11月30日 (出):「**柳田先生へ雑誌計画**を書いて出す。其他同様の手紙を中山太郎氏、折口信夫氏、金田一京助氏、田中直樹氏に手紙と原稿、荻原へ原稿、遁友など準備した。」[日532] (来):荻原から葉書が来る。武藤から手紙と昔話の原稿が来る。

昭和6（1931）年 12月 45歳

12月 「菅江真澄翁終焉の地を訪ねて」（喜善）が、『旅と伝説』4—9に掲載。

◆中道等「焼栗の香—佐々木喜善君の「老媼夜譚」を読みて」が『郷土研究』5—7に掲載。[集4]

12月1日 「辛未叢語（31〜32）」が、『遁友』122号に掲載。

◆1日 (出):中山太郎、金田一京助、折口信夫、早川孝太郎、田中直樹（併原稿）、荻原へ原稿。(来):信州の「郷土」、沢田の「大和昔話」等が来る。

12月2日 三原良吉来訪。(来):「秋田魁新聞に加藤俊次といふ人が書いた聴耳草紙の批評を送つて来た。」[日532] (来):大曲新報、奥南新報から原稿依頼。

12月3日 趣意書の訂正。非常に身体が衰弱してきたことを感じた。

12月4日 (出):松本信広、喜田貞吉、藤原相之助、菊沢季生、三原良吉等に出状。(来):厚楽豊等から来信。「早川君からも顧問承諾の葉書が来た。」[日532]

12月5日 (来):**柳田先生**（手紙には思わず泣き笑いさせられる）、山中太郎、松本信広（「日本神話の研究」）から来る。(出):野崎君子、中村協平等。

12月7日 (来):藤原先生、武藤から葉書。(出):藤原先生に返事。甚だ落ちつかない。

12月8日 終日家のことで慌ただしく暮らす。(来):朝、北川真澄らから手紙が来る。金田一、早川から何れも賛成の手紙。遁友から稿料が来る。

12月9日 (出):奥南新報、北川真澄などに手紙。(来):温泉、三田評論、本山桂川の雑誌等くる。趣意書の校正刷が来て直す。菊沢季生から返事が来る。

12月10日 昔の日記を見たくて、一日整理で暮らした。民間伝承の趣意書の刷物が出来てきた。(来):小井川から「むつ」2集が来る。喜田博士から葉書。

12月11日 方々へ趣意書。 ◆13日 同上。

12月14日 太田に、**柳田先生**の日本伝説集と松村武雄氏の日本童話集をやる。

12月15日 「子供らの月謝や米代で気が気でない。一寸変な気持になる。」[日533] 午後、郷土科学講座の人が来る。(出):今日も20部ばかり手紙を出す。(会):今日初めて民間伝承の申込みが佐々木源蔵から来る。

12月16日 「貧ゆへに朝からタマと云争ひをして暮した。」[日533] (出):方々に手紙を出す。(来):本山桂川から注意の手紙が来る。中村協平から葉書。長尾豊の「児童劇脚本」が来たら、喜善のものから2つばかり取っている。

12月17日 (出):高橋、小井川、北川真澄に手紙（三浦秀三の用件）を出す。(来):松本、小寺、野崎、村田、高橋等から手紙くる。

12月18日 (出):伊藤行人に「盛岡の追懐」を出す。小野融吉、中村協平に返事。

12月19日 (出):太田雄治、八巻(宣)、天江等に出状。(来):三田文学が来る。高橋から遁友の原稿料を前借りしてもらって来た。「河北くらぶ」1部とりよせた。

12月20日 奥南新報に民間伝承の紹介記事が載る。(出):箱石澄司、天江富弥ら。

12月21日 今日も市中方々に趣意書をまわす。(会):深沢多市から3ヶ月分の会費。

12月22日 「子供らは趣意書を男女師範の方へ」[日534] 配る。巡査が民間伝承学会の様子を聞きに来る。(出):**柳田先生**、本山桂川、中村協平、佐々木源蔵等に手紙を出す。(来):三浦儀助、三浦秀三、中村協平、小井川等から来信。

12月24日 (来):小寺融吉より「平泉の延年の能」、助川正誠から写真が来る。竹内道之助等から来信、(出):一力五郎、助川、小寺等へ出信。(会):朝に一力から民間伝承学会の基本金10円恵送になる。本多安治から半年分の会費が来る。

12月25日 (出):「方々へ趣意書を出した。」[日534] (来):下平、佐々木源蔵などから来状。(出):太田雄治が手紙をよこさないので今日も葉書を出す。(会):2通の入会申込み。小池安右ェ門から会費6ヶ月分、福田達之助から3ヶ月分申込み。

12月27日 (出):池上に手紙、村田、本田に**柳田先生**の抜刷もの、三原良吉にも同様、中村協平、鈴木碧らへ出状す。(来):**柳田先生**から抜刷、鈴木から岩手民謡集。(会):中村、大橋一郎らから会費、島からも申込書、竹田へも葉書で礼状。

12月29日 (来):郷土研究、佐渡土俗資料、童話研究など来る。(出):本山に郷土研究1巻2、3号を請求する。中村協平にも筬の資料を知らせる。岡村千秋、竹内道之助、**柳田先生**、早川孝太郎らに出状。[会]:田中喜多美から、3、4の申込者があった。船木栄から申込みあり。

12月30日 [日535] (来):三原良吉、後藤宙外など来る。「**柳田先生**から10円の為替が来る。これで明日の家賃の都合がつく。[会]:新張鶴松から会費が来る。」

12月31日 「家賃十五円、新聞九十銭、電気料一円八十銭其他支払う。」(来):中村協平から、竹内道之助からも原稿料4円70銭が来る。まずまずの年越しをした。**柳田先生**に礼状、[会]:梓又三郎に会費受取りの手紙(会費入金半年分、藤川とよ子、桂又三郎、大山巡造、熊田一太郎。3ヶ月分、高橋友鳳子)。

昭和7(1932)年 満46歳

昭和7(1932)年1月 45歳

1月 「猿に関する民譚(1・2)」が、『遞友』123号に掲載。

1月1日 「菅江真澄翁の終焉の地を訪ねて」が、『旅と伝説』5—1に掲載。

◆1日 「猿が如何にして出来たかと謂ふ話」が、『毎日』に掲載。

◆1日 「昔噺 猿の嫁子」が、『奥南新報』に掲載。

1月1・15日 「神代村の一夜(1・2)」が、『角館時報』に掲載。

1月2日 [会]:「八戸の夏堀から会費(半年分)来た。」[日535]

1月6日 水野葉舟(千葉県駒井野の開墾地に住む)宛書簡 ↑ 喜善より

「感極まる位なつかしいお葉書を拝見……第一に御知らせせしなければならぬ事は、昨年の八月、長女(若)に死なれました。世界中でただ一人の私の理解者であつた者です。民間伝承学会、御理解下されましたことにありがたう御座居ます。……ヘコミません。生きて行きます。……子供のためにも。」

1月7日 「此頃どうして斯う体が弱つたか心細い限りである。今日「母子沢の夜泣石」といふ伝説の原稿を脱稿した。……私は危機に立つてゐる。」[日536]

1月9日 [会]:入会者 杉浦瓢、村田鉄城。

1月10日 [会]:利右ェ門(1カ月分)、福島憲太郎(半年分)の会費が来る。

◆16日 [会]:鹿島則幸※から(6ヶ月分会費)。◆18日 [会]:新田貞雄から会費。

1月19日 「夜伊東君のところに初めて行つて話をした。」[日537] 「民俗学」、青柳の雑誌も来る。[会]:野崎辰雄から会費入金。(※伊東君—伊東信雄)

1月20日 「雑誌「民間伝承」の編輯で日をくらした。」[日537] (来):「民族学」など。

1月21日 土淵の桜井耕造が泊まり、村の話を聞いた。[会]:内村純世、小笠原謙吉。

1月22日 編集後記を書いてみた。[会]:今日申込人が2通。

1月23日 「三十年ぶりで国分市郎氏がたづねて来てくれた。」[日538] 午後、山万が来て村の話を大いに聞いた。夜、伊藤から自動車で米俵1俵よこす。(来):本田安次から生出神楽のことで手紙。[会]:入会、辰井隆(半年分)、中村協平(2人分)、清沢勝平(3ヶ月)、鹿島道雄(3ヶ月)以上4名から申込あり。

1月24日 山万、井上医師来る。芳賀が来て原稿を渡す。喜善のことを「大仙台」などで応援してくれたという。[会]:会費受取りなど出す。細谷則理より。

1月25日 三原良吉に行く。表紙画を書いて貰う。(来):中道等の雑誌が来る。

1月28日 [会]:天沼、瀧田正春(3ヶ月分)。◆29日 [会]:栗山、佐藤太郎から会費。

昭和7(1932)年2月 45歳

2月 「民譚の蒐集」が、『綜合童話大講座』に掲載。

◆1日 「雪の夜話」が、『遞友』124号に掲載。

◆1日 (出):長畑、荻原、前川他へ通信出す。

2月2日 「図書館に行つて真澄遊覧記を見てきた。」[日539] 明日の放送原稿(22枚)を書く。(来):中西先生から猿についての昔話の原稿が送られてくる。

2月3日 夜の放送で「真澄翁のこと」を放送する。(来):荻原から「蒲原夜譚」、早川から原稿、村田幸之助、中村協平らより来信。

2月4日 「井上さんは一、二号分は出版費を出すと云つたさうである。」[日539] (来):岡村千秋、犯罪公論、菊沢季生の雑誌など。(出):三原良吉、早川孝太郎、田中直樹、一力五郎らに出状。

2月5日 [会]:出口米吉、内田武志から会費。

2月6日 夜、三原良吉に行って来る。[会]:上条録郎から申込みがあった。

2月9日 三原良吉が来る。遠野物語などを貸す。ザシキワラシの話を贈呈する。

2月11日 [会]:「宮本氏から賛助員の金が来た。」[日540]

2月13日 友文堂と円満に解約し原稿が戻る。井上医師に話す。田中さんに寄り、今夜からエスペラントを始めることにして帰った。(来):天沼俊彦から手紙。

2月15日 三原良吉が来る。大学図書館へ行って常盤雄五郎に会い資料をかりる。

2月16日 「謄写版にしやうと決心して東七番丁と荒町に寄つてきた。とても格安の様である。」[日540] [会]:矢野宗幹から会費来る。

2月17日 東七番丁の謄写版から荒町の店に寄る。井上医師へ行き、その話をする。

2月18日 午後井上医師が来る。謄写版に行ってすべての道具をかりて来てやって見る。黒住教祖の伝記を読んで見る。(来):藤原相之助から手紙が来る。宮本勢助から原稿と葉書が来る。

2月19日 「謄写版を刷らせて見てとても駄目で、まず一号は頼むことにした。」[日541] (来):民族学来る。菊沢季生の雑誌が来る。(出):三田史学へ葉書を出す。

2月20日 [会]:会の方のことで吉田孤羊、中村協平らから通信あり。

2月21日 (来):信用組合から支払命令くる。[会]:池上、新田太郎、他会員から2通

2月22日 阿部宣が来てお取次をしてもらう。井上医師も来る。(出):三原良吉。[会]:会員から1通来る。会員に2通出状。

2月23日 「一向に仕事が手につかず気が気でなかった。」[日541] 阿部宣が来てお取次をしてくれた。夕方井上医師が来る。[会]:有嘉から会費90銭来る。

2月24日 夜いよいよ井上医師へ、生活費のことを話そうと思って行った。昨日話した規約を持って行ったが、肝心のことは話しかね12時過ぎに帰った。

2月25日 井上医師へ行って話をした。生活費の方は話せず、印刷費の方ばかり言い、煩悶の日をくらした。(来):栗川から先日の返事が来る。

2月26日 井上医師から50円かりてくる。(来):北川伯父から手紙くる。武藤鉄城から葉書。角舘新報、奥南新報、秋田魁新聞等。

2月27日 (出):梗概を放送局に出す。(来):北川伯父、福右ェ門らから手紙が来る。(出):武藤へ返事を出す。

2月28日 朝、常盤雄五郎へ行く。帰りに青鳥社に寄って60頁になるよう、自分の2篇を取り除く。夕方井上医師が来る。(来):母と旅と伝説が来る。

2月29日 (出):正一に蛇のことで手紙を出す。「田中さんに寄つて話して十二時にかへる。印刷費を補助するから、自分の原稿も出せといふので其気でかへる。」[日542]

昭和7(1932)年 3月 45歳

3月1日 『郷土研究』6—1の「学会消息」欄に、「民間伝承学会趣意書(他)」と「会則略記」(無記名)が掲載。

◆1日 (来):出口米吉より葉書。(出):出口へ返事。北川真澄に手紙を出す。

◆1日 「梅の花と鶯鳥(1・2)」が、『遞友』125号に掲載。

3月2日 (出):「新田太郎殿、北川殿其他に手紙を出す。」「朝に小野寺良平から家賃の支払命令状が来る。また午前中斉藤米屋から文句を行って来る。」[日542]

3月3日 三原良吉から表紙絵が来て、青鳥社へ持参。(来):小井川、中村、三原から手紙。(出):北川などに手紙を出す。[会]:中村協平から10冊分来る。

3月4日 (来):朝、北川真澄の手紙で気分を悪くした。(出):北川に返事を書き信用組合負債証券証明他の下附願を出す。タマと相談して、最後の決心までした。黒住神を思い出す。「遂に余は大本を離れるかも知れない。」[日542]

3月5日 雑誌**『民間伝承』創刊号**が出た。民間伝承学会主宰の謄写版刷機関誌。民俗研究誌として喜善が独力で創刊し、毎月発行するものとした。

この夜「民間伝承」全部が出来上がり広吉、光広が方々に届けに行った。

3月6日 朝、青鳥社へ勘定をするため出る。路上で急に目眩がし倒れこみ、しばらく休ませてもらう。一週間ほど寝たきりで、井上医師に診て貰う。

3月9日 「信用組合の利子払込の受領書を見つける。皆喜ぶ。」[日543] (出):**柳田先生**への手紙を代筆させる。

3月12日 朝から寝る。(来):三元社、武藤から来る。[会]:入会申込み1人。

◆12日 **柳田発** 一三五 柳田(砧村)より絵葉書→佐々木喜善様(成田町)

「此頃御不快のよし早く本復をいのり候 雑誌は今少しく文字わかりよく文章読み易くなり候はゞ維持し得べしと存候……」

3月14日 (来):**柳田先生**、北川、中道等、蘆谷蘆村、武藤等から通信があった。

3月15日 朝ふらつく足で我慢して印刷屋へ行き金を払う。(出):雑誌は山本枡蔵に5冊、友文堂に1冊おく。[会]:中西先生から会費半年分来ていた。

3月18日 「今日は不思議にも原稿が書けて四十枚ばかり書いた。」[日544] 夕方井上医師来る。[会]:山本枡蔵から民間伝承のことで手紙が来る。

3月19日 (出):田尻丸吉、北川らに出状。吉田孤羊宛に新岩手人の原稿を出す。夜、一力五郎に原稿を持って行く。山本枡蔵へも雑誌5冊に手紙を添え届ける。

3月20日 池上のところへやる原稿(「山の石」25枚)を書く。(来):助川正議、武藤鉄城から手紙が来る。(出):多田、太郎に出す。

3月21日 「**先生**の「厄介者と居候」を読んで感心した。」[日544]

3月22日 「雑誌二号の印刷をしやうと思うて出る。七番丁から荒町の印刷屋へまわり、道具をかりて来る。」[日544] 夜、田中さんにエスペラントのことで行く。(来):池上、早川から来状、[会]:雑誌を会員2名に出す。

3月23日　『民間伝承』第2号の謄写を始める。会:佐藤吾一から賛助員費届く。

3月24日　「岩手県大償の連中か神楽に来るといふ。」「折口氏らが来るといふので夜、話を聞きに出る。」日544　神楽どもの宿を尋ねて歩き、遅くまで話して帰る。来:一力から原稿料12円届けられる。

3月25日　大償神楽の実演について大車輪に歩いた。夜5時東京から西角井とまた宿に戻り、本田が遠野へ行くのに紹介状を書く。来:西角井から「民俗芸術」最近号を貰う。会:伊東信雄、西角井から会費入金。

3月26日　「花巻のエスペラントのことで田中さんのところへ行くと阿部さんが来てゐた。」日545　来:北川から手紙。

3月27日　一日謄写して目が眩む。夜いやいや田中さんへエスペラントのために行く。

3月28日　今日は謄写を仕上げる。来:本山桂川の手紙、村田から手紙があった。

3月29日　来:後藤嘉一から花咲爺の昔話が来て謄写。童話研究、「北上」など来る。

3月31日　今日で謄写を書き終わり、50頁となる。

昭和7（1932）年4月　45歳

4月　「東北の紀行家 菅江真澄」が、『新岩手人』2—4に掲載。

4月　「民譚の蒐集」が、『綜合童話大講座』3に掲載。

4月1日　「梅の花と鶯鳥（2・3）」が、『逓友』126号に掲載。

◆1日　謄写版25枚50頁書いたが文字がまずくて書直そうと決心する。

4月2日　来:「北川から組合の精算書が来た。」日545

4月3日　新聞連盟に雑誌1冊売ったという。今日の河北に民間伝承を高く評価している。来:大償神楽から礼状が来る。

4月5日　来:河北から先日の新刊批評の新聞が送られて来る。野崎君子、松田亀太郎から来状。出:栗山、北川、野崎らに手紙を出す。

4月6日　大家来て、立退き請求をされる。井上医師来て話して帰る。来:山本枡蔵、武藤鉄城、鈴木碧の雑誌などが来る。

4月8日　終日謄写で体を損じる。来:中村協平から、野崎君子の原稿が来る。

4月9日　「午前中謄写したが、明日花巻へ行かねばならぬので七番丁へ本をとりに行く。」日546　例のめまいで家に帰る。来:中村協平他から来る。

4月10日　終日寝た。出:「夕方、梅林新市、青柳秀夫両君へ雑誌を出す。」日546　昼、菊沢季生からエスペラントの本をかりた。

4月11日　田中さんから、明日の旅費3円うけとる。来:北海道の蝦夷往来くる。

4月12～19日　**《花巻行き―エスペラントの講習》**――賢治宅訪問

◆12日　朝仙台発。花巻へ。夜、明治屋（関徳弥宅）で講習会を行う。

◆13日　午前、中舘へ。午後、**宮沢**家を訪う。**賢治**は店先まで出迎える。病室で3、4時間話す。エスペラント・民話・宗教等を語りあう。

◆14日　午前、中舘から迎えが来る。夜12時すぎまで話しこみ帰る。

◆16日　中舘へ行った後、**賢治**宅へ行き夕方まで話す。いろいろ御馳走になる。

◆17日　講習後、いろいろな話をして1時頃になる。

◆18日　朝に、大和さんに案内されて、島へ行く。その後、**賢治**宅へ行き、詩集を貰い、お昼を御馳走になる。6時頃に帰ると、明治屋にてもてなされる。

◆19日　10時半で帰るところ、「明治屋さんが来て、照井さんと来て御土産やら謝礼やら十二円貰つた。」日547　自動車で駅まで送られた。6時仙台着。

4月21日　会:大和さん、関徳弥、宮沢賢治らの申込者に手紙を出す。藤原貞次郎、川合祐六、井川要吉に会費受け取り他回答など。

4月22日　出:方々に手紙を書く。**柳田先生**、中山先生、早川孝太郎、田中直樹、犯罪科学、会:会員に返事他。広島市有田徳次郎より会費来る。

4月25日　河北及び逓友に使いをやる。篠崎勝治へ行く。出:三原、高橋、一力、鈴木、村田他に葉書。会:石川謙吾から会費半年分入る。また村田、菅野校長、鈴木重男などに会費請求を出す。南小泉の石川にもやった。

4月27日　「謄写二号完結して……青鳥社へやった。」来:民俗学4月号等くる。

4月29日　「月末なる故に脅迫観念にとらはれ暮した」日548　出:木内主事へ放送のことで依頼状を出す。会:川合祐六から賛助員なるつもりとの葉書来る。

4月30日　「三十日で甚だ憂鬱」日548　出:早坂孝太郎、武藤らに手紙を書く。

昭和7（1932）年5月　45歳

5月　「民譚の蒐集」が、『綜合童話大講座』2に掲載。

5月　『民間伝承』1—2発行。「民譚問答（一）」「仙台より」（無記名）が掲載。2号もさまざまな人に送る。

5月1日　「山の寺見物」が、『逓友』127に掲載。

5月2日　来:旅と伝説が来る。中山太郎の百合若の譚はよかった。「夜、青鳥社へ

行つて原因が不鮮明なので二枚ほど書き直しに持つて来た。」[日548]

5月5日　井上医師へ行って50円頼むといったが30円かりて12時頃出てくる。

◆5日　「大曲の景色（1）」が、『仙北新報』に掲載。

5月6日　ペン先を買いに出た。青鳥社へ寄ると雑誌ができていた。やはり文字は気にくわないが仕方がない。(来):田中から犯罪公論くる。(出):耕地整理組合へ、渋沢家へ塩の慣習についてその他、関徳弥、本山桂川等に葉書を出す。

5月7日　「雑誌をつんでゐると清さんが来た。余は大学へ雑誌を持つて行つて山本君へ十冊依頼して来た。」[日549]　[会]:2通雑誌の注文があり。会員に雑誌を出す。

5月8日　子供らに雑誌を市内に配布させる。また今日方々の会員に雑誌を出す。

5月9日　(出):早川孝太郎、本山桂川から雑誌、明治屋他2枚、**野村胡堂**等に出す。

◆9日　「大曲の景色（2）」が、『仙北新報』に掲載。

5月10日　(来):「原稿を書いていると放送局から十五日の通知が来た。」「私は田中さんに行つて一時まで行つて話してきた。」[日549]　他村田から来る。(出):国分兄弟、小田島五郎などに葉書をつけて雑誌を出す。

5月11日　宮沢賢治より書簡（便箋2枚）↓　佐々木喜善様

「民間伝承第二号ただいま辱けなく拝受」と書き、喜善自らの文字で印刷していることに恐縮し、「方言の民話」に心ひかれるとある。

「両三日中再びご来花の運びになるかと思ったり…もし幸にお出ましあれば、何卒重ねて拝眉を得たく存じ居ります。何分前回は起きあがりもできずに……まづはお出ましにならない前と思ひ大急ぎのご挨拶まで申しあげます。」[賢484]

5月12日　(来):「新岩手人、早川孝太郎氏から抜刷、其他三、四の会員からの用件。」[日549]　[会]:荻原君、菊池永作、出口米吉らに雑誌をまとめて方々へ出した。」

5月13日　「午前中図書館へ行く。かへりに山本さんのところに雑誌十冊おいてくる。」[日549]　[会]:東京の佐藤実から切手送られる。

5月19日〜28日　**《エスペラント講習で黒沢尻・花巻行》**―賢治を再訪

◆19日　夜、田中さんからの電報で黒沢尻に向かう。石川さんに宿る。

◆21日　2時半に田中さんと花巻に立つ。大和さんへ。夜、明治屋が来て、そこで夕食。1時半まで話しそのまま明治屋に泊まる。

◆22日　「朝明治屋と話し、午前十時頃**宮沢君**のところへ行く。同君とてもよくなつてゐる。長い時間話し昼食を御馳走になる。」[日550]　長時間話し昼食を御馳走になる。それから大和さんに帰り、4時50分に立つ。〔講習会・黒沢尻〕エスペラントの講習会開始。◆23日〔講習・黒沢尻〕

◆24日〔同前・黒沢尻〕黒沢尻は今夜で終わり。

◆25日〔講習・花巻〕午後に黒沢尻を出て花巻行き、エスペラント講習。「花巻に着いてから**宮沢君**に行つて話をした。仏教の最奥を聞く。」[佐52]

◆26日〔講習・花巻〕賢治の所に行こうとしたが止す。気持よく稽古が出来た。

◆27日〔講習・花巻〕賢治の家を訪ね6時間ばかりいる。今夜で講習は終わり、12時半まで話す。

◆28日《帰仙》　8時50分で花巻を立ち仙台へ帰る。(来):「なら」「むつ」「佐渡民俗資料」等来ている。郷土風景、菊池永作等から来信。

5月30日　藤原先生の話に胸おどる。帰って「旅と伝説をみて**柳田先生**の昔話の解説があつた。」[日551]　(出):菊池永作、安良衛に手紙出す。

5月31日　(出):郷土風景、童話研究、岩手日報などが来る。小田島へ、エスペラント会に通信を出す。[会]:大学の山本枡蔵のところに行き会費受取って来る。

昭和7（1932）年6月　45歳

6月　「鳥類昔譚（1〜5）」「消印余録（1）〈小野万草〉」が、『遁友』128号に掲載。

6月1日　体がだるく終日寝た。(来):郷土風景、遁友他が来る。南方熊楠の論文。[会]:栗川久雄から会費入る。

6月3日　「夜、七夕の資料をかりやうと三原君を訪問した。話が**柳田先生**の手紙のことで感激した。」[日551]　(来):仙台エスペラント会から葉書が来る。(出):遁友に7月号の原稿を届ける。大阪朝日のコドモの本に原稿を送った。

6月4日　「**柳田先生**の手紙を見て感激した。かへりしは十二時であつた。」[日551]

6月5日　夜、井上医師に行き話をして来る。[会]:土橋里木から会費半年分来る。

6月6日　午前中に郷土風景へ原稿を送る。(来):土俗趣味来る。武藤から葉書。(出):武藤に返事を出す。

6月7日　「朝から**柳田先生**へ七枚の手紙を書き、また三十七枚の原稿を書き了へた。」[日551]　(来):田中、松田、黒沢尻の石川からも手紙が来る。

6月10日　「また一文も金が無くなったらしい。原稿紙が無くなって一番閉口である。ただ、ごろごろしている。妻の顔色は暗い」[輔181]

6月11日　(来):土橋里木から日本昔話連盟を結成してくれとの手紙が来る。

6月13日　**柳田先生**の「青年と学問」を何回も読み大いに得るところがある。**「やっぱり先生は唯一人者であると思う。」**[日552]　(会):大久保桜外から会費半年分入金。

6月14日　(出):「消印餘録」を書き逓友に届ける。(来):中村協平から来状。

6月15日　(出):放送局へ梗概、東北の旅人、中村協平へ返事、菅野大迫校長、北川真澄などに手紙を出す。(来):藤原白鷹が昔話2篇おくって来る。

6月16日　「起きると妻に米がないと言われる。いろ〱工夫して会員に手紙を書くことにした。」[日553]

6月17日　「夜、三原君へ行って名刺と**柳田先生**の手紙をかりて来る。」[日553]　(出):三原、永橋へ手紙。(会):小倉博から賛助員承諾の返事が来る。

6月19日　「午前中か阿刀田先生が見えて、夏の講習会のことで**柳田先生**へ依頼方其他余にも話せと云って帰った。」[日553]

6月20日　朝から印刷所をまわったが、どこも思わしくない。「藤原先生へ行き臼の話を書いて貰う約束をする。」[日553]　(来):北川伯父、仙台郷土研究他。

6月21日　友文堂へ行って、ゆり若の資料2枚置いてくる。(会):郡司信太郎から半ヶ年分会費入る。外に会員申込み一通あり。

6月22日　「朝早川氏のところに行って金を貰って来る。」[日553]　帰りに、小倉先生を初めて訪問し、さんさ時雨の資料をかりて来る。(来):ハイキングから原稿の注文、狄原から葉書あり。(会):7人に雑誌を出す。

◆23日　(会):東京の三淵忠彦から5円。◆24日　(会):小倉博から賛助員費くる。

6月25日　(出):**柳田先生**へ長い手紙(印刷、講習会等)を書く。北川等へ出す。(来):民俗学、学鐙、小沢愛圀から雑誌の礼状。(会):小倉博に賛助員の礼状。

6月26日　(来):「池上隆祐氏から**柳田先生にあげる帖**に署名してくれとて用紙が来る。」[日554]　(会):早川退藏へ賛助員費の礼状を出す。

6月27日　(来):北川伯父、助川正議等。(出):菊池盛一郎へ宣伝使昇格のお祝い。

6月28日　(出):高橋文太郎、明治屋などに誌代の請求を出す。(来):本山桂川から類集がくる。(会):東京の山口貞夫から会費が来る。

6月29日　「さんさ時雨」を、藤原相之助先生の文章を丸ごと筆す。「井上さんが来て、三原君へ来た**柳田先生**の手紙を持って行った。」[日554]

6月30日　(出):「「さんさ時雨」四十六枚を書いて郷土風景へ夕方出す。」[日554]　この論文について藤原先生の許可を得るべく葉書を出す。(来):岩手県庁から道路補助費が来たので北川伯父の方へ廻した。

昭和7(1932)年7月　45歳

7月　「仙台の七夕祭」(喜善)が、『郷土風景』1—5に掲載。

◆「民譚の蒐集」が、『綜合童話大講座』5に掲載。

◆「鳥類昔譚(6〜8)」「消印余録(2)」が、『逓友』129に掲載。

◆池上隆祐は『郷土』2巻1・2・3号の合冊を作って、「石特輯号」とした。喜善は「山の石」が収載される。7月1日　ハイキングの原稿(山翔る魂)を書く。(出):夜、佐藤喜久男に原稿を出す。

7月2日　逓友の原稿2篇書く。(出):関徳弥へ長い感傷的な手紙など書く。(来):高橋文太郎から来信。藤原先生から石の挽臼についての手紙などくる。

7月3日　「河北新報から今後新聞を贈呈するといふこと。」[日555]　昼、石川善助が来る。(来):犯罪公論、温泉など。(会):菅原隆太郎から半ヶ年分の会費入る。

7月4日　正午頃、差押物を持って行く。(出):木内へ梗概、青鳥社に申訳、石川善助へ**柳田先生**の住所知らせ、逓友へ原稿など出す。(会):菅原へ会費礼状。

7月6日　(来):北川真澄、佐々木精一から民俗学の本を知らせてほしいとの手紙。

7月7日　角館昔話集の序文を書く。(出):佐々木精一へ返事を書く。

7月8日　(出):「角館昔話集のあとがき、武藤君の序文などを岡村君へ出す。」[日555]　(来):夕方逓友から原稿料7円届けられた。米代ができる。

7月11日　(出):小沢愛圀へ神立の話(400字20枚)と手紙を出す。(来):小井川から「糖都巡礼奇集」が来る。

7月12日　羽衣伝説(30枚程)書く。(来):長畑から村の様子の委しい通信。

7月13日　何も無くなり妻はまた憂鬱になる。(出):池上に漸く色紙を書いてやる。

7月14日　夕方井上医師が来て電気がつくまで話す。「妻は夜また衣物を持って出る。やっぱり悲しい。」[日556]　(来):小沢愛圀、伊藤行人、池上から電報が来る。

7月17日　(出):阿刀田先生を訪問していろいろ話す。午後、常盤雄五郎に行く。

7月20日　「いろ〱妻と話し、一銭店でも出そうかと云ふ話す。……小倉氏の「お国浄瑠璃」を読んで感心してしまった。かゝる文学が奥州にあったかと思う。」[日557]

7月23日　(会):石川県の山下久男から会費が1ヶ年分入る。

23日付　山下宛葉書 ↑ 喜善から(礼状)。

「我が民間伝承学会をご援助下され会費一ヶ年分御送り頂き誠にありがたく御礼申上候　早速第二号御送り申候……第三号を活字にて印刷する……今度は柳田先生も毎号御執筆下さることと存じ申候……」

7月24日　「夜六時三十分から放送あり、羽衣伝説をやる。」[日557]

7月30日　月謝や子供らの旅費を作るために苦労する。朝4時に起きて根岸の高橋に行って見る。光広を逓友会へやり10円借りる。まだ足りず原稿30枚書いた。

昭和7（1932）年8月　45歳

8月　「さんさ時雨」が、『郷土』1―6に掲載。

8月1日　「水浴女神の神」「消印余録（3）」〈小野万草〉が、『逓友』130号に掲載。

8月3日　「半沢眼科に紹介される。夕方井上さん来る。」[日558]　(来):村田より水押人形のことでまた手紙くる。　◆4日　(来):犯罪公論、温泉、童話研究。

8月8日　朝、支部へ行った。夕方から八巻[宣]が来る。お取次を頂きに行く。田中さんが来る。夜、井上医師に行って検査して貰う。

8月10日　三原良吉と、折口信夫の弟子が来る。夜、井上医師へ行く。(来):小倉強から手紙が来る。旅と郷土に喜善の「さんさ時雨」が載る。

8月12日　「午前中、気が気でなく横臥す。午後井上さんに来てもらう。大変いゝさうである。」[日559]　(来):関徳弥から来る。

8月13日　今日も大方寝ている。一力へ「天へ登る木」をおいて10円かりて来る。

8月16日　朝、木村来て12時までいる。阿部[宣]にお取次をして貰う。夕方コクワ小包が来たので、井上医師に持って行く。(出):佐々木精一、小倉強等に手紙を出す。(来):佐藤吾一等から来状。

8月17日　井上医師へ行く。「井上さん態度急にかはり…覚悟をする。」[日559]

8月22日　午後木村が来ている処に井上医師が来る。(来):兵庫民俗研究がくる。

8月24日　田中さんから15円借りて来る。夜、人形芝居の入場券を阿刀田先生にやる。(来):村田幸之助から人形のことが来る。

8月27日　村田が来訪。三原良吉くる。阿刀田先生に来て貰い三原と共に帰る。

8月29日　(出):「軍蔵に母の見舞状を出した。」[日560]　午後木村へ行って見る。(来):水押人形芝居の人から礼状が来る。また、土の色、新岩手人が来る

昭和7（1932）年9月　45歳

9月1日　「魚の嫁」が、『逓友』131号に掲載。

◆1日　健康よいようである、目の斑点もだんだんによくなると思われる。(出):新田貞雄、菊池角之丞、祖母、松田ら。

9月6日　阿部[宣]にお取次をして頂く。(来):今野、本山桂川から葉書が来る。「夕方田中さんへ手紙をやり、妻の東京行への旅費を借りることを申し込む。」[日561]

9月10日　「長い名前〈善右ェ門〉」が、『奥南新報』に掲載。

9月11日　9時半、約束の老媼に会うため木村に行く。新寺町の遠藤から昔話を4つ聞いて来る。田中さんに寄る。夜木村来て遅くまでいる。

9月12日　後狩詞記の筆写おわる。(来):郷土風景から5円。[会]:**柳田先生**から20円、中山太郎、高橋、松本から賛助金の会費5円ずつ。

9月13日　東京の方々に礼状など出す。夕方、井上医師がくる。(出):「早川孝太郎、**柳田先生**、中山太郎、松本信広、田中直樹、秋田雨雀他」[日561]

9月19日　「**柳田先生**の「餅と心臓」を読みて感心すること夥しい。**やっぱり先生はえらいと思ふこと頻り**」[日562]　(来):北川伯父から村順のことで手紙が来る。(出):北川へ返事する。村順へ手紙。兵庫資料、栗山一夫へ葉書。

9月21日　(来):逓友九月号が来る。「**柳田先生**のものを読むと気持がいい。」[日562]

9月23日　(来):「安芸国昔話集」来る。栗山一夫からパンフレットと手紙来る。

9月25日　今朝、目がよく見えて驚いた。(来):磯貝から「安芸昔話集」「蝦夷往来」など、福右ェ門から手紙が来る。

9月29日　「小説第一回を書いた。どうもさう進められないので閉口である。」[日563]

9月30日　(来):蘆谷蘆村から童話のことで手紙が来ていた。「日向」も来る。

昭和7（1932）年10月　46歳

10月1日　「逓信漫語」が、『逓友』132号に掲載。

◆1日　(来):北川伯父から土木工事を起こしたから承諾するよう手紙が来る。

10月5日　(出):逓友へ12月号原稿（「伝説」18枚、「消印餘録」12枚）を出す。

10月6日　「タマは金がなくなったので終日狂気の沙汰である。呆れたものである。夜何か持っていって来る。」[日564]　(出):早川孝太郎に原稿（偽雷墜落譚、44枚余）を頼む手紙を出す。天江にも出す。

10月7日　「三原君来る。遠野物語と後狩詞記とを持ってくる。」[日564]　(来):蘆谷蘆村から葉書。(出):北川から手紙が来たので道路工事の請負の件に委任状を出す。

◆7日　「仙台の瓢子」（喜善）が、『奥南新報』に掲載。

10月8日　(出):中山太郎、**柳田先生**、折口信夫等に雑誌のこと他で手紙を出す。
10月9日　今朝、雨中を光広は初めて新聞配達に行く。(来):温泉など来状。
10月13日　押して2回分書いた。(来):荻原から早川が行ったとの葉書が来る。
10月15日　「雨で妻はまた興奮し、私を責める。マントと自転車のことである。私も不甲斐なく思ふが、体がしびれていけぬ。」日565　青鳥社からまた催促が来た。
10月17日　「午前、吉田女学校の「童話・童謡・舞踏の会」に行ってみる。」日565
10月19日　夜一力氏と会い、小説はいけないが学芸欄他の原稿を依頼する。(来):伊藤の六号文学、和泉資料、その他葉書が来る。
10月26日　10時花巻へ発つ。手紙を貰い5時すぎに盛岡へ立つ。夜、似内旅館に泊る。(来):北川から電報電話あり。
10月27日　「朝、分院へ行って礼拝」「宿に帰ると北川が来ている。」喜善は「夕方立ち、仙台へ夜おそく帰る。」日566
10月31日　小倉強に名刺を置いて藤原先生を訪ね1時までいる。(来):松本信広から近著「古代文化論」、旅と伝説くる。青鳥社、佐々重などくる。

昭和7(1932)年　11月　46歳

11月1日　「民間伝承のプランを立てやうと思つて、紙を買ひに午前中歩く。」日566 (来):旅と伝説の玩具号、民俗学等来る。本山桂川の資料類聚くる。
◆1日　「福島の口碑」「消印余録(4)」〈小野万草〉が、『遁友』133号に掲載。
11月2日　(来):「夜木村君はいろいろな本を持って来る。「狂言集成」はもっとも面白し。……大和さんから手紙来る。北川からも来る。それらに返事を出す。」日566 (出):北川に返事を出す。
11月4日　(来):小倉強等から葉書、犯罪公論も来る。(出):犯罪公論、小倉に葉書。
11月5日　申請書プランを漸く書き上げた処に木村が来る。(来):中村協平から手紙。
11月6日　「斉藤報恩会に研究費の補助申請をしたいと思い一力を訪問し、書式につき詳しく聞く。」日566 (来):中村協平から土産。伊藤行人から葉書。
11月8日　三原良吉に逢いに行くと、物産館にいるという。プランのことを話すと、一力副社長に言ってくれという。夜一力に行って逢って頼んできた。
11月9日　初めて小宮豊隆を訪問。民間伝承学会の顧問を頼み承引を得る。
11月10日　「阿刀田、小倉博両氏にも顧問の承諾を得た。」日567
11月12日　「斉藤報恩会に申請書を頼む。遁友から七円来る。今日原稿を届ける。」日567　7時半頃、一力に逢い説明の上で書類を頼む。(来):支那の民俗学の雑誌が2冊来る。[会]:長尾に、民間伝承2号を添えて出す。
11月15日　「やっと昔話蒐集の話を書出して四十枚書いた。」日568
◆15日　「柿の民譚」が、『六号文学』1—2に掲載。
11月17日　(来):午前中に蘆谷蘆村にやる昔話蒐集の原稿(200字83枚)を出す。
11月18日　午前中に放送局の木内から打合せのため自動車が来て行く。遠野の連中の件である。24日夜と決め、解説は喜善がすることにして午後梗概をやる。
11月21日　(来):蘆谷蘆村、早川孝太郎から葉書来る。午後に郷土研究社から「民俗学入門」がきて喜ぶ。
11月22日　漸く「岩手の婚礼」が出来て送った。(来):**柳田先生「秋風帖」**くる。
11月23日　「朝木村来訪し、本を二冊置いてゆく。」日568 (来):北川真澄、厚楽豊、土の香、明るい家、奥南新報来る。(出):伊藤行人に雑誌の礼状を出す。
11月24日　午後4時頃に豊等が古峯ヶ原参詣の途中立ち寄る。「遠野の連中のお祭礼囃子の解説をせねばならぬので、放送局に行くので連れて行つて見せて、かへりには一番丁を見せて電車でかへつた。」日568　1時20分かで宇都宮の方へ立った。(出):北川真澄に道路工事に伴う屋敷の樹木伐採に異議を伝える。
11月26日　(来):「岡村君から葉書が来る。「民俗学入門」のことである。高木、三浦栄、高砂子清五郎に放送のことで手紙を出す。」日568
11月28日　(来):支那の民俗学会から雑誌に手紙。抗州民俗学から書面と雑誌来る。
11月30日　(来):「童話研究の講義録、太田雄次、北川から来状。」日569

昭和7(1932)年　12月　46歳

12月1日　「新潟の口碑」「消印余録(5)」〈小野万草〉が、『遁友』134号に掲載。
12月2日　(来):夜、木村寄る。三原は喜善が文章を直したことに不快だという。
12月8日　ゲネップの民俗学入門を読んで見る。(出):「民俗研究」に出す。三浦利元、角舘新報、秋田大曲新報から美人の感想を求められ、返事を出す。
12月9日　「妻は貧乏のことで小言を言うことしきりで甚だ不愉快な日をくらす。」日570 (来):支那の民俗学雑誌来る。菊池角之丞、三田評論なども来る。(出):蘆谷蘆村、早川孝太郎、荻原正徳等へ原稿など出す。
12月10日　「今朝もタマと子供らの事で口争いをする。働きのない良人なることを口きたなく言う。」日570　「民俗学入門」の感想を書く。31枚で止した。

12月12日　一力から履歴書3通を届けるように言ってくる。（来）:逓友　12月号。

12月13日　「民俗学入門」を脱稿。夜、履歴書を一力に持って行くが留守だった。

12月14日　「履歴書をもつて河北へ行くとまだ副社長は来ないといふ。家の方へ行くと定光禅寺通りで出会つた。渡す。」日570

12月16日　「誕生の祭」（21枚）を書き了る。

12月20日　朝から河北にやる原稿（24枚）書く。夜、東七番丁の座談会に行く。（出）:今日方々に原稿を出す。岩手毎日、奥南新報、大曲新報。

12月21日　河北から申込書の件で用があるといわれ、一力に面会。書類持参書く。

12月25日　「遠野南部囃子の起因」（喜善）が、『新岩手人』2―16に掲載。

◆25日　「偽雷随落譚」が、『旅と伝説』5―12に掲載。

12月30日　（来）:『毎日』新年号来る。東京から稿料来ず。午後常盤雄五郎が来て学院の講師になれ、木村の力をかりろと話される。興奮で夜眠れなかった。

昭和8（1933）年　〔47歳〕

昭和8（1932）年 1月　46歳（数え年47）

1月　「民間伝承」遅延のお詫びを兼ねた年賀（例示）
「旧年「民間伝承」を第2号まで発刊しまして、其の後私の病気の為に自然休刊のような態になり……会員諸氏に対して誠に御申訳無く存じて居ります」

1月　研究「杓子の話」（喜善）が、『大衆文学』（伊藤行人編）に掲載。

1月　〔推定〕宮沢賢治の喜善宛書簡下書（書簡448）に、
「昨春お約束の会費やつと今頃お送り申し上げました。」賢496

1月1日　「誕生の祭」が、『奥南新報』［村の話 第一巻］に掲載。

◆1日　「海と湖」「消印余録（6）〈小野万草〉」（喜善）が、『逓友』135号に掲載。

◆1日　「婚姻習俗―岩手県地方」（喜善）が、『旅と伝説』6―1に掲載。

◆1日　山下久男宛書簡に、
「『民間伝承第三号』予定要旨は、武田忠一郎氏……柳田国男先生……昔話資料『民譚辞典』等々……皆様のご期待と御厚意を願う次第で御座います」輔181

1月2日　「家賃もはらへ餅もつき、のほほんと納まつて年越しをするかな。」日572

1月9・15・19日　「家庭と昔話（上）（中）（下）」が、『仙北新報』に掲載。

昭和8（1932）年 2月　46歳（数え年47）

2月　「日本也有Nimfo嗎」が、「民間月間」2―5に掲載。

2月　「民譚の蒐集」が、『総合童話講座』に掲載。

2月　謄写版『遠野物語』が、遠野町郷土座談会・遠野物語朗読会（菊池明八が組織）により出される。

2月1日　「山形の伝説」「消印余録（7）〈小野万草〉」が、『逓友』136号に掲載。

◆1日　「農村正月の行事」が、『河北新報』に掲載。

2月5・15日　「冬景童心（1）（2）」が、『角館時報』に掲載。

昭和8（1932）年 3月　46歳（数え年47）

3月1日　「秋田の伝説」「消印余録（8）〈小野万草〉」が、『逓友』137号に掲載。

【3月3日　「三陸大海嘯発生」午前2時30分。】

3月10日　体調すぐれず寝込む。グ92

昭和8（1932）年 4月　46歳（数え年47）

4月　「民譚の蒐集」が、『総合童話講座』3に掲載。

4月　研究「柿の民譚」（喜善）が、『大衆文学』に掲載。

4月1日　「御神立の話」（喜善）が、『三田評論』428号に掲載。

4月12日　「三月十日から寝ていたので、髪鬚が伸びて俊寛のようになつた（常盤評）。」グ76　1カ月以上病床にあり、漸く今日鬚を剃った。

4月15日　（出）:北川、長畑、小井川、**柳田先生**、蘆谷蘆村、らに江刺郡昔話をやる。（来）:早川、北川、**柳田先生**から島の趣意書等来る。山下久男へ原稿の礼状。

◆15日　研究「七草の粥」（喜善）が、『六号文学』2―2に掲載。

◆15日　山下久男宛葉書↑喜善（仙台市成田町）
「小生三月上旬より急性肺炎に……雑誌も一ヶ月位おくれ申候」

4月24日　「朝大神様を持つて喜広を連れて新宅に移る。」日573　仙台市小田原清水沼に引っ越す。4月28日　「猿蟹合戦」（26枚）を書く。今日は整理大凡片づける。（来）:長畑、佐々木源蔵、照井（花巻）、**柳田先生の「島」**、本山桂川の類聚等来る。

4月30日　「朝、木村が金をかしてくれる。」日574　中里介山の雑誌に何か書くようにいう。夜、井上医師に行って10時頃帰る。

昭和8（1932）年 5月　46歳（数え年47）

5月　「民譚の蒐集」が、『綜合童話講座』2に掲載。

5月1日　「青森の伝説」「消印余録（9）〈小野万草〉」が、『遁友』139号に掲載。
5月2日　炭焼藤太の資料調べに半日かかる。㊍：老母から手紙が来て安心した。
5月5日　民俗学を見る必要があり、とり寄せる。㊍：遁友に原稿2篇やる。
5月7日　㊍：北川真澄に土木の抗議で手紙を出す。蘆谷重常に原稿及び手紙。
5月14日　足がいよいよ変な具合であるためタマは井上医師に行ってきた。
5月15日　「夕方井上医師診てくれる。眼が見えず、脚もいよいよ悪し。」日574
5月21日　㊍：民俗学、北川、市場達から通信あり、目いよいよ見えない。
5月31日　「昨日の夜久しぶりで宮城分所に行き、お取次を頂く。かへりは目が見えるやうになる。広吉は今日から河北の配達に採用されしと云ふ。」日574

昭和8（1932）年 6月　46歳（数え年47）

6月　『新版　聴耳草紙』（中外書房・発行所）発行。
6月　「山々の追懐（岩手の伝説）」「消印余録（10）〈小野万草〉」が、『遁友』140に掲載。
6月28日　「午前中、放送講演集の自序を書いて見る。北川の伯父と山万へ通信」日574　木村と菅野がきて茂木への常磐木よりの手紙などを見せられる。常磐木は次学期あたりから成功らしい。
6月29日　山万が来る。㊍：「木村君からまた「青蛙」といふ書名のことについて茂木君に会つたと云ふことについて手紙が来た。」日575
6月30日　㊍：岡村千秋、荻原正徳に出版のこと。㊍：常盤木の講演について茂木へ出状した。

昭和8（1932）年 7月　46歳（数え年47）

7月　「民話の鬼集」（喜善）が、『総合童話大講座』5に掲載。
7月　「狩猟の話」が、『隣人之友』改巻5に掲載。
7月　「水に縁める口碑」「万草堂漫談〈小野万草〉」が、『遁友』141号に掲載。また、「葬礼—岩手県遠野地方」「誕生習俗—岩手県遠野町」（喜善）が、『旅と伝説』6—7に掲載。
7月2日　遠野中学校野球部が来仙。試合を見に行く。㊍：土の香、島、郷土風景ら来状。夜、分所へ行き、八木宣の所で12時まで話して帰る。
7月3日　㊍：「岡村氏から出版について書面来る。……鈴木さん「風俗図絵集」をおいて行く」日575
7月5日　斎藤報恩会にお国浄瑠璃の演奏があるので行く。藤原、田中館、三原、刈田、阿刀田、小倉等と会い、挨拶する。帰りに放送局に寄り、茂木と話し、佐藤吾一に講演集出版の了解を得る。
7月6日　金港堂で聴耳草紙の再版を見る。㊍：岡村千秋、荻原正徳（出版の件）。㊍：聴耳草紙の広告も出ている。
7月7日　「朝、石川君から仙台郷土研究、八年三、四、五、六号送られて来る。」日575
7月8日　「**柳田先生**の生と死と食物と、松本君の民俗学六月号の論文を読んで貰う。年中行事二号など来る。」日576
7月10日　「此度出版する講演集の原稿四篇岡村君に出す。手紙も出す。」日576
7月12日　㊍：第2回原稿（200字41枚）を岡村千秋に出す。㊍：鈴木かねから雑子についての手紙が来る。
7月14日　午後、山万夫婦が来る。明日村へ帰る予定という。
7月17日　㊍：童話講義録くる。荻原から葉書が来る。中外書房が150部だけ出すというのは気に染まない。午後から童話講義録の原稿を口述する。
7月19日　NHKニュースにやる原稿を久しぶりに書く。
7月21日　㊍：支那の中山大学から民俗5冊来る。抗州の民俗月間7号が来る。
7月23日　㊍：鈴木かねから原稿2篇。鈴木碧から石川善助の随筆を貰ってくる。
7月24日　「夜**柳田先生**が富士山頂から、霊山と神話といふ講演を放送されるので……きく。竹取物語と羽衣伝説と一緒の話が分割したものだと云ふ」日577
7月26日　木村と一緒に放送局の茂木を訪う。後、常盤雄五郎を訪問する。
7月29日　井上医師が久しぶりで来る。「十淵から校歌を作つてくれと云つて来る。作つて見やう。」日577
7月30日　木村、茂木来る。㊍：蘆谷重常に講義録の原稿を出す。中山太郎の祭祀の起源を読み感心する。

昭和8（1932）年 8月　46歳（数え年47）

8月　「水浴女神の話」（喜善）が、『遁友』に掲載。
8月1日　木村、女性と民間伝承をもって来てくれる。NHKニュースに文章を載せる。東京から入金ならず」日577
8月3日　㊍：「嶋」が来る。喜界島の昔話をよむ。甚だおもしろし。為替来なくて不平満々である。」日578

8月4日　「朝、中外書房へ厳重な手紙を出す。木村君来談……隣人の友に難婚民譚と手紙を出す。」[日578]　(出)：**柳田先生**、中山太郎、新田貞雄（校歌）、朴沢博士（青蛙のこと）などに出す。

8月7日　夜、子どもにせがまれ常磐町の七夕祭を初めて見物する。一番丁にもいって見る。「女性と民間伝承」を読む。」[日578]

8月12日　午後、木村来る。(来)：民俗学会から原稿の注文くる。夜、松本彦三郎（東大の心理学教室の人、アイヌ部落を訪問の帰途）が見え、3時間ばかり話す。

8月15日　中山先生の「紋白の考」を読む。夜西公園に東北地方盆踊を見に行く。

8月19日　(来)：北海道から**柳田先生**の葉書来る。

8月26日　(来)：「新岩手人」野村胡堂、角舘時報など来る。

8月27日　常磐木のことで茂木に会う。9時過ぎに木村が来る。

8月28日　(出)：岡村千秋、野村胡堂の Syosi へ手紙を出す。(来)：「小倉（強）氏が遠野へ行っていると見えて絵葉書が来た。」[日579]

8月29日　(来)：武藤から「むかしこ四」の催促が来る。放送局から9月3日に放送するという葉書が来る。

8月31日　木村来て、酒を飲む。いい気分になっている。

昭和8（1932）年9月　46歳（数え年47）

9月　「魚の嫁」（喜善）が、『遁友』134に掲載。

9月3日　夕方、清水通の家を出た。夜6時25分から「女性と民間伝承」をラジオ放送する。講演後、生出神楽を見る。

◆3日　「女性と民間伝承」が、『河北新報』に掲載。

9月6日　(来)：菊沢季生の新しい雑誌「国語研究」、島などが来る。

9月14日　「夜、……タマは米をかりて来たらしい。……**とにかく人から米を貰うなどは人間として一番恥ずかしいことであらねばならぬ。**」[日580]

9月15日　「夜八幡神社へ参詣してくる。野崎きみこさんに行って木炭一俵借りて来る。仙台共同研究が来る。」[日580]

9月18日　タマは木村に米を借りに行く。(来)：岡村千秋から講演集のことで葉書。

9月19日　(来)：「蘆谷氏から、七輯の原稿を心配してくれとの葉書。」[日580]

9月20日　「放送局へ行く。佐藤吾一氏に会って序文と歴史講座の話をする。両方とも承知を得る。」[日580]　茂木と会って帰る。夜病気になる。(出)：岡村千秋へ返事。

【9月21日　宮沢賢治病にて逝去。】

9月22日　郵送で遅れて届いた『岩手日報』で初めて宮沢賢治の死を知る。

◆22日　昼、佐沢(宣)のお取次を願う。大部元気になり、中里介山の『隣人之友』に寄せる「南部義民伝」10枚ほど1回のを完成をさせた。

9月23日　(来)：朝、市場へ手紙をやる。茂木へ直接梗概をやるようにとのことで、中里介山に手紙と原稿を出す。木村が来る。(来)：「民俗学」など来る

9月28日　朝つやさん、佐沢(宣)が見舞いに来てくれる。(来)：荻原正徳から聴耳草紙の印税12円余くる。岡書院の明石からも手紙あり、佐藤吾一から序文くる。直ちに岡村千秋へやる。「夜そばをとって食ふ。」[日581]

※　「喜善日記」は、亡くなる前日まで書かれている。

9月29日　午前10時30分腎臓病のため死去（腎臓病から尿毒症）。

「父喜善儀病気中の処薬石効なく九月二九日午前十時三十分死去致候間御通知申上候。追而十月一日午後一時より自宅に於て告別式執行仕候

仙台小田原清水沼　佐々木 広吉」[グ76]

マツノは、広吉に電報をうたせた。**柳田**、水野、本山ほかへ。

9月30日　[柳田発]一三七　柳田国男（多摩郡砧村）より封書 ↓ 佐々木喜善様御遺族様（仙台市清水沼通）**柳田**は書簡を認めた。

「突然の電報にて驚きました。……私も力を落しました　それよりも御本人が一ばん御気の毒だと思ってこちらでも皆悲しんで居ます」[山285]

◆30日　『河北新報』は「佐々木喜善氏　昨日突然逝く」と題し「日本民俗界の一大損失として痛惜されている」と報じる。

◆30日　『日報』は「土俗学の権威　佐々木喜善氏逝く」という記事を載せ、菅野義之助「惜しい人」、鈴木重男談「激賞された聴耳物語」を掲載。

昭和8（1932）年10月

10月1日　「喜善の告別式が午後一時から三時迄喜善の家で行った。大本教による。」[山286]

◆1日　民俗研究調査会、渋沢敬三、早川孝太郎、武藤武城ら一行は、民俗調査で仙石峠に行く予定であった。出迎えの田中喜多美から喜善の訃報を知らされ、急遽、予定を変更し追悼会を行う。

10月3日　佐々木喜善死亡届（仙台市長渋谷徳三郎受付、9日送付）マツノ届出。

10月20日 『日報』学芸欄で「佐々木喜善氏追悼号」の特集を組む。菅野義之助、小笠原迷宮（謙吉）、鈴木重男、橘正一、田中喜多見の追悼文。

10月27日 関徳弥の「早池峰山と喜善氏」（『北国小記』）が『日報』に掲載される。

10月28日 佐々木広吉による家督相続届。

◆ 28日 「国学院大学郷土会で佐々木喜善追悼座談会が開催され、中山太郎・金田一京助・折口信夫ら30名が集まる。」グ92

10月30日 「佐々木広吉（仙台市小田原清水沼通）へ書簡 ↑ 柳田国男（東京市外砧村）より。」

「東京でも処々に追悼の催しがあり、また私に逢って御父君を惜む人が沢山あります。……急がず一生の仕事に御かゝかりなさい。……。其前に出来るだけ御父君の新聞や雑誌に書かれたものを集め、重複を整理し、誤謬を正し、成るべくまとまった形にして世の中に保存しておくことに御かゝりなさい。……。一年以内に三百頁位の遺文集が出したいものだと思ひます。」グ77

昭和8（1932）年 11月

11月 「民話の蒐集」が、『総合童話大講座』7に掲載。

11月 「謹啓、お暑いことで」「謹啓 秋らしく」が、『民俗学』5—10に掲載。

11月1日 「南部義民伝（上）」が、『隣人之友』改巻9に掲載。

11月10日 伊藤行人「追憶記—喜善さんのこと」が『日報』に掲載。

11月10日 文芸雑誌『六号文学』に伊藤行人の追悼文掲載。

11月10日 岡山不衣（儀七）「佐々木喜善君の思出」が『岩手教育』11—10に掲載。

昭和8（1932）年 12月

12月 「南部義民伝（下）」が、『隣人之友』改巻10に掲載。

12月12日 柳田「郷土研究家としての佐々木喜善君」を『新岩手人』3—12に掲載。

12月23日 周作人（北京）の追悼文『聴耳草紙』が『大広報』に掲載。

令和版 佐々木喜善 年譜　了

あとがき

郷土岩手は不思議な土地柄です。喜善の祖父・万蔵の話です。明治政府は、明治4（1871）年に、散髪（脱刀）令を公布。ところが、まだ土淵村辺りでは丁髷を切る者がいなかったのでしょう。村会議員である万蔵は、明治22年8月に率先し髷を切ったといいます。いかにも明治の岩手の世情を示す逸話です。維新の国家的激動期における、中央と地方の乖離に改めて驚きを禁じ得ません。しかも、程なく、孫の喜善が、中央・東京と地方・岩手を往来する姿を知るにつけ、何ともアイロニカルな実相です。

そんな明治期・岩手のほぼ同時代に、〝奇跡〟のような人物を輩出しました。それが、佐々木喜善（明治19年～昭和8年）、石川啄木（明治19年～明治45年）、そして、宮沢賢治（明治29年～昭和8年）、の三人が誕生し、生きたことになります。後世に名を残した三人とも、少し前までは、各々の誕生日がはっきりしなかったといいます。明治期の出生届の想定すれば然もありなんと思えます。三者三様の業績は普く知られるようになり、研究も進展し、三人の誕生日も特定されて（つつ）いるようです。いずれにせよ、三人が同時期に岩手に生まれてきた幸運を享受できることはありがたいことです。

「令和版 佐々木喜善年譜」作成においては、やはり資料集めが生命線でした。それこそ本書の土台であり基礎基本であると痛感しています。その過程で、図書館の有難さを再認識しました。喜善関連の参考書籍・資料の調査収集においては、地元の大崎市図書館の支援をうけながら、極めて重要な書籍・資料の情報が入手できました。他館所蔵の書籍等の情報を検索してもらい、なおかつ当該資料の取り寄せの労を執ってもらいました。全くもって、同館及びスタッフの皆様には、感謝に堪えません。

年々資料収集のため、遠方への訪問に困難を覚える近頃です。ともあれ、喜善研究の最前線である遠野市立博物館・同図書館には直接訪問し、貴重な書籍資料の宝庫に驚嘆しました。でも、腰を据え閲覧できないのが現況です。そんな事情であれ、長期にわたり希望する参考書籍を手にできたのは、地元図書館の支援と図書館同士の「相互貸借」という仕組みのお陰です。而して、宮城に居乍らにして、必要な資料を継続的に利用できる形です。即ち、年譜に必要な情報や得難い情報であれ未知の資料でさえも、恒常的に入手でき大いなる助力となりました。

刊行にあたり、御指導御支援を戴きました佐々木一人様、三浦祐之様、佐藤誠輔様、森義真様、熊谷航様はじめ多くの先達諸氏、並びに、岩手県立図書館様、遠野市立博物館様・同図書館様、石川啄木記念館様、盛岡てがみ館様、青森市立図書館様、宮城県図書館様、仙台市図書館様、仙台市文学館様、栗原市図書館様、日本現代文学館様、さらに、大崎市図書館様に深甚なる謝意を表します。

写真は、鈴木守様の御厚意によるものです。遠野郷の風景点描です。また、ツーワンライフ出版社長・細矢定雄様には格段のお世話になりました。上梓に漕ぎつけたいま、改めて心より御礼を申し上げます。

作成を終え、現況「ない」といわれる「詳細年譜」を、「令和版 佐々木喜善年譜」と名で、「ある」方向へと舵を切れたというのが本音です。実際場面では、立項の難しさ、その濃淡、「喜善日記」の引用の適不適等々、多くの課題は残ります。

この間、コロナ禍と同道してきた思いです。ために、発行日も大いにずれ込みました。〝禍〟には、思わぬ落とし穴という意味があります。それこそ、その〝渦中〟にこそ、再度資料を見直す時間が取れました。結果的に〝福〟と言えるように取り組めと、耳打ちしてくれたのは山の神様でした。単に気のせいではなかったはずです。

坂本正博様（『村上昭夫年譜』作成者、『村上昭夫の詩』国文社、平成28年）は、

> 「年譜の性格からいって更に継続的な改訂作業を続ける。」

と、述べています。まさに年譜に完成形はなく、常なる「継続的な改訂」が要求されるということでしょう。「令和版 佐々木喜善年譜」も、更に改訂を期します。《昔話成長論》に倣い、この先も、本年譜をさらに成長させていきたいと考えています。

一先ずゴールに辿り着いたつもりでしたが、道は更に向こうに見えます。

令和5年1月18日

鈴木 修

❖写真提供❖　鈴木守様

〈表　紙〉五百羅漢

〈裏表紙〉

〔上段〕　遠野山中の賢者

〔中段〕　常堅寺　福寿草　遠野駅前石碑

〔下段〕　遠野遠景

水車小屋（土淵山口集落）

❖著者プロフィール❖

鈴木　修（すずき・おさむ）

1949年　岩手県金ヶ崎町生まれ

令和元（2019）年　佐々木喜善賞　受賞

「佐々木喜善の世界を知ろう
〜より詳しい年譜（第一次稿）作成を通して〜」

編著　2014年『岩手一関 黄海の詩人 鈴木伸治詩集』
　　　2016年『新編 及川均詩集』
著書　2020年詩集『ユウレカ 老人は飛ぶ』（何れも私家版）

詩作　2018年「宮城県芸術祭 詩・一般部門」最優秀賞
　　　2020年「宮城県芸術祭 文芸の部・詩」宮城県知事賞

現在　「無の会」「宮城県芸術協会」会員
　　　「日本現代詩歌文学館振興会」会員

住所　〒989-6223
宮城県大崎市古川字上古川217-1

令和版　**佐々木喜善　年譜**

発行日　令和5年1月18日

著　者　**鈴木　修**

発行人　**細矢　定雄**

発行所　**有限会社 ツーワンライフ**

〒〇二八－三六二一

岩手県紫波郡矢巾町広宮沢

一五一三－一九

電　話　〇一九－六八一－八一二一

印刷製本　有限会社 ツーワンライフ